国家社会科学基金重点项目“供给侧结构性改革驱动下长江经济带低碳经济增长路径研究”(批准号:17AJY006)阶段性成果

教育部人文社会科学重点研究基地重庆工商大学长江上游经济研究中心“长江经济带绿色低碳可持续发展研究团队”、教育部人文社会科学重点研究基地重大项目“长江上游地区低碳经济研究”(批准号:15JJD790043)、重庆工商大学“三峡库区百万移民安稳致富国家战略”服务国家特殊需求博士人才培养项目研究支持

长江上游地区低碳经济发展能力研究

饶光明 著

科学出版社

北 京

内容简介

区域低碳经济发展能力是区域积极应对气候变化、通过节能减排促进产业转型升级、实现绿色低碳经济增长的可持续发展能力。本书基于碳足迹测定，系统论述了区域低碳经济发展能力构成体系，并以作为江河源头生态屏障的长江上游地区（重庆、四川、云南和贵州）为典型样本，深入探讨长江上游地区经济增长与碳排放脱钩的碳脱钩发展力、经济发展与技术进步和环境改善关联的DSR驱动力以及“碳排放=碳吸收”理念下的碳循环平衡力及其相互关系，丰富了江河流域型低碳经济增长模式与区域低碳经济发展能力建设领域的相关研究。

本书适合关心、支持、学习和研究区域绿色发展与低碳经济增长的政府部门、高等学校、科研院所、企事业单位的相关工作人员和广大读者阅读和参考。

图书在版编目(CIP)数据

长江上游地区低碳经济发展能力研究 / 饶光明著. —北京:科学出版社, 2021.1
ISBN 978-7-03-063767-3

Ⅰ. ①长… Ⅱ. ①饶… Ⅲ. ①长江流域-上游-低碳经济-经济发展模式-研究 Ⅳ. ①F124.5

中国版本图书馆CIP数据核字（2019）第281141号

责任编辑：叶苏苏/ 责任校对：彭　映
责任印制：罗　科 / 封面设计：墨创文化

科学出版社出版
北京东黄城根北街16号
邮政编码：100717
http://www.sciencep.com

四川煤田地质制图印刷厂印刷
科学出版社发行　各地新华书店经销
*
2021年1月第　一　版　开本：B5（720×1000）
2021年1月第一次印刷　印张：11
字数：222 000

定价：119.00元
（如有印装质量问题，我社负责调换）

前　　言

当前，全球气候变暖威胁着人类的生存安全与发展权益。研究表明，大规模化石能源消费带来的二氧化碳排放所引起的温室效应是气候变暖的直接诱因。2006年，英国政府发布《斯特恩报告：气候变化经济学》指出，“全球以每年国内生产总值(gross domestic product，GDP)1%的投入，可以避免将来每年国内生产总值5%～20%的损失”，呼吁全球向低碳经济转型。哥本哈根世界气候大会后，发展低碳经济成为世界潮流。中国作为负责任的世界大国，在国家自主贡献文件中明确提出，到2030年单位GDP温室气体排放量比2005年下降60%～65%、非化石能源占一次能源消费比例达到20%左右、森林蓄积量比2005年增加45亿m^3、二氧化碳排放量在2030年左右达到峰值并争取尽早达峰①。面对低碳经济发展的世界潮流和中国对世界的承诺，作为西部大开发的腹心和江河源头的生态屏障，长江上游地区如何应对外部不确定性因素增加、资源环境制约压力重、自我发展能力弱等挑战，积极推进本区域经济的低碳转型升级发展，亟待研究。

长江上游地区作为国家老工业基地之一，产业门类齐全，产业结构重型化特征突出，能源结构单一。能源消耗以煤为主，能源资源利用效率偏低。以重庆市为例，全市能源构成中，火电所占比例超过70%，钢铁、水泥、煤电、化工等温室气体排放的重点行业企业密集分布，低碳或无碳能源发展尚处于起步阶段。当前，长江上游地区经过前期的节能减排和污染控制，那些容易减排的高污染高能耗行业已经得到明显控制，剩下的则是“难啃的骨头”。因此，深入研究长江上游地区如何贯彻“创新、协调、绿色、开放、共享”的新发展理念，充分利用“共抓大保护、不搞大开发”的历史性机遇，通过发展低碳、高效、绿色、环保的战略性新兴产业增强低碳经济发展能力，将发展真正转到绿色、低碳、创新、协调的轨道上来，有巨大的实际应用价值。

理论上，从人与自然和谐发展的循环式“宇宙飞船经济”②，到环境库兹涅茨

① 欧昌梅. 中国提交减排方案：2030年碳强度较2005年降60%[OL].[2015-07-01]. https://www.thepaper.cn/newsDetail_forward_1347062.

② “宇宙飞船经济”是指把地球看成一个巨大的宇宙飞船，除了能量要依靠太阳供给，人类的一切物质需要靠完善的循环来得到满足。因为科学家在设计宇宙飞船时，非常珍惜飞船的空间和其所携带的装备与生活必需品，在飞船中，几乎没有废物，即使乘客的排泄物也经过处理、净化，变成乘客必需的氧气、水和盐回收，再给乘客使用。如此循环不已，便构成一个宇宙飞船的良性生态系统。

曲线(environmental Kuznets curve，EKC)、资源环境压力与经济增长脱钩指数和脱钩弹性(decoupling elasticity，DE)、碳足迹及其测算，以及对英国、日本、瑞典等国家低碳发展的实证等方面，国内外专家已有较深入的研究。但这些研究都过于理论化和宏观化，强调总量控制和终端减排效率，没有从碳排放—吸收的循环路径中去寻找低碳经济发展能力建设的全过程解决方案；选择的分析样本大多是处于工业化中后期的发达国家和地区，对处于工业化早中期的欠发达地区(如中国西部地区)研究不够，而后者恰恰是当前碳排放的“重灾区”。因此，本书主要研究内容如下。

(1)本书界定了碳足迹的概念和内涵。本书主要讨论碳足迹的由来、定义、分类，碳足迹的相关经济学释义，区域碳足迹和行业碳足迹测算方法以及基于泰尔指数与 Kaya 分解模型的差异分析等。

(2)本书论述了基于碳足迹测定的低碳经济发展能力构成体系。本书提出和构建了低碳发展驱动力-状态-响应(driving force-status-response，DSR)框架及评价指标体系，讨论了经济发展需求-技术进步驱动-环境影响改善的有机互动，并贯穿于投入产出低碳关联效应中；提出和构建了碳脱钩发展力及评价指标体系，测算了基于碳足迹的经济增长与碳排放增长之间由挂钩到脱钩的变化轨迹；提出和构建了碳循环平衡力及评价指标体系，讨论了经济社会、碳源、资源利用、能耗、碳汇等方面的相关因素综合起来形成的由经济社会、能源消耗、资源利用、碳排放、碳吸收等 5 个系统支撑互动的碳循环平衡情况。

(3)本书分析测定了长江上游地区碳足迹状况，发现其碳足迹的省际差异大。本书从碳足迹总量和人均碳足迹方面进行分析发现，除了上海，其余省市基本呈现上升趋势，且在数值上，下游地区普遍高于中上游地区，而在增速上，中上游地区高于下游地区。人均碳足迹存在边际递减趋势，即人均碳足迹越高，增速越慢。从碳足迹效率看，样本期间的各省市呈现趋同趋势，上海、江苏、浙江、湖北、安徽等省市的碳足迹效率得到了改善，中上游地区除贵州经历了大幅降低，四川、重庆、云南等地区都存在一定程度的恶化趋势。从碳足迹压力看，从下游到上游呈现递减趋势，其中，上海碳足迹压力最为明显。因此，上海等下游省市应该进一步加快结构转型，减缓生态压力；上游地区应该注意低碳与经济发展的结合，避免重蹈覆辙。

(4)本书分析了长江上游地区碳脱钩发展力，发现其碳脱钩发展力正在逐渐增强，但处于波动性状态。2002～2010 年，长江上游地区碳脱钩发展力呈现由扩张负脱钩、增长连接到弱脱钩发展态势。但在 2002～2003 年，环境压力与经济增长的脱钩关系由增长连接进入扩张负脱钩阶段；2004 年的脱钩状态为增长连接，说明该年度经济增长和环境污染的步伐接近一致。2005～2008 年，脱钩关系进入弱脱钩阶段，是脱钩状态最好的阶段，长江上游地区在节能减排及产业耗能结构调整方面进步重大，碳排放强度不断降低，经济增长对环境造成的压力总体趋缓。但是 2009 年碳排放脱钩关系为增长连接，出现反复。总体看，长江上游地区粗放式的经济增长方式不断改善，自 2007 年开始，多数年份碳排放与经济增长的脱钩关系均处于弱脱钩阶段，原有粗放式的经济增长方式正逐步向低碳化和集约型的低碳经济发展模式转变。

(5) 本书分析了长江上游制造业低碳发展 DSR 驱动力，发现其 DSR 驱动力总体趋向上升，但主导产业部门低碳发展 DSR 驱动力的提升空间很大。2000～2011年，长江上游地区制造业低碳发展 DSR 驱动力总体呈现良好的发展态势，处于上升的趋势。2002 年以前，长江上游地区制造业低碳发展 DSR 驱动力的技术指数值略高于其经济指数值。但在 2004 年之后，长江上游地区制造业低碳发展 DSR 驱动力明显较长三角地区有所下降。长江上游地区制造业低碳发展 DSR 驱动力提升的主导产业部门，包括金属冶炼及压延加工业，化学原料及化学制品制造业，交通运输设备制造业，纺织业，通信设备及其他电子设备制造业，非金属矿物制品业，电气机械及器材制造业，通用、专用设备制造业等。

(6) 本书分析了长江上游地区碳循环平衡力，发现其碳循环平衡力的省际差异大。碳循环平衡力水平综合得分排名靠前的是江苏和上海，其综合得分都接近 1，尤其是江苏，从各主成分上看，有 5 个主成分得分大于 0，说明江苏在碳循环平衡力各方面的发展水平都比较高，更好地促进了低碳经济的发展。浙江、贵州和湖南的综合得分为 0～1，说明碳循环平衡力水平相对较高，四川、重庆、湖北、安徽综合得分为-0.5～1，说明碳循环平衡力水平相对较低。相比之下，排名最后的江西，其碳循环平衡力是最落后的，综合得分还不到-0.5。总体来看，碳循环平衡力水平综合得分最高的上海 (0.840) 和最低的江西 (−0.690) 之间相差 1.530 个单位，说明各省市的碳循环平衡力水平存在较大差异。比较而言，部分省市在碳循环平衡力水平综合得分上比较高，但仍未能实现碳平衡。

(7) 本书论述了提升长江上游地区低碳经济发展能力的战略对策和政策建议。本书从区域、产业、能源、碳汇、低碳文化等多个方面推进长江上游地区低碳经济发展能力提升，实现长江上游地区由“高碳”时代到“低碳”时代的跨越发展，最终实现人与自然和谐发展。

本书的创新之处主要表现在三个方面。

(1) 本书从碳足迹概念解析入手，系统性地对区域碳足迹水平和行业碳足迹水平进行测度，丰富了碳足迹测定理论研究。

(2) 本书从低碳经济发展能力系统构成角度，探讨了反映经济增长与碳排放脱钩的碳脱钩发展力、经济发展与技术进步和环境改善关系的 DSR 驱动力及在“碳排放=碳吸收”理念下的碳循环平衡力及其相互之间的关系，弥补了低碳经济发展能力及评价理论研究的相关不足。

(3)本书选择长江上游地区及部分中下游沿江省市进行低碳经济发展能力评价，丰富了江河流域型低碳经济增长模式和低碳经济发展能力建设领域的实证研究。

诚然，作为江河流域型低碳经济增长模式和区域低碳经济发展能力建设领域研究的探索成果，本书难免存在不足之处，敬请读者批评指正。

目　　录

第一章 绪 言

当前，资源稀缺、环境污染、雾霾笼罩日益挑战人类生存发展所依赖的物质环境和经济社会可持续发展能力。中国正以“创新、协调、绿色、开放、共享”的新发展理念指导国民经济全面转型、换挡、升级，逐步迈向人与自然和谐发展的新阶段。本书从碳足迹测定入手，重点分析长江上游地区低碳经济发展能力，旨在应对全球气候变暖的大背景下，通过减少碳排放量促进经济绿色低碳增长，提出相应的战略措施和对策建议，有利于促进区域经济绿色、低碳、高质量发展，全面提升我国经济社会可持续发展能力，有效改善人类生产生活的物质环境和生态环境。

第一节 背景分析

一、国际背景

工业革命以来，大量化石能源消耗以及人类频繁的经济活动带来了严重的环境问题，尤其是温室气体排放造成的全球气候变暖以及极端气候现象频发，给全人类的生存环境造成了越来越大的压力。2013 年，联合国华沙气候大会前夕，联合国环境规划署在《2013 年排放差距报告》中指出，2013 年全球温室气体排放量已超过 2020 年的目标，各国应采取进一步的减排行动。如果 21 世纪末全球平均气温比工业革命前的水平上升超过 2℃，那么对环境造成不可逆转破坏的风险会显著增加。而根据国际能源机构的估计，要把二氧化碳浓度控制在 450×10^{-6} 以下，投资必须比“一切照旧”模式增加 18%，到 2050 年平均每年要增加 1 万亿美元。这种环境带来的生存压力使各国逐渐意识到传统发展模式的不可持续性，纷纷开始谋求向低碳经济的转型。

英国是第一个正式提出发展低碳经济的国家，2008 年实施的《气候变化法案》要求通过英国和国外的行动，到 2050 年实现至少 80%的减排，2020 年在 1990 年的基础上减排 34%，如果能够达成全球气候变化协议的话，这一目标将上调到 42%。英国还承诺不新建没有碳捕获和存储技术的燃煤电厂，以实现 25%的碳捕获目标，到 2025 年实现 100%的碳捕获[1]。为了落实《巴黎协定》中的节能减排目标，欧洲各国政府相继列出放弃煤电的时间表：法国计划到 2021 年关闭所有燃煤电厂；芬兰打算到 2030 年全面禁煤；西班牙电力集团计划到 2020 年完全关闭燃煤电厂；荷兰计划从 2030 年起禁止使用煤炭发电[2]。

美国政府提出到 2020 年在 2005 年基础上实现 14%～15%的减排。《瓦克斯曼-马凯气候变化议案》呼吁建立一个绝对上限，可以覆盖 85%的美国经济，2020 年在 2005 年的基础上减排 17%，到 2050 年减排 80%。该议案要求电力公共事业部门到 2020 年要利用可再生能源和能效方式满足 15%的能源需求，到 2025 年对清洁能源技术和能效的新投资达到 900 亿美元[3]。

欧盟在 2007 年的欧盟气候和能源一揽子政策中又制定了 3 个 2020 年要达成的目标：能源消费量在先前预期基础上减少 20%；可再生能源在总能源消费中的比例提高到 20%；从可持续生产的生物燃料中获取的汽油和柴油的比例提高到 10%[1]。

应对气候变化更需要世界各国的通力合作。2012 年底，联合国多哈气候大会在落实《京都议定书》第二承诺期目标的同时，结束巴厘路线图“双轨”谈判进程，开启德班平台“单轨”谈判。2013 年底，联合国华沙气候大会又要求所有缔约方 2015 年第一季度之前通报各自国内准备实现的减排贡献。2014 年 9 月 23 日，联合国总部召开第二次气候变化领导人峰会，距离上次联合国气候变化领导人峰会(2009 年 9 月 22 日)时隔 5 年，经历了哥本哈根、坎昆、德班、多哈和华沙等一系列联合国框架下的多边磋商和谈判，尽管未能在哥本哈根达成 2012 年后应对气候变化的法律协议，但也顺利完成了《京都议定书》第二承诺期的谈判，在多方推动下开启了就 2020 年后应对气候变化行动进行谈判的德班平台(Ad Hoc Working Group on the Durban Platform for Enhanced Action，ADP)，达成了做出国家预期自主贡献(Intended Nationally Determined Contribution，INDC)的时间安排，旨在 2015 年联合国巴黎气候大会上达成具有法律约束力、覆盖全球所有国家的应对气候变化新协议。2015 年 12 月，联合国总部在巴黎召开了第二次气候变化领导人峰会，旨在为促进各国制定严苛的应对气候变化目标，采取积极的减缓和适应行动，提供一个具有政治驱动力的平台。会议通过的《巴黎协定》是继 20 世纪 90 年代《联合国气候变化框架公约》和《京都议定书》之后，人类历史上应对气候变化的第三个里程碑式的国际法律文本，为 2020 年后全球应对气候变化行动做出制度性、约束性安排，同时也旨在促进各国 2020 年前加强减排的行动安排。

2016 年 4 月，G20 杭州峰会第二次协调人会议发表了 G20 历史上第一份关于气候变化问题的主席声明，各方承诺尽早完成《巴黎协定》国内审批程序，推动《巴黎协定》尽快生效。2016 年 9 月 3 日，中美率先共同向时任联合国秘书长潘基文交存参加《巴黎协定》法律文书，并发布《中美气候变化合作成果》。中美两国温室气体排放量约占全球总排放量的40%，不言而喻，这两个排放大国率先交存批准文书对《巴黎协定》最终生效起到了非常重要的促进作用，也对其他国家产生了示范效应。在中国杭州召开的G20领导人第11次峰会上，中国首次将绿色金融议题引入G20峰会的议程中，G20也首次同时讨论与可持续发展和气候变化有关的问题，助力《巴黎协定》早日生效，加快全球气候治理进程。中国国家主席习近平在中美两国交存气候文书随后的致辞中表示，中国向联合国交存批准文书是中国政府做出的新的庄严承诺。两国共同交存参加《巴黎协定》法律文书，展示了“共同应对全球性问题的雄心和决心”[4]。

2016年4月22日，一百七十多个国家领导人齐聚纽约联合国总部，共同签署《巴黎协定》，承诺将全球气温升高幅度控制在2℃之内，并将全球气温上升控制在前工业化时期水平之上1.5℃以内。时任国务院副总理张高丽作为习近平主席特使出席签署仪式，并代表中国签署《巴黎协定》。美国国务卿克里抱着孙女签署《巴黎协定》。时任联合国秘书长潘基文宣布，在《巴黎协定》开放签署首日，共有175个国家签署了这一协定，创下国际协定开放首日签署国家数量最多的纪录。在潘基文发表正式讲话前，一位来自坦桑尼亚的青年代表受邀发言。这一程序的改变体现了气候变化对人类未来将产生深远影响的意义，并强调年轻一代在未来所肩负的责任。中国全国人大常委会于2016年9月3日批准中国加入《巴黎协定》，中国成为第23个完成批准协定的缔约方。2017年10月23日，尼加拉瓜政府正式宣布签署《巴黎协定》，随着尼加拉瓜的签署，拒绝《巴黎协定》的国家只剩叙利亚和美国。2018年12月15日，联合国卡托维兹气候大会顺利闭幕，大会如期进行了《巴黎协定》实施细则谈判。

二、国内背景

在改革开放的四十多年里，我国一直演绎着让世界惊叹的经济高速增长的传奇，但是经济数据背后是比较优势下人口红利的消失殆尽以及资源环境的过度开发与破坏。随着这些优势的逐渐丧失，我国也开始进入转变经济发展方式的经济新常态阶段，经济结构的调整迫在眉睫，我国所面临的资源、环境制约问题也日益严重和突出。

近年来，我国京津冀、上海等地区频繁遭受长时间的雾霾天气，严重影响了群众的正常生产生活，一时间，$PM_{2.5}$成为政府与公众热议的焦点。而由央视前主持人柴静完成的首部深刻反映我国环境污染现状的纪录片《穹顶之下》一经播出，便引起了国内外各界人士的高度关注。2015年4月，环境保护部(现生态环境部)完成了对北京、天津、石家庄等9个大气污染防治重点城市的污染源解析，发现机动车、工业生产、燃煤、扬尘等是当前我国大部分城市环境空气中颗粒物的主要来源，约占 85%～90%[5]。而当前沿海地区已经开始实施控制煤炭消费总量和机动车数量的政策，这既是应对空气污染的重要举措，同时也将进一步促进二氧化碳的减排，向低碳发展转型。

中国在转变经济发展方式上不遗余力，党的十八大开启了加强生态文明建设、推动能源生产和消费革命的新局面。而中共十八届三中全会进一步指出，要健全自然资源资产产权制度和用途管理制度，划定生态保护红线，实行资源有偿使用制度和生态补偿制度，这有利于充分发挥资源节约和环境保护与减排二氧化碳的协同效应，有力地促进我国经济发展方式向绿色低碳转型。

根据国内转型的实际需要，同时显示自身对国际责任的重视与担当，中国政府在 2009 年正式宣布到 2020 年单位 GDP 温室气体排放量比 2005 年下降 40%～45%的行动目标，并将此作为约束性指标纳入国民经济和社会发展中长期规划，明确将低碳经济作为国家长远发展战略。2014 年 12 月 14 日，中美双方在北京共同发布应对气候变化的联合声明。美国首次提出到 2025 年温室气体排放量较 2005 年整体下降 26%～28%，刷新美国之前承诺的 2020 年碳排放量比 2005 年减少 17%的目标。中国首次正式提出 2030 年中国碳排放量有望达到峰值，并将于 2030 年将非化石能源在一次能源中的比例提升到 20%。这标志着我国向低碳经济的转型又迈上了一个新的台阶。

无论其他国家的立场、态度有什么变化，中国会始终坚定地、积极地应对气候变化，落实《巴黎协定》。中国政府一贯高度重视应对气候变化工作，把推进绿色低碳发展作为生态文明建设的重要内容，作为加快转变经济发展方式、调整经济结构的重大机遇。2017 年以来，中国在减缓气候变化、适应气候变化、完善体制机制、加强能力建设、鼓励地方行动、提升公众意识等方面取得了积极进展。截至 2017 年底，我国碳强度已经下降了 46%，提前 3 年实现了 40%～45%的上限目标；我国森林蓄积量已经增加 21 亿 m^3，超额完成了 2020 年的目标；我国可再生能源占一次能源消费比例达 13.8%，虽然距离所承诺的 2020 年达到 15%的目标还有一定距离，但是 2020 年这个目标肯定能完成[6]。

第二节　已有研究评述

一、低碳经济的含义

“低碳经济”（low-carbon economy，LCE）的概念来自英国政府在 2003 年 2

月 24 日颁布的能源白皮书——《我们能源的未来：创建低碳经济》，低碳经济被解释为“通过提高资源生产率，以更少的自然资源消耗和环境污染获得更多产出，从而创造高水平、高质量的生活”[7]。这是继“循环经济”“绿色经济”“可持续发展”等之后提出的一个全新的发展理念，但报告并未诠释其内涵。

2006 年 10 月，世界银行原首席经济学家尼古拉斯•斯特恩完成了由英国政府支持的《斯特恩报告：气候变化经济学》[8]。报告指出，全球以每年占 GDP 1%的投入，可以避免将来全球每年 5%～20%的 GDP 损失，呼吁各国努力向低碳经济转型。由此可以看出，英国政府对低碳经济的理解是低碳高增长。

Dagoumas 等[9]指出低碳经济是应对全球气候变暖危机而产生的一种新的经济形态，它追求碳的最低排放，强调节能减排技术的创新与发展是实现这一目标的重要支柱。

庄贵阳[10]认为低碳经济的实质是能源效率和清洁能源结构问题，核心是能源技术创新和制度创新，目标是减缓气候变化和促进人类的可持续发展。他在《低碳经济：气候变化背景下中国的发展之路》[11]一书中进一步指出，对低碳经济的理解可以分为三种情形：第一种情形是温室气体排放的增长速度低于 GDP 的增长速度；第二种情形是零排放；第三种情形是绝对排放量的减少。

付允等[12]从宏观、中观、微观三个层次论证了低碳经济发展模式的发展方向、发展方式和发展方法，认为低碳经济是以低能耗、低污染、低排放和高效能、高效率、高效益为基础，将低碳发展作为其发展方向，将节能减排作为其发展方式，将碳中和技术作为其发展方法的绿色经济发展模式。

付加锋等[13]在考虑了人文因素之后，认为低碳经济是碳生产力和人文发展均达到一定水平的一种经济形态和发展手段，旨在实现控制温室气体排放的全球共同愿景，一方面它对人文发展施加了碳排放的约束，另一方面强调这种约束又不能损害人文发展目标。

陈跃等[14]将学者们对低碳经济的定义分为广义目标性和狭义手段性，认为在广义视角下的低碳经济可以看作生态文明这一人类社会发展状态下专注于能源危机与气候变化的一种经济形态；而在狭义视角下，低碳经济是兼顾经济发展和资源、环境承载能力的可持续的经济发展模式，能够做到经济发展与节能减排相统一、低碳生产与低碳消费并重、区域发展政策与其资源禀赋相适应。

可以看出，尽管学者们的研究视角不一，但都不约而同地在可持续发展方向的指引下，从低能耗、低排放、低污染的思维出发，通过寻求对现有发展模式中技术、制度、观念等要素的创新，以期达到生态文明的新高度。本书认为在低碳经济概念界定中，其基础应该是经济社会系统的碳平衡。

二、低碳经济发展水平评价

低碳经济发展水平的测定是低碳经济研究的重要内容之一，但学术界对低碳经济的评估方法和测度指标还缺乏统一的认识和深入的研究[15]，评价的方法主要为单指标评价与综合评价。

在单指标评价方面，常见的低碳经济发展水平指标主要有碳排放量、碳排放强度、人均碳排放量、碳生产率、地均碳排放量等以碳排放为核心的相关指标，用于考察碳排放情况以及比较不同区域间的碳排放效率，简单直观。例如，于金文等[16]使用碳排放总量对南京市低碳经济发展的现状、阶段及演化特点进行研究。朱守先和庄贵阳[17]选取了人均碳排放、碳生产率和碳能源排放系数三项指标，以吉林市为例，评价了吉林市的低碳经济发展水平。吴彼爱和高建华[18]利用碳排放总量、地均碳排放量、人均碳排放量、碳能源排放系数、碳生产率等指标对中部地区的低碳发展水平进行测度和比较。

而在综合评价方面，学者们引入更多的资源、环境、生活水平等因素，构建系统的低碳发展评价体系，多角度综合考察区域的低碳发展情况。例如，郑林昌等[19]采用层次分析法对 2007 年我国省域低碳经济发展水平进行了综合评价。屈小娥和曹珂[20]分别从低碳产出指标、低碳排放指标、低碳消费指标、低碳资源指标、人民生活五个方面计算并评价了陕西省低碳经济发展水平，并和全国平均水平进行对比。何跃等[21]从碳排放、能源消耗、经济和环境保护四个方面，构建出低碳经济发展水平评价指标体系，并结合熵权法和灰色关联分析法，分析评价了 15 个国家的低碳经济发展水平。

综合指标体系的构建结合多因素对区域低碳发展水平进行评价，系统全面，但是学术界对该体系仍然缺乏统一的看法，不同研究所使用的评价体系不同，所得的结果也存在一定差异。而借助单一指标如碳强度、人均碳排放等的评价方法，虽然简单直观，便于比较分析，但多以碳排放，尤其是能源消费碳排放的测度为核心，往往忽视了其他碳排放以及碳吸收，不够全面。

三、碳足迹界定与估算

在碳足迹概念界定与估算方法上，国外研究成果丰硕。

碳足迹估算是定量研究低碳经济的基础，“碳足迹”一词的概念源于生态足迹。加拿大生态经济学家 Rees 和他的学生 Wackernagel[22]最早提出生态足迹，旨在描述人类生产消费活动对生态环境造成的影响，并以生态生产性土地面积表示。

在碳足迹界定上，学术界仍未能统一，主要区别在边界界定和衡量单位上，尤其是衡量单位。Barthelmie 等[23]指出产品或活动在整个生命周期中产生的二氧化碳总量，以质量单位衡量。英国碳基金[24](Carbon Trust)明确指出产品的碳足迹只包括与产品直接相关的投入、产出以及生产过程，而间接相关的碳排放，如工人上下班过程中产生的碳排放不包括在内。而 Matthews 等[25]则认为商品或服务在生产、运输、使用、处置的整个生命周期内排放的温室气体总量采用面积为单位的好处是反映了温室气体对生态的影响，内容丰富且易与生态足迹挂钩，形成系统；缺点是碳排放量转换成土地面积需要基于一系列的假设，而这增大了碳足迹核算的误差和不确定性。采用质量为单位尽管在计量上简单方便，但是由于足迹属于空间概念，这样容易引起误解。

在碳足迹的估算方法上，WRI(World Resources Institute，世界资源研究所)/WBCSD(World Business Council for Sustainable Development，世界可持续发展工商理事会)[26]把碳足迹分为 3 个层面并提出了“全生命周期”测定法。IPCC(Intergovernmental Panel on Climate Change，联合国政府间气候变化专门委员会)[27]在《2006 年 IPCC 国家温室气体清单指南》中给出了严谨的碳排放计算方法，其中还包括在数据不完整条件下的估算办法。Minx 和 Wood 等[28]在其研究中结合著名的经济学家瓦·列昂捷夫的生命周期评估(life cycle assessment，LCA)来分析一个国家的碳足迹。

而国内对碳足迹的研究多是基于国外碳足迹核算方法和相关因子对不同区域、城市或国家层面进行实证分析。祁悦等[29]、朱江玲等[30]、孙建卫等[31]分别对国家尺度碳足迹进行了评估。王海鲲等[32]将城市温室气体排放源分成工业能源、交通能源、居民生活能源、商业能源、工业过程和废物等 6 个单元，建立了一套针对城市的温室气体排放核算方法体系，并对无锡的碳排放情况进行了实证分析。

在碳足迹概念上，更多的学者选择“碳重量”(碳排放量或者二氧化碳排放量)作为碳足迹测量的单位，而国内不少文献更是将碳足迹直接与碳排放等同起来。但本书认为，两者不应该简单地等同，碳足迹内涵应比碳排放更加丰富，在考察区域时，碳足迹应同时考虑碳的排放与吸收问题；而在考察行业或产品时，碳足迹应是全过程性的碳排放，它不仅包含全生命周期的时间上的纵向信息，也容纳了直接与间接碳排放在空间上的横向信息。

在碳足迹核算方面，IPCC 估算方法由于方法简单、数据易获取、稳定性强，被广泛运用于国内外碳足迹的测定研究中，多适用于区域碳足迹的测算，而在产业层面则以投入产出法为主，现有研究很少有将两种方法结合使用的。

四、产业低碳水平研究

国内外对产业低碳水平的研究主要以投入产出模型为基础，主要集中在行业碳足迹测算和碳足迹效应的分析上。

在行业碳足迹测算方面，通过投入产出模型，可以从生产和消费角度考察行业碳足迹的情况，在国内层面表现为经济体内各个产业碳足迹与碳联系，而在国际层面则表现为国际贸易中的隐含碳测度。

国外研究主要聚焦隐含碳的计算和模型的改进。Wood 和 Christopher[33]利用投入产出法从生产角度和最终产品使用角度分别对2005年澳大利亚344个部门的碳足迹进行了非常深入细致的研究。Keisuke 等[34]从最终产品消费角度，采用全球关联投入产出(global link input-output，GLIO)模型，基于多达 804 个日本经济部门以及 230 个其他国家和地区，对日本的食品以及普通消费品的隐含碳问题进行研究。Wiedmann 等[35]利用多区域投入产出(multi-regional input-output，MRIO)模型，将全球系统分为英国、OECD(Organization for Economic Co-operation and Development，经济合作与发展组织)中的欧盟国家、OECD 中的其余国家以及其他国家 4 个部分，重点研究了英国 1992～2004 年国际贸易中的隐含碳问题。

在国内，魏本勇等[36]使用投入产出法，结合部门能源消费数据，从最终需求的角度对 2002 年中国进出口贸易中的国家和部门的碳排放进行了评估；马述忠和黄东升[37]从国际贸易角度出发，利用 MRIO 模型，在一个统一框架下分析了全球 55 个国家和地区 1995～2005 年的碳足迹，研究发现我国等新兴工业化国家遭遇了严重的碳泄漏。张纪录[38]通过改进传统的投入产出模型，分别从总量、行业和贸易伙伴等层面对我国 2002～2009 年的出口隐含碳排放进行了动态的考察。陈红敏[39]在投入产出方法的基础上，引入部门生产过程中的碳排放数据，分析了 2002 年中国各部门最终消费和使用中的隐含碳排放情况。孙建卫等[31]以区域投入产出分析为基础，采用 Bicknell 的基于投入产出分析的生态足迹(input-output analysis-ecological footprint，IOA-EF)模型对 2002 年中国碳足迹进行了核算并分析了其部门构成。秦昌才和刘树林[40]建立了产业完全碳排放分析框架，基于 2007 年中国投入产出数据和能源统计数据对各产业的碳排放特征进行分析与比较。曹俊文[41]根据江西省 1992～2007 年投入产出表，运用投入产出模型，对江西省产业部门直接碳排放强度和完全碳排放强度进行测算和分析。袁宇杰和蒋玉梅[42]基于投入产出模型从终端消费角度核算 2007 年山东省旅游的碳排放。

此外，行业碳足迹关联效应也一直是研究行业低碳水平的主要内容，钱明霞等[43]运用假设抽取法计算我国 2007 年 11 个产业群的总碳关联、前向碳关联和后向碳关联，并将碳关联分为内部效应、混合效应、净后向效应和净前向效应。崔铁宁和胡娜[44]重点研究了交通运输业与国民经济前后向关联产业的碳足迹分配消耗关系，以及交通运输业碳足迹波及特性。祁神军等[45]研究了建筑业与国民经济前向关联产业、后向关联产业的碳足迹关联特性和国民经济碳足迹的波及特性。

目前，基于投入产出的产业低碳水平研究多以单一地区内部或区际间接碳足迹的测算为主，缺乏多地区行业碳足迹在横向上的比较研究，因而难以考察不同区域在同一行业上的差异。同时在测算方法上，大部分学者直接使用分行业能源消费表中的终端数据进行计算，忽视了电力热力在生产过程中对化石能源消耗所产生的碳排放，低估了碳排放水平。

五、长江上游地区研究

长江上游地区包含重庆、四川、云南和贵州等。国内众多学者对长江上游地区的产业结构、产业分工与生态环境之间的关系进行了论述。段豫川[46]论证了有机结合长江上游生态屏障建设与产业结构调整的可能性。方创琳等[47]对三峡库区不同类型地区高效生态农业发展模式与效益进行分析，指出三峡库区地形地貌复杂多样，自然生态环境十分脆弱，要把库区建成新型产业密集经济区和高效生态农业区，就必须把高效特色生态农业产业化作为未来经济发展的主攻方向，因地制宜地采取最有效的高效生态农业建设模式。张晓平和樊杰[48]以昭通市为例，指出了产业发展与长江上游生态脆弱区生态屏障建设互动机理。芮俊涛[49]提出了构建长江上游地区环境与经济协调发展的五大机制，提出了转变经济增长方式、合理开发利用自然资源、积极推进清洁生产、大力发展环保产业、改革和完善长江流域管理体制等长江上游地区环境与经济协调发展的途径。还有学者对长江上游地区产业结构调整与优化布局的研究进行了研究。饶光明[50]基于长江上游地区第二产业，对产业创新的极化与边缘效应进行了实证分析。廖元和[51]对长江上游核心区的内涵与基本情况进行了界定，并详细分析了其核心优势，指出了长江上游核心区的产业特点与发展方向，认为其在水电站与天然气开发利用、汽车工业、装备制造业、建材工业、精细化工与医药工业等领域拥有巨大潜力。

国内外对长江上游地区的研究主要是从产业布局、产业集聚、区域合作、区域经济可持续发展等角度出发，而针对长江上游地区低碳经济发展能力的研究十分稀缺。

学术界对低碳经济的概念认识已基本趋于一致，其核心思想为以经济可持续发展为目标，以产业升级、新能源替代、新技术开发等手段实现经济发展方式的转变。对低碳经济的研究领域也由概念分析过渡到以实证研究为主，其中对地区低碳经济发展水平的研究是当前低碳经济研究的主要内容。而以往的研究主要存在以下不足。

在概念解析上，碳足迹与碳排放界定不够明确。将碳足迹与碳排放混为一谈，难以体现碳足迹的本质，不利于解释低碳经济的内涵。

在研究思路上，学者们没有对低碳经济发展能力及其内部构成、经济发展与技术进步和环境改善的关系、经济增长与碳排放脱钩情况、碳排放与碳吸收的循环平衡状态等的内涵和外延开展系统研究。

在研究方法上，学术界对区域性低碳发展水平综合指标体系的构建未能达成一致，而单一指标的研究又多以能源消费碳排放为核心，难以全面反映区域的低碳发展情况；而对行业低碳发展水平测定的研究多以单一区域为主，缺乏多区域的横向比较，且数据处理上对二次能源、一次能源的消费缺乏辨识，造成估算结果偏低，对低碳经济发展能力评价指标进行系统分析的文献也比较欠缺。

在样本选择上，长江上游地区及沿江省市作为我国主要的生态屏障和国家经济社会发展的重要增长极，西进经重庆过渝新欧贸易大通道与“丝绸之路经济带”相连，东进经上海与“21 世纪海上丝绸之路”相接，其低碳发展具有照亮东西、辐射南北、通联世界的枢纽航标作用，但目前尚缺乏对该流域型的低碳经济发展能力的实证研究。

第三节　本书的探索

本书基于碳足迹测定的角度，对低碳经济发展能力及构成进行系统分析，范围覆盖长江上游、长江中游、长三角，从长江上游、长江中游和长三角等区域层次及省市层次，以长江上游地区为中心，开展对长江上游地区及沿江省市低碳经济发展能力的实证分析，并在量化差异的基础上进一步探究其驱动因素，主要探索内容如下。

一、理论层面

(1) 本书从碳足迹概念解析入手，分别从区域层面和产业层面系统地对区域碳足迹水平和行业碳足迹水平进行测度，丰富了碳足迹的测定理论研究。

(2) 本书从低碳经济发展能力系统构成角度，探讨了反映经济增长与碳排放脱钩的碳脱钩发展力、经济发展与技术进步和环境改善关系的 DSR 驱动力、在“碳排放=碳吸收”理念下的碳循环平衡力及其相互之间的关系，弥补了有关低碳经济发展能力及其评价研究的不足。

(3) 本书选择长江上游地区及沿江省市低碳经济发展能力作为样本分析对象，丰富了江河流域型低碳经济增长模式和低碳经济发展能力建设领域的理论研究。

二、实证层面

(1) 本书分析测定了长江上游地区碳足迹状况，从区域、产业及其差异等角度比较分析长江上游及沿江相关省市的碳足迹，获得了碳足迹差异情况及其时空演变特征。

(2) 本书分析了重庆市及长江上游地区碳脱钩发展力，测定了重庆市和长江上游地区碳排放与经济增长脱钩的程度。

(3) 本书分析了长江上游制造业低碳发展 DSR 驱动力，讨论了基于经济发展驱动-技术进步促进-环境影响改善的循环互动下投入产出低碳关联效应。

(4) 本书分析了长江上游地区碳循环平衡力，讨论了长江上游地区经济社会、能源消耗、资源利用、碳排放、碳吸收等 5 个子系统支撑互动的碳循环平衡力的水平。

(5) 本书提出和论述了提升长江上游地区低碳经济发展能力的战略对策和重大政策建议，从区域、产业、能源、碳汇、低碳文化等多个方面推进长江上游地区低碳经济发展能力提升，实现长江上游地区由高碳时代到低碳时代的跨越发展，最终实现人与自然和谐发展。

三、方法层面

(1) 碳排放系列分析法。例如，以 IPCC 碳排放核算法为基础，本书核算了长江上游地区及沿江省市的碳排放、碳吸收、碳足迹，使用泰尔指数分析了长江上游地区及沿江省市能源消费碳排放差异，利用 Kaya 模型结合泰尔指数分析了碳足迹差异驱动因素等。

(2) 投入产出法。通过编制碳足迹投入产出表，本书对长江上游地区及沿江省市行业碳足迹、DSR 驱动力关联效应等进行了测算。

(3) 评价分析法。本书构建了碳脱钩发展力评价指标体系、DSR 驱动力评价指标体系、碳循环平衡力评价指标体系等，评价了长江上游地区及沿江省市低碳经济发展能力，揭示了人与自然和谐共生的流域低碳经济与绿色发展趋势。

参 考 文 献

[1] 冯飞. 低碳经济与中国的发展路径研究报告[R]. 国务院发展研究中心，2012.

[2] 黄晓芳.国际能源署报告引行业热议：未来煤炭消费何去何从[N]. 经济日报，2019-02-28(10).

[3] Styles J. The US Waxman-Markey climate change bill[OL].[2009-06-24]. https://apo.org.au/node/17487.

[4] 蔚力.2014联合国气候变化领导人峰会的由来[OL]. [2014-09-22]. http://www. china. com. cn/guoqing/2014-09/22/content_33581418.htm.

[5] 杨烨. 环保部公布9城市大气污染源构成：机动车等为主凶[OL]. [2015-04-02]. http://finance.huanqiu.com/article/9CaKrnJJus3.

[6] 刘瑾. 中国已提前三年落实《巴黎协定》部分承诺，将始终坚定地、积极地应对气候变化[OL]. [2018-11-27]. https://www.cenews.com.cn/public/201811/t20181127_888793.html.

[7] UK Government. Energy White Paper：Our energy future- creating a low carbon economy[OL]. [2010-03-12]. http://citeserx.ist.showcition?cid=5897.PSU.edu/903.

[8] Stern N. The Economics of Climate Change：The Stern Review[M].Cambridge：Cambridge University Press，2006.

[9] Dagoumas A S，Barker T S．Pathways to a low-carbon economy for the UK with the macro-econometric E3MG model[J]．Energy Policy，2010，38(6)：3067-3077.

[10] 庄贵阳.中国经济低碳发展的途径与潜力分析[J].国际技术经济研究，2005，8(3)：8-12.

[11] 庄贵阳.低碳经济：气候变化背景下中国的发展之路[M].北京：气象出版社，2007.

[12] 付允，马永欢，刘怡君，等.低碳经济的发展模式研究[J]. 中国人口•资源与环境，2008(3)：14-19.

[13] 付加锋，庄贵阳，高庆先.低碳经济的概念辨识及评价指标体系构建[J].中国人口•资源与环境，2010(8)：38-43.

[14] 陈跃，王文涛，范英.区域低碳经济发展评价研究综述[J].中国人口•资源与环境，2013(4)：124-130.

[15] 肖文，樊文静.低碳经济发展的测度指标——兼谈我国低碳经济的发展水平[J].工业技术经济，2011(1)：27-33.

[16] 于文金，阎永刚，张朝林.南京低碳经济定量研究[J].中国人口•资源与环境，2011，21(11)：28-32.

[17] 朱守先，庄贵阳.基于低碳化视角的东北地区振兴——以吉林市为例[J]. 资源科学，2010，32(2)：230-234.

[18] 吴彼爱，高建华.中部六省低碳发展水平测度及发展潜力分析[J].长江流域资源与环境，2010(S2)：14-19.

[19] 郑林昌，付加锋，李江苏.中国省域低碳经济发展水平及其空间过程评价[J].中国人口•资源与环境，2011(7)：80-85.

[20] 屈小娥，曹珂.陕西省低碳经济发展水平评价研究[J].干旱区资源与环境，2013(2)：30-35.

[21] 何跃，郭秋艳，武奔.低碳经济发展水平指标建立及综合评价[J].统计与决策，2014(10)：47-50.

[22] Wackernagel M，Rees W E. Our Ecological Footprint：Reducing Human Impact on the Earth[M]. Gabriola：New Society Publishers，1996.

[23] Barthelmie R J，Morris S D，Schechter P. Carbon neutral Biggar：Calculating the community carbon footprint and renewable energy options for footprint reduction[J]. Sustainability Science，2008，3(2)：267-282.

[24] Carbon Trust. Carbon Footprint Measurement Methodology[R]. London：Dorest House，2007.

[25] Matthews H S，Hendrickson C T，Weber C L.The importance of carbon footprint estimation boundaries[J].Environmental Science & Technology，2008，42(16)：5839-5842.

[26] WRI. The Greenhouse Gas Protocol：A Corporate Accounting and Reporting Standard (Revised Edition)[M]. Geneva：World Resources Institute and World Business Council for Sustainable Development，2004.

[27] IPCC. 2006 IPCC guidelines for national greenhouse gas inventories[OL].[2015-07-16]. https://www.ipcc-nggip.iges.or.jp/public/2006gl/index.html.

[28] Minx J C，Wood R. Input-output analysis and carbon footprinting：An overview of applications[J].Economic Systems Research，2009，21(3)：187-216.

[29] 祁悦，谢高地，盖力强，等. 基于表观消费量法的中国碳足迹估算[J]. 资源科学，2010(11)：2053-2058.

[30] 朱江玲，岳超，王少鹏，等.1850—2008 年中国及世界主要国家的碳排放——碳排放与社会发展[J]. 北京大学学报(自然科学版)，2010，46(4)：497-504.

[31] 孙建卫，陈志刚，赵荣钦，等.基于投入产出分析的中国碳排放足迹研究[J]. 中国人口·资源与环境，2010，20(5)：28-34.

[32] 王海鲲，张荣荣，毕军. 中国城市碳排放核算研究——以无锡市为例[J]. 中国环境科学，2011(6)：1029-1038.

[33] Wood R.，Christopher J D. Australia's carbon footprint[J]. Economic Systems Research，2009，21(3)：243-266.

[34] Keisuke N，Shigemi K，Yasushi K，et al. Improving the completeness of product carbon footprints using a global link input - output model：The case of Japan[J]. Economic Systems Research，2009，21(3)：267-290.

[35] Wiedmann T，Wood R，Minx J C，et al. A carbon footprint time series of the UK - results from a multi-region input - output model[J]. Economic Systems Research，2010，22(1)：19-42.

[36] 魏本勇，方修琦，王媛，等.基于投入产出分析的中国国际贸易碳排放研究[J].北京师范大学学报(自然科学版)，2009，45(4)：413-419.

[37] 马述忠，黄东升.基于 MRIO 模型的碳足迹跨国比较研究[J].浙江大学学报(人文社会科学版)，2011，42(4)：5-15 .

[37] 张纪录.中国出口贸易的隐含碳排放研究——基于改进的投入产出模型[J].财经问题研究，2012，344(7)：112-117.

[39] 陈红敏.包含工业生产过程碳排放的产业部门隐含碳研究[J].中国人口·资源与环境，2009，19(3)：25-30.

[40] 秦昌才，刘树林.基于投入产出分析的中国产业完全碳排放研究[J].统计与信息论坛，2013(9)：32-38.

[41] 曹俊文.江西省产业部门碳排放特征及减排途径——基于 1992—2007 年投入产出分析[J].经济地理，2011，31(12)：2111-2115.

[42] 袁宇杰，蒋玉梅.基于投入产出分析的旅游碳排放核算——以山东省为例[J].中南林业科技大学学报(社会科学版)，2013，7(3)：1-5.

[43] 钱明霞，路正南，王健. 基于假设抽取法的产业部门碳排放关联分析[J].中国人口·资源与环境，2013(9)：34-41.

[44] 崔铁宁，胡娜. 基于投入产出分析的北京市交通运输业碳排放关联度研究[J]. 环境工程，2014(7)：170-174.

[45] 祁神军，张云波，董晓燕.建筑业与其他产业的关联特性和波及特性研究[J]. 武汉理工大学学报(信息与管理工程版)，2012(5)：596-600.

[46] 段豫川.长江上游生态屏障建设与产业结构调整[J]. 西南农业大学学报(社会科学版)，2003，1(1)：18-24.

[47] 方创琳，冯仁国，黄金川.三峡库区不同类型地区高效生态农业发展模式与效益分析[J].自然资源学报，2003，18(2)：228-235.

[48] 张晓平，樊杰.长江上游生态脆弱区生态屏障建设与产业发展战略研究——以昭通市为例[J].长江流域资源与环境，2006，15(3)：310-314.

[49] 芮俊涛.长江上游经济带产业结构优化升级研究[D].成都：四川大学，2007.

[50] 饶光明.产业创新的极化与边缘化效应分析——基于长江上游地区第二产业的实证[J].北京工商大学学报(社会科学版)，2007，22(3)：95-101.

[51] 廖元和.建设长江上游经济核心区的思考[J].重庆行政，2004(1)：38-39.

第二章　碳足迹测定概论

本章主要讨论碳足迹的由来、定义、分类，碳足迹的相关经济学释义，区域碳足迹和行业碳足迹测算方法以及基于泰尔指数与Kaya分解模型的差异分析等，为后续研究理清概念和思路。

第一节　碳 足 迹

一、碳足迹的定义

碳足迹的概念来源于生态足迹。由于缺少一个衡量环境承载力的可操作的指标，Wackernagel 和 Rees[1]创造了一套生态足迹(ecological footprint，EF)的计算方法，利用“全球性公顷”(global hectare)这一生态足迹单位对环境综合承载力进行计算。Wackernagel 和 Rees 于 1996 年合著《我们的生态足迹》(*Our Ecological Footprint*)，目前已有近 20 个国家利用生态足迹指标计算各类承载力问题，世界两大非政府机构 WWF(World Wide Fund For Nature，世界自然基金会)和 RP(Redefining Progress，美国发展重新定义组织)自 2000 年起每两年公布一次世界各国的生态足迹资料[2]。

基于生态足迹这一概念，可以认为碳足迹是指吸收人类在整个生命周期中所排放的二氧化碳所需的土地面积，由于温室效应在全球环境问题中的重要性，碳足迹和生态足迹共用一个概念已经不太合适[3]。尽管如此，这种碳足迹的定义通过衡量整个生命周期的碳排放为应对全球气候变暖做出了很大的贡献[4]。因此，一个新名词“气候足迹”诞生了，同时一个新的用来衡量温室效应气体的指标被提出，即 GHGs(greenhouse gases，温室气体)指标体系。但是这种指标在衡量温室气体对环境的影响时，不仅只衡量二氧化碳的温室效应，还包括甲烷、氧化亚氮、臭氧等其他温室气体的影响[5]。

由于碳足迹概念是为了表述人类在生产和消费活动中所排放的与气候变化相关的温室气体总量，相对于其他碳排放研究，碳足迹是从生命周期的角度出发，考察二氧化碳从排放到中和、吸收、整合的过程。正是由于碳足迹需要考察生命周期的完整性，各国学者所处的角度不同，导致碳足迹的准确定义至今没有统一。各国学者及组织对碳足迹的定义如表 2-1 所示。

表 2-1　碳足迹的各种定义[6]

提出定义的机构或学者	年份	定义
WWF	2010	用来吸收化石燃料燃烧、土地用途改变和化学品处理过程中释放的二氧化碳(扣除海洋吸收的部分后)所需要的林地面积。这是生态足迹核算的唯一废弃物
Wiedmann 和 Minx	2007	①某一产品或服务系统在其整个生命周期内所排放的二氧化碳总量；②某一活动过程中直接和间接排放的二氧化碳总量，其中的活动主体包括个人、组织、政府以及工业部门等
BP	2007	人类日常活动过程中所排放的二氧化碳总量
Grub 和 Ellis	2007	化石燃料燃烧时所释放的二氧化碳总量
Global Footprint Network	2007	生态足迹的一部分，可看作化石能源的生态足迹
Carbon Trust	2007	衡量某一种产品在其整个生命周期中(原材料开采、加工、废弃产品的处理)所排放的二氧化碳总量以及其他温室气体转化的二氧化碳的等价物总量
Energetics	2007	人类在经济活动中直接和间接排放的二氧化碳总量
ETAP	2007	人类活动过程中所排放的温室气体转化的二氧化碳等价物总量，用来衡量人类对地球环境的影响力
Hammond	2007	一种量指标，是指个人或活动所释放的“碳重量”
WRI/WBCSD	2004	①机构自身的直接碳排放；②边界扩大到为该机构提供能源的部门的直接碳排放；③包括供应链全生命周期的直接与间接碳排放
Barthelmie	2008	产品或活动在整个生命周期中产生的二氧化碳总量，以质量单位衡量
Matthews	2008	商品或服务在生产、运输、使用、处置的整个生命周期内排放的温室气体总量

二、碳足迹的分层与碳中和

在碳足迹的理论被提出时，有关专家认为碳足迹的组成分为两个部分：第一碳足迹和第二碳足迹，又称为主要碳足迹与次要碳足迹。

第一碳足迹包括使用化石能源而直接排放的二氧化碳(如生产活动、交通工具使用的化石燃料燃烧所直接排放的二氧化碳或等价物)的量。这个数值可以比较明确地进行测定与控制。

第二碳足迹指间接排放的二氧化碳，具体是指人类使用某个产品或某项服务时，在生产、使用、维修、回收、销毁等整个生命周期内排放的二氧化碳(如一瓶矿泉水在其生产、运输、消费等过程中所产生的碳排放)。

1997 年，伦敦未来森林公司的商业策划中提出了“碳中和”(carbon neutral)的概念，简单地说，就是在计算出直接和间接制造的二氧化碳排放量的同时，计算抵消这些二氧化碳所需的经济成本，然后付款给相关环保组织或机构，由他们进行植树或使用其他环保项目抵消相应的二氧化碳排放量。

在碳足迹概念上，更多的学者选择了“碳重量”(碳排放量或者二氧化碳排放量)作为碳足迹测量的单位，而国内不少文献更是将碳足迹直接与碳排放等同起来。但本书认为，两者不应该简单地等同，碳足迹内涵应比碳排放更加丰富，在考察区域时，碳足迹应同时考虑碳的排放与吸收问题；而在考察行业或产品时，碳足迹应是全过程性的碳排放，它不仅包含全生命周期时间上的纵向信息，也容纳了直接和间接碳排放量空间上的横向信息。

人类生活排放的二氧化碳主要进入大气环境，除海洋吸收了一部分，主要是通过林地植物的光合作用等形式吸收[7]。所以为了衡量一个区域(城市)的森林对碳足迹的中和能力，可以利用碳中和率(RCN)这一项指标来反映。定义 RCN 为一个区域(城市)碳足迹与该区域(城市)森林面积的比值，从而评估碳足迹的中和能力。计算公式如下：

$$\mathrm{RCN}_i = \frac{CF_i}{F_i} \tag{2.1}$$

式中，CF 为碳足迹；F 为森林面积；i 为年份。

RCN 越大，说明该地区绿化不足，碳中和能力越差；RCN 越小，说明绿化良好，碳中和能力越强。

三、碳足迹的经济效率

在经济学中，衡量投入和产出关系常用到的指标是“效率”，如果把碳足迹当作一种产出的话，那么可以建立一种新的效率指标——碳足迹的经济效率(economy efficiency of carbon footprint，EECF)。碳足迹的经济效率定义为一个区域(城市)碳足迹与该区域(城市)的 GDP 的比值。计算公式如下：

$$\mathrm{EECF}_i = \frac{CF_i}{\mathrm{GDP}_i} \tag{2.2}$$

式中，GDP 为国内生产总值。

EECF 越小，说明该地区的碳足迹相对的经济效率越高，碳足迹创造的经济价值越高；反之，说明其经济效率越低，碳足迹创造的经济价值越低。

四、碳足迹的人口压力

碳足迹的人口压力(population pressure intensity of carbon footprint，PPICF)是

为了衡量一个区域(城市)的碳足迹与区域(城市)人口增加之间的关系，通过对PPICF 进行分析，可以将一个区域(城市)的碳足迹与城市化程度、城市人口的变化联系在一起，从而发现其中的变化趋势。碳足迹的人口压力定义为一个区域(城市)的碳足迹与该区域(城市)的人口总数的比值。计算公式如下：

$$\mathrm{PPICF}_i = \frac{CF_i}{P_i} \tag{2.3}$$

式中，P 为人口总数。

当 PPICF 较低时，说明该地区人口与区域碳足迹现状较为良好，人口对碳足迹压力较小。

第二节　碳足迹测算

一、碳足迹测算路径

在碳足迹核算方面，IPCC 估算方法由于方法简单、数据易获取、稳定性强，被广泛运用于国内外碳足迹的测定研究中，多适用于区域碳足迹的测算，而在产业层面则以投入产出法为主，当前研究中少有将两种方法进行结合使用的。

本书在考察重庆市低碳经济发展能力时，选取重庆市的碳足迹为研究基础，在城市碳足迹的测定方法上，我们参考生命周期法与 WWF 有关碳足迹的计算法。

要测算一个城市在一定时期内(一般认定为 1 年)的碳足迹，主要分为 3 个步骤：①确定人类的哪些活动可以排放二氧化碳；②分别计算这些活动所产生的二氧化碳的量；③把所排放的二氧化碳折算成碳足迹。

参考 Browne 等[8]对爱尔兰城市地区的碳足迹的研究，并结合《2006 年 IPCC 国家温室气体清单指南》对碳排放的分类和 WWF 对碳足迹的计算方法，本书在测算一个城市的碳足迹时，把该城市的二氧化碳排放划分为 3 个部分：人类呼吸作用、能源消费(为了计算方便，发电、取暖、交通运输等需要消耗能源的碳足迹都以能源消费的总额来表示)和废弃物处理。其中，能源消费部分可以分为使用煤炭、天然气与油料 3 种能源所产生的二氧化碳的排放量；废弃物则包括工业固体废弃物、工业废水与生活废水(其中还有一项是生活固体废弃物，但是结合城市的实际情况，生活固体废弃物是以填埋为主。以重庆为例，2010 年垃圾卫生填埋处理率已经达到 80%，2011～2013 年，垃圾卫生填埋处理率达 95%，而参考《2006 年 IPCC 国家温室气体清单指南》，生活固体废弃物填埋所排放的二氧化碳是生物成因，《2006 年 IPCC 国家温室气体清单指南》中未予考虑，所以在计算时可以忽略不计)。

依照此分类，城市碳足迹计算决策树如图 2-1 所示。

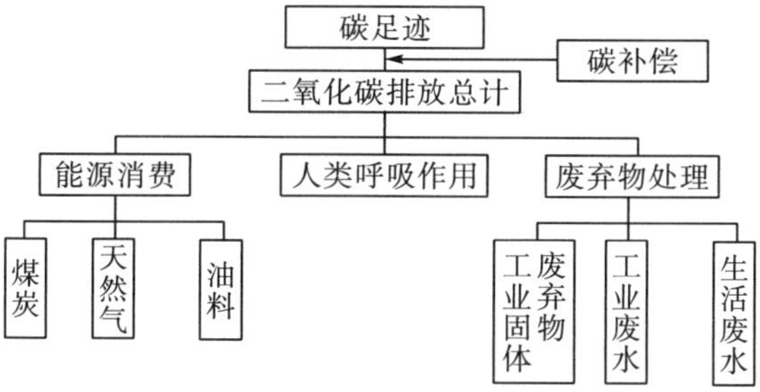

图 2-1 城市碳足迹计算决策树

二、二氧化碳排放量的测算

(一) 能源消费

计算能源消费二氧化碳排放量时，采用的是 IPCC 所推荐的能源表观消费量估算法，也称为参考方法。其基本的计算公式为

二氧化碳排放量=[能源表观消费量(热量单位)×单位热值含碳量

−非能源利用固碳量]×碳氧化率×44/12 (2.4)

具体步骤如下：

(1) 能源表观消费量的确定，可采用历年能源消费数据。

(2) 根据各能源的平均低位发热值，将能源数据单位换算为通用能源单位 TJ。

能源表观消费量(热量单位)=能源表观消费量×能源的平均低位发热值 (2.5)

各能源的平均低位发热值如表 2-2 所示。

表 2-2 各能源的平均低位发热值

能源类型	平均低位发热值
煤炭/(KJ/kg)	20908
天然气/(KJ/m^3)	38931
油料/(KJ/kg)	41816

注：数据来源于《中国能源统计年鉴 2009》。

(3) 计算各能源总含碳量：

能源总含碳量=能源表观消费量(热量单位)×单位热值含碳量 (2.6)

各能源的单位热值含碳量采用《2006 年 IPCC 国家温室气体清单指南》中的缺省数据，如表 2-3 所示。

表 2-3　各能源的单位热值含碳量

能源类型	单位热值含碳量(t/TJ)
煤炭	25.8
天然气	15.3
油料	20.0

注：数据来源于《2006 年 IPCC 国家温室气体清单指南》。

(4) 估算非能源利用固碳量

非能源利用固碳量=非能源利用产品的产量×含碳量×固碳率　(2.7)

计算能源消费产生的二氧化碳排放量时，一般假设固碳率为 0，故此处非能源利用固碳量为 0。

(5) 计算能源的净碳排放量

能源的净碳排放量=能源总含碳量−非能源利用固碳量　(2.8)

(6) 计算能源消费产生的实际碳排放量

实际碳排放量=能源的净碳排放量×碳氧化率　(2.9)

参考《2006 年 IPCC 国家温室气体清单指南》，碳氧化率皆默认为 1。

(7) 将实际碳排放量转换成二氧化碳排放量

二氧化碳排放量=实际碳排放量×44/12　(2.10)

需要说明的是，此法是《2006 年 IPCC 国家温室气体清单指南》推荐的缺省方法，所需要数据不多，且易于收集，计算工作量不大，是估算二氧化碳排放量的最低要求。但其缺点是计算结果不可能很精确，只适合宏观的能源二氧化碳排放量的计算。但如果在数据充足的情况下可以采用《2006 年 IPCC 国家温室气体清单指南》的以详细的能源分类为基础的自下而上法。

(二) 人类呼吸

随着城市化的加剧，越来越多的人积聚于城市当中，所以人类自身的呼吸所造成的碳足迹占整个城市碳足迹的很大一部分，任文伟和郑师章编著的《人类生态学》所给出的中国每个成年人每天排出的二氧化碳量为 0.9kg[9]。在计算人类自身的二氧化碳排放量时可用如下公式：

人类二氧化碳排放量=人口数×人均每日二氧化碳排放量×1 年　(2.11)

式中，人口数采用历年《重庆市统计年鉴》中的全市人口总数；一年为 365 天。

(三)废弃物

1. 工业固体废弃物

对于工业固体废弃物的处理，按照《2006 年 IPCC 国家温室气体清单指南》，如果具体处理方式无法准确获得，可以利用该指南中给出的碳排放因子，并结合本地区工业固体废弃物中的含碳量来确定适合本地区的工业固体废弃物二氧化碳排放系数。在此，根据重庆市的实际情况，本书计算工业固体废弃物二氧化碳排放系数如下：

$$\text{工业固体废弃物二氧化碳排放系数}=\text{碳排放因子}\times\text{含碳率}\times 44/12 \quad (2.12)$$

$$\text{工业固体废弃物二氧化碳排放量}=\text{工业固体废弃物排放量}\times\text{二氧化碳排放系数} \quad (2.13)$$

需要说明的是，《2006 年 IPCC 国家温室气体清单指南》给出的碳排放因子为 0.99945[10]；而含碳比例的缺省值为 0.77，但通过参考其他文献，该值似乎被过高地估计了[5]，该值只能在计算碳含量时不考虑木质素碳的情况下才可以使用。例如，荷兰利用实验数据 0.5～0.6(包括木质素碳)计算[11]，所以参考此实验数据，我们确定的含碳率为其中间值，即 0.55。据此，计算得到二氧化碳排放系数约为 2.01556。

2. 废水

《2006 年 IPCC 国家温室气体清单指南》指出，废水排放的温室气体主要为甲烷，二氧化碳的排放是生物成因，《2006 年 IPCC 国家温室气体清单指南》中未予考虑，但是，在实际处理时，甲烷与二氧化碳排放常常是共存的，可以把甲烷的排放利用折算系数折合成二氧化碳的排放当量。因此，结合重庆废水排放的实际情况，废水的甲烷排放采用《2006 年 IPCC 国家温室气体清单指南》中的缺省排放系数，即 0.25kgCH_4/kg。折算系数为 21。

具体公式如下：

$$\text{废水二氧化碳排放量}=\text{工业(生活)废水化学需氧量排放量}\times\text{甲烷缺省系数}\times 21 \quad (2.14)$$

三、碳补偿与碳足迹的折算

有关碳足迹的具体测算，主要采用的方法是碳补偿，可以参考奥地利学者陶在朴教授在《生态包袱与生态足迹——可持续发展的重量及面积观念》一书中对能地比(energy to land ratio)的综述，能地比即每公顷土地能够产生多少焦耳能源[2]。

具体的粗略估计方法有 3 种。

（一）自然资本存量法

Salah El Serafy 早就指出，一个社会如果不会保存自然资本的总存量，就会不断榨取自然。他主张在消耗非再生自然资源时应当保育相应的再生资源，使自然资本的存量维持定数[12]。计算结果显示，每公顷森林每年积累的可更新的生物质能源（biomass energy）大约为 8×10^{10}J。

（二）替代法

乙醇（ethanol）是一种具有潜力的再生性替代能源，乙醇生产以植物作为原料。有关专家估计每公顷土地可以生产相当于 8×10^{10}J 能量的乙醇。如果人类在生活、生产中使用乙醇，既不会担忧能源的枯竭，也不用担心二氧化碳的排放。

（三）碳吸收法

Yashihiko Wada 研究表明，树龄为 50～80 年的中年森林每公顷林地可以吸纳 10^{11}J 的二氧化碳排放量[12]。

这 3 种方法在碳补偿方面被广泛使用，但在精确计算时要参照一个区域的相关情况。由于缺少重庆市相关的具体规范，因此，本书在计算时采用 WWF 在《地球生命力报告 2010》中的碳足迹测算标准，根据全球森林的平均固碳水平，测算吸收剩余的二氧化碳排放所需要的森林面积。人工截存的二氧化碳量也应该从生态足迹中扣除，但是目前人工截存被忽略不计。根据 2007 年的数据，1 全球公顷的生物生产性土地可以吸收 1450L 汽油燃烧所产生的二氧化碳。得到的碳足迹折算系数为 6.49t/hm^2，就是按林地吸收的二氧化碳计算所得到的[13]。

碳足迹计算公式为

$$\text{碳足迹}=\text{二氧化碳排放量}/\text{碳足迹折算系数} \tag{2.15}$$

四、区域碳足迹测算

（一）区域碳足迹与碳排放

区域碳足迹是评价区域低碳发展水平的核心，本书所定义的区域碳足迹，是指在假定封闭区域的碳循环系统中，一段时间内（1 年）社会经济活动所产生的碳排放量与碳吸收量的差额，即人类活动导致该区域每年增加的净碳排放量。利用碳足迹考察区域的低碳情况会比单纯考察碳排放更加全面，在考虑节能减排问题的同时，也强调了对生态环境的保护和培植。

由于学术界对碳排放计量单位、计算对象仍无统一的结论，本书将碳排放量定义为人类活动导致各种碳源释放的温室气体（本书仅指二氧化碳和甲烷）的二氧化碳当量，将碳吸收量定义为农业、林业等碳汇对二氧化碳的吸收量。

区域碳足迹在数值上反映了地区碳排放与碳吸收之间的缺口，该缺口越大，表明该地区整体碳足迹压力也越大。

（二）区域碳足迹强度

区域碳足迹强度是考察区域低碳效率的主要指标。

碳排放强度，简称碳强度，是指单位 GDP 的二氧化碳排放量。学术界也有碳生产率的概念，碳生产率是指每释放一单位碳排放量所产生的价值，即碳排放强度的倒数。这只是反映同一类低碳生产效率的两种不同方式而已。为了便于筛选高碳区域或行业，本书将使用“碳足迹强度”概念。

本书根据碳排放强度的定义提出，碳足迹强度是指每单位 GDP 所产生的碳足迹。尽管碳足迹强度并不一定能完全表明碳经济效率，但在相同的经济体制与运行环境下，它仍具备一定的可靠性，并作为衡量地区低碳发展效率的重要指标而被广泛用于各类低碳经济的比较研究中。在同一发展水平下，碳足迹强度越低，低碳发展效率越高。

（三）区域碳足迹压力

考察区域碳足迹压力的指标主要有区域碳足迹指数与地均碳足迹。

从相对角度，把区域碳足迹指数定义为碳排放量除以碳吸收量，将碳吸收看作区域的自我吸纳能力，碳排放看作环境压力，区域碳足迹指数则反映了各地区的碳足迹承受情况。

地均碳足迹，即区域碳足迹与区域面积之比，区域碳足迹表示人为活动对环境的净影响，而区域面积代表环境压力的承载面，因此它表示区域内每年每单位面积土地所承受的碳足迹压力。

这两个指标数值越大，说明该区域碳足迹压力越大。

五、行业碳足迹测算

（一）行业碳足迹

由于缺乏行业碳吸收数据以及不同行业详尽的工业过程碳排放量，本书将行业碳足迹测算值定义为消耗化石型能源所产生的二氧化碳排放量。尽管这里的行业碳足迹在数值上等同于碳排放量，但对行业碳足迹情况的分析需要考虑整个生产过程，会涉及生产、消费等过程，如生产单位中间产品所产生的碳足迹就不同于生产单位最终产品所产生的碳足迹。因此，相比单纯的碳排放概念而言，行业碳足迹在内涵和描述方面会更加丰富。

这样，对行业碳足迹的描述往往要结合不同的生产阶段来定义，从生产和消费角度可以将其分为直接行业碳足迹与完全行业碳足迹。直接行业碳足迹是指行业每年生产所有产品所产生的二氧化碳排放量，而完全行业碳足迹则指每年生产的所有最终产品中所隐含的二氧化碳排放量，虽然这个最终产品与所谓的中间产品是同一个产品，但作用不同，产品本身包含的碳排放信息则不同，这便是行业碳足迹考察的真正意义。

单纯的行业碳足迹比较意义不大，行业碳足迹通常与产业增加值、总产值、最终产品值一起共同反映行业低碳生产效率。

（二）行业碳足迹强度与行业碳足迹密度

作为衡量行业低碳发展效率水平的重要指标，行业碳足迹强度是指行业每增加一单位增加值所产生的二氧化碳量。如果仅仅考虑投入与产出，将碳足迹视为投入，产业增加值视为产出，该指标便可以直接反映行业的低碳生产效率，即行业碳足迹强度越高，行业低碳水平越低。

因此，无须更多变换，使用该指标可以非常方便地在不同地区、不同行业之间进行比较。但是这一指标并未深入考虑生产过程，类似“黑箱”的处理办法自然也忽视了生产环节内部详细的碳排放信息。

为进一步衡量区域内某一行业的低碳生产效率在所有行业中的地位，本书借助区位商，提出“行业碳足迹密度”这一概念，即某行业碳足迹强度（或系数）与所有行业的平均碳足迹强度（系数）之比，具体计算方法如下：

$$\theta = \frac{C_i / Y_i}{\sum C_i / \sum Y_i} \tag{2.16}$$

式中，θ 为行业碳足迹密度；C_i、Y_i 分别为 i 行业的直接碳足迹与行业增加值。$\sum C_i / \sum Y_i$ 即为所有行业平均碳足迹强度（系数）。如果 $\theta>1$，说明该行业的低碳生产效率低于所有行业的平均水平，是当地的高碳行业，值得特别关注和扶持。

（三）行业碳足迹效应

根据经济发展与碳足迹的实际关联性，本书将行业碳足迹效应界定为碳足迹在投入产出各相关行业部门的分布及其影响。依据投入产出流程的不同环节，可以进一步分解为中间效应、终端效应、波及效应和敏感效应。

中间效应是指中间环节的生产过程中某行业每产生一单位价值总产出时直接

消耗一次能源所产生的二氧化碳量。它直观反映了该行业生产中间产品时的低碳生产效率，该值越大，说明低碳生产效率越低。在此层面上的碳足迹是整个国民经济各行业碳足迹信息传递的始端。

终端效应是指某行业在生产的最终使用环节每生产一单位价值最终产品，全社会为其提供中间产品和服务时所产生的碳足迹，它间接反映了该行业产品生命周期内全社会碳足迹的效率。

波及效应是指某行业在投入产出流程中每创造一单位价值产品需求，对全社会碳足迹的波及程度。

敏感效应是指在整个投入产出流程中某行业碳足迹对全社会创造的一单位价值产品需求的敏感程度。

以上 4 种效应分别从中间生产、最终使用、环向关联等不同环节多角度地反映了某行业的碳足迹效应，形成了该行业碳足迹的综合效应。按照这种方法，将投入产出所有相关行业的碳足迹进行测算和综合比较，便可以甄别和揭示各地碳足迹分布的主导行业及其关联和影响程度。

第三节 碳足迹测算具体方法

本节主要从区域碳足迹和行业碳足迹两个方面展开研究。

一、区域碳足迹的具体测算方法

(一) 区域碳排放量测算方法

对区域碳排放量的核算主要依据《2006 年 IPCC 国家温室气体清单指南》[5]提供的清单编制方法，即碳排放因子法。根据该指南，核算项目主要包括 4 个部分：能源消费过程、工业生产过程、农业活动碳排放以及废弃物处理，本书在此基础上，加入人类呼吸过程的碳排放，使核算更加全面。

1. 能源消费过程

这里的能源消费过程主要是指化石类能源的直接燃烧消费，包括工业能源消费、交通能源消费等，不包括电能的消费。利用各类能源消费数据，结合相应的碳排放系数，便能计算出区域能源消费碳排放量。公式为

$$CE = \sum Q_i \times \gamma_i \times \delta_i = \sum Q_i \times \gamma_i \times \left(\frac{44}{12} \times \alpha \times x_i \times y_i \right) \tag{2.17}$$

式中，CE 为能源消费碳排放量；Q_i 为第 i 类能源实物消费量；γ_i 为第 i 类能源的折标准煤系数；δ_i 为第 i 类能源的二氧化碳排放系数；α=29.27MJ/kg，为标准煤低位发热量；x_i 为第 i 类能源的碳氧化率；y_i 为第 i 类能源的单位热值含碳量。所需各种能源的碳排放系数如表 2-4 所示。

表 2-4　各种能源的碳排放系数

能源名称	折标准煤系数	单位热值含碳量/(t/TJ)	碳氧化率/%	二氧化碳排放系数
原煤	0.71kgce/kg	26.37	0.94	2.66kg/kg
焦炭	0.97kgce/kg	29.5	0.93	2.94kg/kg
原油	1.43kgce/kg	20.1	0.98	2.11kg/kg
燃料油	1.43kgce/kg	21.1	0.98	2.22kg/kg
汽油	1.47kgce/kg	18.9	0.98	1.99kg/kg
煤油	1.47kgce/kg	19.5	0.98	2.05kg/kg
柴油	1.46kgce/kg	20.2	0.98	2.12kg/kg
液化石油气	1.71kgce/kg	17.2	0.98	1.81kg/kg
炼厂干气	1.57kgce/kg	18.2	0.98	1.91kg/kg
油田天然气	1.33kgce/m^3	15.3	0.99	1.63kg/m^3
焦炉煤气	0.59kgce/m^3	12.1	0.99	1.29kg/m^3
其他油品	1.20kgce/kg	20	0.98	2.10kg/kg

注：单位热值含碳量、碳氧化率主要参考《2006 年 IPCC 国家温室气体清单指南》[5]，二氧化碳排放系数为计算结果。

2. 工业生产过程

工业生产过程中产生的温室气体主要指在生产过程中，材料发生化学或物理转化时释放的温室气体。因数据获取原因，本书主要考虑水泥生产过程和钢铁（生铁和粗铁）生产过程中的二氧化碳排放量。其中，在水泥生产过程中，煅烧石灰石可以产生生石灰和二氧化碳；再根据中国气候变化国别研究组提供的方法和相关系数进行计算。公式为

$$C_{\mathrm{p}} = \sum P_i \times \alpha_i \tag{2.18}$$

式中，C_{p} 为工业生产过程碳排放量；P_i 为水泥（i=1）、生铁（i=2）和粗铁（i=3）各自生产量；α_i 为以上 3 种产品的碳排放系数。具体参数如表 2-5 所示。

表 2-5　工业产品碳排放系数

产品名称	水泥	生铁	粗铁
碳排放系数（t/t）	0.38	1.35	1.06

注：数据来自《中国气候变化国别研究》（中国气候变化国别研究组，2002）。

3. 农业活动碳排放

农业活动碳排放主要包括 3 个方面：农地利用、稻田、牲畜养殖。其中，农地利用活动所导致的碳排放主要源于化肥、农药、农膜等农用物资，稻田的碳排放主要指水稻在生长周期中排放的甲烷(CH_4)，而牲畜养殖的碳排放来自如牛、马、驴、猪、羊等动物的肠道发酵及粪便管理产生的甲烷。根据田云等[13]的研究成果，农业活动碳排放计算公式为

$$C_a = C_u + C_r + C_l = \sum U_i \times \beta_i + R \times \theta + \sum L_i \times \pi_i \tag{2.19}$$

式中，C_a、C_u、C_r、C_l 分别是农业活动、农地利用、稻田种植以及牲畜养殖的碳排放量；U_i 和 β_i 分别表示第 i 种农业物资量和其相应的碳排放系数；R、θ 分别为稻田面积、稻田碳排放系数(以每年平均 130 天的生长周期计算)；L_i 和 π_i 分别表示第 i 种牲畜的数量及其相应的碳排放系数。具体参数如表 2-6 所示。

表 2-6　农业活动碳排放系数

项目	碳排放系数	项目	碳排放系数/(t/头)
化肥/(t/t)	3.28	牛	1.01
农药/(t/t)	18.09	马	0.41
农膜/(t/t)	18.99	驴、骡	0.23
稻田/(t/hm^2)	14.95	猪、羊	0.11

注：以上数据均以年为周期，数据来源于田云等[13]的研究成果。

4. 废弃物处理

依据《2006 年 IPCC 国家温室气体清单指南》，废弃物处理的碳排放主要是指废水处理和垃圾填埋与焚烧时所产生的温室气体，因数据的可得性，本书仅考虑废水处理的甲烷排放、垃圾填埋的甲烷排放以及垃圾焚烧的二氧化碳排放。具体计算公式如下：

$$C_d = C_W + C_b + C_f = W \times \delta + B \times \varepsilon \times m + F \times \rho \times (1-n) \tag{2.20}$$

式中，C_d、C_w、C_b、C_f 分别是废弃物处理、废水处理、垃圾填埋和垃圾焚烧的碳排放量；W、B、F 分别是废水处理化学需氧量的排放量、垃圾填埋量和垃圾焚烧量；δ、ε、ρ 分别是废水处理、垃圾填埋和垃圾焚烧的碳排放系数；m 和 n 分别是被填埋垃圾含水率和被焚烧垃圾含碳率。具体参数如表 2-7 所示。

表 2-7　废弃物处理碳排放系数

项目	废水处理	垃圾焚烧	垃圾填埋
碳排放系数/(t/t)	5.250	0.999	0.167
含碳率(含水率)/%	—	45	29

注：含碳率(含水率)借鉴郭运功[14]的成果。

5. 人类呼吸

随着城市化的加剧和人口的集聚，人类自身呼吸所排出的二氧化碳也不容忽视。参考《人类生态学》[9]中提供的数据，中国每个成年人每天排出的二氧化碳量为 0.9kg。那么每年人口碳排放量计算公式如下：

年人口二氧化碳排放量=人口数×人均每日二氧化碳排放量×365　(2.21)

式中，人口数采用年末人口总数。

(二) 区域碳吸收测算方法

碳汇是碳元素的蓄积库，主要功能是进行碳吸收并储存，可以减缓温室效应，主要包括自然碳汇与人工碳汇。目前我国尚无人工碳汇相关数据，自然碳汇可大致分为海洋生态系统碳汇与陆地生态系统碳汇。碳吸收是通过碳汇减少大气中二氧化碳的动态过程，本书仅计算陆地生态系统碳汇中的森林碳吸收和农业碳吸收。

1. 森林碳吸收

森林碳吸收的估算公式为

$$S_{\mathrm{f}} = D \times N \times \frac{44}{12} \tag{2.22}$$

式中，S_{f} 为某区域的年森林碳吸收量；D为该区域的森林植被面积；N 为该区域的森林年平均固碳系数。

森林年平均固碳系数是指单位森林面积对碳元素的吸收量，反映了森林的固碳能力，该数值与当地林木种类、气候、地形等条件有关，不同省域的差异也较大。本书引用谢鸿宇等[15]的研究成果，使用世界森林年平均固碳系数值作为代替，该系数取值为 3.81t/hm^2。

2. 农业碳吸收

农业碳吸收只考虑主要农作物生长全生命周期中的二氧化碳吸收量，即作物光合作用形成的净初级生产量(生物产量)过程所固定的二氧化碳量。

农业碳吸收(S_{a})的计算公式为

$$S_a = \frac{44}{12} \times \sum S_i \times Y_i \times (1 - r_i) / M_i \tag{2.23}$$

式中，i 表示农作物的类型；S_i 为第 i 种农作物的碳吸收率；Y_i 为第 i 种农作物的经济产量(经济产量=生物产量×经济系数)；r_i 为第 i 种农作物经济产品部分的含水率；为 M_i 第 i 种农作物的经济系数。根据相关文献[16]，主要农作物的经济系数和碳吸收率如表 2-8 所示。

表 2-8 主要农作物经济系数和碳吸收率

作物类型	经济系数	含水率	碳吸收率	作物类型	经济系数	含水率	碳吸收率
水稻	0.45	0.12	0.4144	油菜籽	0.25	0.10	0.4500
小麦	0.40	0.12	0.4853	花生	0.43	0.10	0.4500
玉米	0.40	0.13	0.4709	烟草	0.55	0.85	0.4500
薯类	0.70	0.70	0.4500	豆类	0.35	0.13	0.4500

注：碳吸收率表示每单位生物产量所吸收的碳元素质量。

二、行业碳足迹的具体测算方法

(一)碳足迹投入产出表

通过对投入产出表引入碳足迹信息可以拓展得到地区碳足迹投入产出表。出于数据的可获得性和现实可操作性，本书所研究的行业碳足迹仅包括各部门燃烧消耗化石能源所排放的二氧化碳，不包括其他温室气体排放，也不包括非燃烧活动排放的二氧化碳，如水泥生产过程中化学反应所产生的二氧化碳排放量，更不包括人与动物呼吸所排放的二氧化碳。

本书假定地方投入产出表中区域内各部门的技术关联情况与区外完全一样，进口产品与区内产品存在相同的低碳生产效率。

编制地区碳足迹投入产出表具体步骤如下。

1. 数据准备

收集地区价值型投入产出表、地区分行业的能源消费数据、地区能源平衡表以及计算各种能源燃烧后的二氧化碳足迹系数所需数据。

2. 部门调整

将投入产出表中的部门与分行业能源消费统计中的部门分别进行合并，调整为口径基本相同的部门。本书最终确定了 29 个行业部门，其中包括 4 个能源部门：煤炭开采和洗选业，石油和天然气开采业，石油加工、炼焦及核燃料加工业，燃气生产和供应业。为便于分析，将整理后的具体行业分类与简称制成表 2-9。

表 2-9　行业分类与简称表

行业名称	简称	行业名称	简称
煤炭开采和洗选业	煤炭开采	通用、专用设备制造业	通用设备
石油和天然气开采业	石油开采	交通运输设备制造业	交通设备
石油加工、炼焦及核燃料加工业	石油加工	电气机械及器材制造业	电气制造
燃气生产和供应业	燃气生产	通信设备、计算机及其他电子设备制造业	通信设备
金属矿采选业	金属矿	仪器仪表及文化办公用机械制造业	仪器仪表
非金属矿及其他矿采选业	非金属矿	工艺品及其他制造业	工艺品
食品制造及烟草加工业	食品制造	废品废料	废品废料
纺织业	纺织业	电力、热力的生产和供应业	电热生产
纺织服装，鞋、帽皮革羽绒及其制品业	纺织制品	水的生产和供应业	水的生产
木材加工及家具制造业	木材加工	建筑业	建筑业
造纸印刷及文教体育用品制造业	造纸印刷	农林牧渔、水利业	农林牧渔
化学工业	化学工业	交通运输、仓储和邮政业	运输仓储
非金属矿物制品业	非金制品	批发、零售业和住宿、餐饮业	批发零售
金属冶炼及压延加工业	金属冶炼	其他产业	其他产业
金属制品业	金属制品	—	—

3. 部门的产品匹配及碳足迹计算

依照《中国统计年鉴 2002》中的能源平衡表中所列能源产品(17 种)，对 4 个能源部门的能源产品进行匹配和分类，其中，根据《2002 年投入产出表编制》一书中对最终产品消费的分类，将原油、液化石油气、天然气归入石油和天然气开采业，而焦炉煤气和其他煤气归入燃气供应业。接着，计算各部门消耗各能源部门产品所产生的二氧化碳量。

4. 碳足迹投入产出表编制

首先调整部门顺序，将 4 个能源部门置于 29 个部门价值型投入产出表(单位为万元)的前 4 行和前 4 列，然后在每行能源部门下方另扩展一行填放该部门的能源产品提供给各部门消耗所产生的二氧化碳量数据(单位为万 t)，其中增加行的标题以相应能源部门的主要产品命名，如在煤炭开采和洗选业下方填“煤炭”，在完成了 4 行碳足迹信息的扩展后便完成了整个碳足迹投入产出表的编制。

各部门能源消耗数据的处理有两点需要指出。

(1) 本书对二次能源生产部门中电力、热力生产和供应部门以及炼焦部门的能耗数据进行特殊处理。在炼焦过程中，煤炭经不充分燃烧转化为焦炭，煤炭中大部分的碳仍然在焦炭中，只有少部分碳转化为二氧化碳，同时由于缺乏炼焦过程中相应碳排量数据，所以在碳足迹投入产出表中将炼焦过程中的碳排放量近似处理为零。而在由煤炭等能源转化为电力、热力的过程中，化石能源燃烧会产生的大量二氧化碳，电力、热力生产和供应部门的终端能耗数据却没有包含这部分数据，这样会导致该部门的碳排放量被明显低估，因此在处理该部门的能源消耗数据时应该由终端能耗数据加上加工转换时所消耗的相应能源数据。

(2) 各部门的终端能源消耗均被处理为用于燃烧产生动力的能源，而事实上，有部分能源是被用作合成其他产品的原料，如化肥厂生产合成氨、化工厂生产合成橡胶等所消耗的天然气、煤炭、焦炭，也有当作材料使用的能源，如用作洗涤的汽油、柴油、煤油和各种设备的润滑油，因各行业数据不易获取且占比不大，这里做近似为零处理。

(二) 行业碳足迹效应测算方法

基于地区碳足迹投入产出表可以计算行业碳足迹效应，具体如下。

1. 中间效应

用直接碳足迹系数 c_j 来考察：

$$c_j = \sum_{i=1}^{k} \frac{\overline{x_{ij}}}{X_j} \qquad (j = 1, 2, \cdots, n) \tag{2.24}$$

式中，k 为能源部门的数量；n 为部门总数；$\overline{x_{ij}}$ 表示第 j 个部门消耗第 i 能源部门产品所排放的二氧化碳量；X_j 表示第 j 个部门的价值总产出。这个指标表示第 j 个部门生产单位总产出而直接消耗各个能源部门产品所排放的二氧化碳总量，实际反映了每个部门生产 1 单位产品所排放的二氧化碳量，即为碳足迹中间效应。

2. 终端效应

终端效应用完全碳足迹系数 S_j 加以考察，首先应计算：

$$\boldsymbol{E} = \hat{\boldsymbol{C}}(\boldsymbol{I} + \boldsymbol{B}) = \hat{\boldsymbol{C}}\boldsymbol{I} + \hat{\boldsymbol{C}}\boldsymbol{B} \tag{2.25}$$

式中，$\hat{\boldsymbol{C}}$ 为由直接碳足迹系数 c_j 组成的对角矩阵；$\boldsymbol{I}$ 为 $n \times n$ 的单位矩阵；$\boldsymbol{B}$ 为碳足迹投入产出价值表 $n \times n$ 的完全消耗系数矩阵。$\boldsymbol{E}$ 为由 e_{ij} 构成的 $n \times n$ 方阵，e_{ij} 反映了第 j 个部门生产单位最终产品通过完全消耗第 i 部门产品所排放的二氧化碳量。其中，$\hat{\boldsymbol{C}}\boldsymbol{I}$ 反映了全社会使用各种最终产品产生的二氧化碳直接排放量，$\hat{\boldsymbol{C}}\boldsymbol{B}$ 反映了这些最终产品生产过程中所消耗的一轮又一轮中间产品所体现的二氧化碳足迹量，二者之和便可反映完全碳足迹。

$$S_j = \sum_{i=1}^{n} e_{ij} \qquad (j = 1, 2, \cdots, n) \tag{2.26}$$

式中，n 为部门总数；S_j 表示第 j 个部门生产单位最终产品通过完全消耗各种产品所排放的二氧化碳总量，它是 e_{ij} 的列向加总，实际反映了每一个部门生产 1 单位最终产品所完全排放的二氧化碳总量，反映的是碳足迹终端效应。

3. 波及效应

用碳足迹影响力系数 F_j 来分析：

$$F_j = \frac{\sum_{i=1}^{n} e_{ij}}{\frac{1}{n}\sum_{i=1}^{n}\sum_{j=1}^{n} e_{ij}} \qquad (j = 1, 2, \cdots, n) \tag{2.27}$$

式中，F_j 表示第 j 部门的碳足迹影响力系数；分子为第 j 部门生产一单位最终产品所带动影响全社会各部门完全排放的二氧化碳总量，即该部门完全碳足迹系数；分母为全社会各部门每生产一单位最终产品完全排放的二氧化碳总量。F_j 作为一个相对系数，实际反映了国民经济中某一部门生产一单位最终产品，对各部门所产生的碳足迹影响的波及程度，此为碳足迹波及效应。F_j 越大，说明在第 j 部门的拉动下，全社会各部门完全排放的二氧化碳量就越多，该部门就应该成为全社会的重点减排对象。

4. 敏感效应

用碳足迹感应力系数 L_i 来考察：

$$L_i = \frac{\sum_{j=1}^{n} e_{ij}}{\frac{1}{n}\sum_{i=1}^{n}\sum_{j=1}^{n} e_{ij}} \quad (j = 1, 2, \cdots, n) \tag{2.28}$$

式中，L_i 表示第 i 部门的碳足迹感应力系数；分子为全社会生产一单位最终产品带动影响第 i 部门完全排放的二氧化碳量；分母为全社会各部门生产一单位最终产品带动影响各部门完全排放的二氧化碳量的平均值。同样作为一个相对系数，它实际反映了国民经济中每生产一单位最终产品对第 i 个部门的产生碳足迹量影响的敏感程度，此为碳足迹敏感效应。L_i 越大，说明在全社会各部门的生产拉动影响下，第 i 部门完全排放的二氧化碳量就越多，该部门也应该成为减排的重点。

第四节 基于泰尔指数与Kaya分解模型的差异测度

我国不同地区经济发展水平不均衡，自然资源禀赋千差万别，地方政府间执政观念与能力参差不齐，因而区域间的低碳经济发展能力也存在显著差异。区域碳足迹是评价低碳经济发展能力的核心，准确量化区域间碳足迹差异，进一步分析影响差异的因素，有助于科学地进行减排政策设计。

本节将介绍基于泰尔指数的 Kaya 因素分解模型，借助该模型可以在量化差异的基础上进一步分析碳足迹差异的原因。

一、差异测度与泰尔指数

量化差异的方法很多，常见的有变异系数、基尼系数、泰尔指数等。本书选择泰尔指数，它是由泰尔(Theil)[17]提出的分析区域收入水平差异的重要工具。该方法考虑了人口加权影响，方程具有对称性、标度不变性(也称扩张不变性，scale invariance)等特点，并且满足“庇古-塔尔顿”(Pigou-Dalton)条件标准[18]。它作为一种具有空间可分解性的区域差异分析方法，可用来分析区域总体差距、区域间差距以及区域内差距的变化，在区域研究中受到众多学者的重视[19]。其应用领域也从收入水平的区域差异拓展到包括碳足迹以及能源消费区域差异在内的众多领域[20,21]。

本书以人口为权重计算碳足迹地区差异程度，泰尔指数的测算模型如下：

$$T = \sum_i p_i \log \frac{\overline{c}}{c_i} \tag{2.29}$$

式中，T 为样本地区整体的人均碳足迹泰尔指数；p_i 和 c_i 分别为第 i 个地区人口比例和人均二氧化碳排放量；$\overline{c}$ 为样本地区整体的人均碳足迹。

进一步对泰尔指数进行分解，可以研究组内与组间差异程度，公式如下：

$$T = T_{\mathrm{N}} + T_{\mathrm{W}} = \sum_{j=1}^{J} p_j T + \sum_{j=1}^{J} p_j \log \frac{\overline{c}}{c_j} \tag{2.30}$$

式中，T_{N} 为组内差异；T_{W} 指组间差异。将研究对象分为 j 组，则 T_j 为反映第 j 组内部差异的泰尔指数；p_j 和 c_j 分别是第 j 组的人口比例以及人均碳足迹。

二、碳足迹影响因素与 Kaya 模型

碳足迹影响因素一直是低碳研究的热点问题，国内学者研究成果丰硕。所使

用的方法主要有指数分解法和计量分析法：前者以对数平均权重分解法(logarithmic method of decomposition index)为代表；后者以IPAT模型、STIRPAT模型、Kaya模型为代表，所研究的因素包括技术进步、能源强度、能源结构、产业结构、收入(财富)、人口、居民消费、对外开放、所有制结构等。王群伟等[22]利用DEA(data envelopment analysis，数据包络分析)方法研究了能源强度、经济发展、产业结构、所有制结构和对外开放对碳排放效绩的影响，发现前四类因素有显著作用。宋德勇和卢忠宝[23]使用两阶段LMDI从产出规模、能源结构、排放强度和能源强度 4 个方面对中国碳排放的影响因素进行分析。朱勤等[24]利用STIRPAT模型分析了消费水平、人口规模、人口城市化率3个因素对碳排放的影响。林伯强和刘希颖[25]通过将 Kaya 模型引入城市化因素，研究了城市化对现阶段碳排放的影响。这些研究分析方法以及所选的因素各有不同，本书将在差异测度的基础上，选择最基本的Kaya模型进行碳足迹的因素分析。

Kaya模型也即Kaya恒等式，由日本教授Kaya于1989年提出[26]，是一种重要的因素分解模型，主要用于对环境变化影响因子的分析，目前被国内学者广泛运用于对碳排放驱动因素的研究中。而本书研究的对象主要是碳足迹，由于碳排放变动是导致碳足迹变动的主要原因，因此，本书直接将 Kaya 模型的碳排放扩展为区域碳足迹，是具有一定的可行性的[27]。模型主要的变动为将原来的碳排放定义为现在的碳足迹，碳排放系数也相应地变为碳足迹系数，扩展后的公式具体如下：

$$CF = \frac{CF}{E} \times \frac{E}{Y} \times \frac{Y}{P} \times P \tag{2.31}$$

式中，CF表示碳足迹；E为能源消费总量(标准煤)；Y为国内生产总值(GDP)；P为人口数量。进一步变形可得

$$c = b \times e \times y \tag{2.32}$$

式中，$c = CF / P$，表示人均碳足迹量；$b = CF / E$，表示碳足迹系数(即每消耗一单位标准煤能源产生的碳足迹)；$e = E / Y$，表示能源强度(即单位GDP能源消费量)；$y = Y / P$，表示人均GDP。

由 Kaya 公式可知，一个地区的碳足迹主要由能源强度、人均 GDP、碳足迹系数以及人口因素所决定。

三、基于泰尔指数的Kaya分解模型

本书借鉴查冬兰和周德群[18]、王克等[28]的方法，进一步利用 Kaya 公式对泰尔指数进行分解，可以得到各个要素对地区总体贡献的不平衡程度，即各因子对

碳足迹的影响程度。具体步骤如下。

先令

$$c_i^b = b_i \times \overline{e} \times \overline{y} \tag{2.33}$$

$$c_i^e = \overline{b} \times e_i \times \overline{y} \tag{2.34}$$

$$c_i^y = \overline{b} \times \overline{e} \times y_i \tag{2.35}$$

式中，b_i、e_i 和 y_i 分别表示不同地区碳足迹系数、能源强度和人均 GDP 指标；$\overline{b}$、$\overline{e}$ 和 $\overline{y}$ 分别表示 b_i、e_i 和 y_i 平均值。于是，b、e 和 y 对总体泰尔指数的贡献程度可以依次表示如下：

$$T^b = \sum_i p_i \log(\overline{c^b} / c_i^b) \tag{2.36}$$

$$T^e = \sum_i p_i \log(\overline{c^e} / c_i^e) \tag{2.37}$$

$$T^y = \sum_i p_i \log(\overline{c^y} / c_i^y) \tag{2.38}$$

$$\overline{c^y} = \overline{b} \times \overline{e} \times \overline{y} \tag{2.39}$$

式中，T^b、T^e 和 T^y 分别是 c_i^b、c_i^e 和 c_i^y 的泰尔指数；$\overline{c^b}$、$\overline{c^e}$ 和 $\overline{c^y}$ 分别是 c_i^b、c_i^e 和 c_i^y 的平均数。考虑到交互作用，泰尔指数可以分解为如下：

$$T = T^b + T^{\mathrm{e}} + T^y + \mathrm{inter}_{b,ey} + \mathrm{inter}_{e,y} \tag{2.40}$$

$$\mathrm{inter}_{b,ey} = \log(\overline{c} / \overline{c^b}) = \log\left(1 + \frac{\delta_{b,ey}}{\overline{c^b}}\right) \tag{2.41}$$

$$\mathrm{inter}_{e,y} = \log(\overline{c} / \overline{c^e}) = \log\left(1 + \frac{b\delta_{e,y}}{\overline{c^e}}\right) \tag{2.42}$$

式中，$\mathrm{inter}_{b,ey}$ 表示碳足迹系数 b 和人均能源消费 $e \times y$ 的交互作用；$\delta_{b,ey}$ 为两者的加权协方差；$\mathrm{inter}_{e,y}$ 表示能源强度 e 与人均 GDP y 的交互作用；$\delta_{e,y}$ 为两者的加权协方差。

本 章 小 结

碳足迹有广义和狭义之分。狭义的碳足迹是指吸收人类在整个生命周期中所排放的二氧化碳所需的土地面积。广义的碳足迹不仅只衡量二氧化碳的温室效应，还衡量包括甲烷、氧化亚氮、臭氧等其他温室气体的影响。由于碳足迹概念是为了表述人类生产和消费活动中所排放的与气候变化相关的温室气体总量，与碳排放的研究比较，碳足迹的研究是从生命周期的角度出发，考察二氧化碳从排放到最后的中和、吸收及整合过程。在考察区域时，碳足迹应同时考虑碳的排放与吸收问题；而在考察行业或产品时，碳足迹应是全过程性的碳排放，它不仅包含全生命周期时间上的纵向信息，也容纳了直接和间接碳排放量在空间上的横向信息。

人类生活排放的二氧化碳主要进入大气环境，除海洋吸收一部分，主要是依靠林地植物以光合作用等形式吸收。所以，碳中和率就是衡量一个区域的森林对碳足迹的中和能力。碳足迹的经济效率定义为一个区域碳足迹与该区域的 GDP 的比值。碳足迹的人口压力的测算是为了衡量一个区域的碳足迹与区域人口增加量之间的关系，可以将一个区域的碳足迹与城市化程度、区域人口的变化联系在一起，发现其中的变化趋势。

要测算一个区域在一定时期内的碳足迹，可分为三个步骤：①确定人类的哪些活动可以产生碳排放；②分别计算这些活动所产生的碳排放；③把所产生的碳排放折算成碳足迹。将投入产出表引入碳足迹信息研究，可拓展得到区域碳足迹投入产出表。由于各地经济发展水平不均衡，自然资源禀赋千差万别，地方政府间执政观念与能力参差不齐，因而区域间的碳足迹也差异显著。引入基于泰尔指数的 Kaya 因素分解模型，可以在量化差异的基础上进一步分析碳足迹差异的原因，有助于科学减排的政策设计。

参 考 文 献

[1] Wackernagel M，Rees W E. Our Ecological Footprint：Reducing Human Impact on the Earth[M]. Gabriel：New Society Publishers，1996.

[2] 陶在朴. 生态包袱与生态足迹——可持续发展的重量及面积观念[M].北京：经济科学出版社，2003.

[3] East A J.Vegetable Industry carbon footprint scoping study discussion papers I：What is a carbon footprint? An overview of definitions and methodologies[R]. Sydney：Horticulture Australia Limited，2008.

[4] Finkbeiner M. Carbon footprinting——opportunities and threats[J]. The International Journal of Life Cycle Assessment，2009(14)：91-94.

[5] IPCC.2006 IPCC guidelines for national greenhouse gas inventories[OL].[2015-07-16]. https://www.ipcc-nggip.iges.or.jp/public/2006gl/index.html.

[6] Divya P, Madhoolika A, Jai S P. Carbon footprint：Current methods of estimation[J]. Environmental Monitoring and Assessment，2011，178(1-4)：135-160.

[7] 世界自然基金会(WWF). 地球生命力报告 2010[OL].[2015-08-07]. https://wenku.baidu.com/view/24b660c789eb172ded63b798.html.

[8] Browne D O，Regan B，Moles R. Use of carbon footprinting to explore alternative household waste policy scenarios in an Irish city-region[J].Resources，Conservation and Recycling，2009，54(2)：113-122.

[9] 任文伟，郑师章.人类生态学[M].北京：中国环境科学出版社，2004.

[10] 祁悦，谢高地，盖力强，等. 基于表观消费量法的中国碳足迹估算[J]. 资源科学，2010(11)：2053-2058.

[11] Eggleston H S，Buendia L，Miwa K，et al. 2006 IPCC guidelines for national greenhouse gas inventories[R]. Prepared by the National Greenhouse Gas Inventories Programme，2006.

[12] 杜斌，张坤民，温宗国，等. 城市生态足迹计算方法的设计与案例[J]. 清华大学学报（自然科学版），2004(9)：1171-1175.

[13] 田云，张俊飚，李波. 中国农业碳排放研究：测算、时空比较及脱钩效应[J]. 资源科学，2012，34(11)：2097-2105.

[14] 郭运功. 特大城市温室气体排放量测算与排放特征分析——以上海为例[D].上海：华东师范大学，2009.

[15] 谢鸿宇，陈贤生，林凯荣，等. 基于碳循环的化石能源及电力生态足迹[J]. 生态学报，2008(4)：1729-1735.

[16] 田云，张俊飚.中国农业生产净碳效应分异研究[J].自然资源学报，2013，28(8)：1298-1309.

[17]百度百科.泰尔指数[OL]. [2017-09-14]. https://baike.baidu.com/item/%E6%B3%B0%E5%B0%94%E6%8C%87%E6%95%B0/2777237?fr=Aladdin.

[18] 查冬兰，周德群. 地区能源效率与二氧化碳排放的差异性——基于 Kaya 因素分解[J]. 系统工程，2007，25(11)：65-71.

[19] 张丽峰，崔佳颖. 基于泰尔指数的我国碳生产率区域差异性分析[J]. 资源开发与市场，2013，29 (3)：233-236.

[20] 杨骞，刘华军. 中国碳强度分布的地区差异与收敛性——基于 1995—2009 年省际数据的实证研究[J]. 当代财经，2012(2)：87-98.

[21] 潘家华，张丽峰. 我国碳生产率区域差异性研究[J]. 中国工业经济，2011(5)：47-57.

[22] 王群伟，周鹏，周德群. 我国二氧化碳排放绩效的动态变化、区域差异及影响因素[J]. 中国工业经济，2010(1)：45-54.

[23] 宋德勇，卢忠宝. 中国碳排放影响因素分解及其周期性波动研究[J]. 中国人口•资源与环境，2009(3)：18-24.

[24] 朱勤，彭希哲，陆志明，等. 人口与消费对碳排放影响的分析模型与实证[J]. 中国人口•资源与环境，2010，20(2)：98-102.

[25] 林伯强，刘希颖.中国城市化阶段的碳排放：影响因素和减排策略[J]. 经济研究，2010(8)：66-78.

[26] Kaya Y. Impact of carbon dioxide emission on GNP growth[R]. Paris：Response Strategies Working Group，IPCC，1989.

[27] Donella M，Jorgen R，Dennis M. Limits to Growth[M]. 李涛，等译. 北京：机械工业出版社，2013.

[28] 王克，姚幸颖，刘琦媛.基于 Theil 指数 KAYA 分解的中国碳排放差异性分析[J].环境保护科学，2014(5)：90-96.

第三章　基于碳足迹测定的低碳经济发展能力导论

基于碳足迹测定的低碳经济发展能力是指发展主体在应对人类生存发展需要所面对的经济社会发展需求、科学技术进步驱动和资源环境承载压力等因素的变化中，通过碳足迹测定来反映其自身实现低投入、低消耗、低排放、高产出、高品质、高效率等低碳经济发展目标的综合能力。这种综合能力可以看成是一个系统的互动的作用力，即由各个相关因素及其相互影响所产生的各个子系统构成的大系统，各子系统之间的有机互动推动了整个系统的协调运转和循序渐进。而这种互动的作用力表现为碳脱钩发展力、DSR 驱动力和碳循环平衡力的互动共振。因此，考察基于碳足迹测定的低碳经济发展能力，可以通过评价碳脱钩发展力、DSR 驱动力和碳循环平衡力得以实现。

第一节　碳脱钩发展力

碳脱钩发展力是指通过碳足迹测定的经济增长与碳排放增长之间存在的由挂钩到脱钩的关联互动力，表现为：初期的经济发展与碳排放挂钩(经济增长伴随的碳排放同步增长)，后期的经济发展与碳排放脱钩(经济增长的同时碳排放反而下降)。下面分述之。

一、EKC 与脱钩

库兹涅茨曲线(Kuznets curve，KC)是由美国经济学家库兹涅茨于 1955 年所提出的收入分配状况随经济发展过程而变化的曲线。由于其收入差距随经济增长表现出先增大后减小的趋势，形如倒 U，KC 也被称为倒 U 形曲线。美国经济学家 Grossman 和 Krueger[1]首次研究了环境质量与人均收入之间的关系，发现污染在低收入水平上随人均 GDP 增加而上升，在高收入水平上随 GDP 增长而下降。1996 年，Panayotou 借用倒 U 形曲线，首次将环境质量与人均收入间的关系称为环境库兹涅茨曲线(environmental Kuznets curve，EKC)。

根据 EKC 理论，碳排放也可能与区域经济发展存在一定关系。区域碳排放主要受区域发展阶段、产业结构、资源禀赋、能源结构等因素影响，区域经济的初期发展模式以要素投入为主，随着经济的快速发展，在经济产出增加的同时，对能源、资源等投入要素的过度依赖也会造成碳排放量的急剧增加；而当经济发展到一定程度，发展模式由要素依赖型向资本依赖型、技术依赖型转变，产业结构中第二产业占比逐步降低，资源消耗减少，同时技术进步带来能源效率的提高、绿色能源产业的发展，带动人们生活方式的改进，共同促进了碳排放量降低。

根据 EKC 理论，环境污染或者碳排放总是与经济增长有关的，也就是两者之间是挂钩的，因此如何寻求它们之间的脱钩一直是可持续发展研究中的热点问题。而“脱钩”概念最早出现在物理学领域，是指具有响应关系的两个或多个物理量之间的关系不再存在[2]，后来被逐渐运用到农业政策、环境政策等领域。根据 OECD 的定义，脱钩是指打破环境危害和经济之间的联系，即两者在变化速度上不同步的过程[3]。因而，脱钩本质上是一个去物质化的过程，探讨经济增长去物质化的程度。就其程度而言，脱钩主要可以分为强脱钩和弱脱钩：前者是指随着时间推移总物质消耗逐步减少；而后者是指物质使用密度(物质投入与 GDP 比值)的减小大于经济增长速度[4]。当然，除了能源资源等可以看成是投入，环境污染、碳排放等负产出也能看作是一种物质投入。

按照脱钩理论，在区域经济发展初期，经济总量伴随着物质消耗总量增长而同比增长，达到一定的程度后，经济总量不再伴随物质消耗增长而增长，反而趋于下降。该理论同 EKC 类似，都是考察环境负荷与经济增长的关系问题，且所得结论也类似，都为倒 U 形。不同之处在于 EKC 定性给出了倒 U 形的描述结论，而脱钩理论则给出了定量模型以进一步量化两者的脱钩程度。

由此可见，碳排放与经济增长关系密切，那么，怎样测定碳排放与经济增长是否脱钩及其脱钩程度呢？

二、经济增长与碳排放的脱钩：Tapio 脱钩模型

发展低碳经济的目的是要在经济增长的同时，碳排放压力呈现负增长。这只是一种理想状态，向低碳经济转型就是经济增长与碳排放之间关系不断弱化乃至消失的过程。这一过程就是脱钩。作为衡量各个国家和地区低碳发展状况的主要工具，Tapio 脱钩模型是测度各国各地区低碳经济发展情况与碳排放之间关系的基础理论。

OECD 脱钩模型主要描述环境压力与驱动力变化之间的关系，以及相关衍生

政策拟定的问题。以碳足迹为例，将碳足迹视为环境压力，将 GDP 视为经济驱动力，如果碳足迹与 GDP 增长率呈现不同步关系，则经济体产生脱钩关系。不同步增长可分为两种情况，如果经济增长的同时环境压力保持稳定甚至下降，称为绝对脱钩，如果环境压力以正的速度增长但其速度小于经济增长速度则称为相对脱钩，如图 3-1 所示。

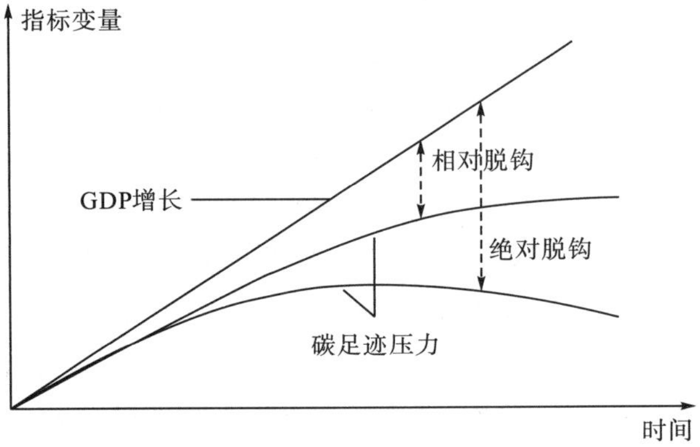

图 3-1　碳足迹与 GDP 增长脱钩关系

Tapio 脱钩模型是在 OECD 脱钩模型基础上发展而来，是目前研究经济增长与碳排放脱钩关系的主要方法。Tapio[5] 在针对 1970～2001 年欧洲的交通业能源和二氧化碳的脱钩研究时，引入弹性概念构建了脱钩指数，其脱钩的定义为交通业能源与经济增长之间弹性值小于 1 的状态，即在某个特定的时间内，当 GDP 变动 1 个百分点时，交通业能源变化的百分比的程度。

在此模型的基础上，可以构建一种脱钩指数(decoupling index，DI)来定量分析环境压力与驱动力变化之间的关系，由于本书的环境压力选择的是碳足迹，为此所构建的碳足迹的脱钩模型计算公式是：

$$r_i = \left(\frac{\Delta CF_i}{CF_i}\right) / \left(\frac{\Delta \mathrm{GDP}_i}{\mathrm{GDP}_i}\right) \tag{3.1}$$

式中，r_i 为第 i 年的碳足迹的经济脱钩指数。

Tapio 在构建脱钩指数时还给出了指标评价方法，具体是以某一弹性值范围界定了脱钩状态的分类，如当弹性值为 0～0.8 时，界定为弱负脱钩；当弹性值为 0.8～1.2 时，界定为衰退联结。具体如表 3-1 所示。

表 3-1　Tapio 模型的 8 个等级与弹性值比照表

状态		环境压力	经济增长	弹性 r
负脱钩	扩张负脱钩	>0	>0	$r>1.2$
	强负脱钩	>0	<0	$r<0$
	弱负脱钩	<0	<0	$0<r<0.8$
脱钩	弱脱钩	>0	>0	$0<r<0.8$
	强脱钩	<0	>0	$r<0$
	衰退脱钩	<0	<0	$r>1.2$
联结	增长联结	>0	>0	$0.8<r<1.2$
	衰退联结	<0	<0	$0.8<r<1.2$

Tapio 还指出，如果 $r<0.8$，则称之为“去联结”，在本书中可将此称为“去碳化”。

实证部分将利用此模型考察重庆市和长江上游地区的经济增长与碳足迹之间的变化关系，探寻其中的脱钩关系。

三、碳足迹对经济的影响及趋势预测模型：STIRPAT 模型

20 世纪 90 年代，环境污染的加剧引起了学者对于经济增长的环境可持续性问题的关注和讨论，这一时期，经济学界认为，市场机制能够解决的问题是有限的，因为许多重要环境问题的发生具有市场外部性，并涉及全球和地区性的公共产品问题。根据 EKC 及其所支持的命题，人均收入的增长最终将导致环境质量的改善：在较低的收入水平上，污染水平随收入的增长而上升；但在较高的收入水平上，污染水平随收入的增长而递减。EKC 是 Grossman 和 Krueger[1] 在分析北美自由贸易协定(North American Free Trade Agreement，NAFTA)对环境的可能影响时的一个产物。当时人们普遍担心美国和墨西哥之间更自由的贸易政策和直接投资可能会激化墨西哥的环境污染问题，同时降低美国的环境管制标准。为检验这一点，Grossman 和 Krueger 利用回归模型首次进行了人均收入与环境质量之间关系的实证分析，他们发现在人均收入和环境退化之间存在一个倒 U 形的关系，并且，当一国人均 GDP 达到 4000～5000 美元(1985 年)时，经济增长趋向于减轻环境污染。

但事实上除了经济因素，还存在着许多其他因素对环境的冲击。一般可以运用 IPAT 模型来衡量这种冲击，揭示其他因素对环境的冲击程度。IPAT 模型是美国斯坦福大学著名经济学家、人口学家 Paul R. Ehrlich 教授于 1971 年提出的，关

于环境冲击(I)与人口(P)、富裕度(A)和技术(T)3 个因素间的恒等式为

$$I = P \times A \times T \tag{3.2}$$

式中，I 即 impact，表示环境冲击；P 即 population，表示人口；A 即 affluence，表示富裕度；T 即 technology，表示技术。

I 可用不同的指标表示；P 通常以人数表示；A 通常以年人均 GDP 表示；T 则以单位 GDP 所形成的环境压力指标表示，以碳足迹(CF)为例，可以分解为

$$CF = P \times \left(\frac{\text{GDP}}{P}\right) \times \left(\frac{CF}{\text{GDP}}\right) \tag{3.3}$$

虽然 IPAT 模型具有简洁、直观分析各种因素对环境压力影响的特点，但同时也存在一些局限性，如该模型不能分析如城市化、人口年龄结构、地理条件等其他因素对环境压力的影响，因此，Dietz 等在 IPAT 模型的基础上提出了 STIRPAT 模型，STIRPAT 模型具体形式为

$$I = aP^b A^c T^d e \tag{3.4}$$

式中，a 是模型系数；b、c、d 分别是人口数量、人均财富和技术等冲击力指数；e 为模型误差。

需要指出的是，IPAT 模型是 STIRPAT 模型的特殊形式，即 $a=b=c=d=e=1$。STIRPAT 模型不仅保留 IPAT 模型中原有的人口数量、富裕度、技术等环境冲击的因素，还加入了相关系数，使得模型更加完整，模型两边同时进行对数化处理后为

$$\ln I = \ln a + b\ln P + c\ln A + d\ln T + \ln e \tag{3.5}$$

以 $\ln I$ 作为因变量，$\ln P$、$\ln A$、$\ln T$ 作为自变量，$\ln a$ 作为常数项，$\ln e$ 作为误差项，可以对经过处理后的模型进行多元线性拟合。根据弹性系数的概念，P、A、T 每发生 1%变化将分别引起 I 发生 b%、c%和 d%的变化。

为了分析城市化水平对碳足迹的影响，本书将城市化率引入模型，对公式中的 P、A 进行了分解[6]，可在式(3.5)中增加富裕度的对数形式的二项式或多项式形式，来验证 EKC 等有关假说，最后得到碳足迹的各影响因素公式为

$$\ln CF = \ln a + b_1 \ln P + b_2 \ln U + c_1 \ln A + c_2 (\ln A)^2 + d \ln T + \ln e \tag{3.6}$$

式中，U 为城市化率；CF 为碳足迹。如果对式(3.6)再进行求 $\ln A$ 的一阶偏导数，可以得到人均 GDP 对碳足迹的弹性系数，并分析重庆市的碳足迹与人均 GDP 之间是否存在倒 U 形的 EKC 曲线。

实证部分将利用上述模型来分析长江上游地区的碳足迹与各项经济指标之间的关系，评价其碳脱钩发展力，以此反映长江上游地区低碳经济发展能力的现实状况。

第二节 DSR 驱动力

一、DSR 驱动力由来

Grossman 和 Krueger[1]提出经济增长通过结构效应、规模效应与技术效应 3 种途径影响环境质量。①结构效应。随着收入水平提高，投入结构和产出结构发生变化。在初期阶段，经济结构从农业向能源密集型重工业转变，增加了污染排放，随后经济转向低污染的服务业和知识密集型产业，投入结构变化，单位产出的污染排放水平下降，环境质量改善。②规模效应。经济增长从两方面对环境质量产生负面影响：一是投入环节，经济增长要增加投入，进而增加资源的使用量；二是产出环节，更多产出也带来污染排放的增加。③技术效应。高收入水平与更好的高效率技术和环保技术紧密相关。研发支出在一国经济中的占比上升，推动技术进步，对环境质量产生两方面的影响：一是在生产过程中，利用技术进步提高生产率，提高资源的使用效率，降低单位产出的要素投入，削弱生产对自然环境的影响；二是对后期清洁技术的不断开发，以此来取代传统技术，并有效地循环利用资源，降低单位产出的污染排放度。

根据以上理论，联合国可持续发展委员会(The United Nations Conference on Sustainable Development，UNCSD)[7]提出了 DSR 框架。DSR 框架是研究环境-经济-社会三大系统协调发展的基本模式，被广泛用于构建各种不同领域的可持续发展指标体系。

依据上述理论可以概括出，经济发展需求-技术进步驱动-环境影响改善的有机互动所传导的力量就是低碳经济发展的 DSR 驱动力，主要体现于投入产出的低碳关联效应中。

二、DSR 驱动力评价指标体系

基于 DSR 驱动力原理，结合经济发展实际，本节构建低碳经济发展的 DSR 驱动力评价指标体系，主要从以下方面进行考虑。①低碳经济发展的驱动因素：在低碳发展的阶段演进中，向高产出、低污染、环境友好型发展模式转型的内在动力和诉求是必然的，但是这些诉求是建立在一定的经济发展水平上的，因此经济发展水平是低碳经济发展的出发点和驱动因素。②低碳经济发展的技术促进状态：对不同的发展阶段、碳生产力水平、技术水平、单位能源产出、能源消费情况等因素进行综合度量，能够界定区域经济在某一时期所处的低碳经济发展的运行状态和水平。③低碳经济发展的环境改善响应：为促进低碳经济发展而采取的措施，如推广公共交通和绿色建筑，通过植树造林增加碳汇，发展可再生能源等。因此，评价区域经济发展是否实现了低碳发展，核心是看其在经济发展阶段、技术水平及资源禀赋等方面是否具备了低碳发展的能力，同时还需要考虑其低碳发展阶段的基本背景和采取的措施等因素。

据此分析，本书所构建的低碳经济发展 DSR 驱动力评价指标体系由 3 个方面构成：①低碳经济指标；②低碳技术指标；③低碳环境指标。鉴于制造业更多地集中了投入产出的各个环节部门，更能体现其 DSR 驱动力的传导性，下面以制造业为例，围绕三大类指标构建低碳经济发展 DSR 驱动力评价指标体系，如表 3-2 所示。

表 3-2　低碳经济发展 DSR 驱动力评价指标体系（以制造业为例）

大类指标	具体观测指标	符号
低碳经济指标（驱动力 D）	制造业产值占地区生产总值的比例/%	X_{11}
	制造业在岗职工人数占总就业人数的比例/%	X_{12}
	制造业产品出口总额占产品出口总额的比例/%	X_{13}
	制造业外商投资额（实际投资额）占当年外商投资总额的比例/%	X_{14}
	制造业能源消费占能源消费总量的比例/%	X_{15}
低碳技术指标（状态 S）	碳生产力/（t 标准煤/万元）	X_{21}
	碳排放强度	X_{22}
	制造业人均碳排放量/（t 标准煤/人）	X_{23}
	能源消费弹性系数/%	X_{24}
	平均碳排放系数/%	X_{25}
低碳环境指标（响应 R）	绿化覆盖率/%	X_{31}
	人均绿地面积/（m^2/人）	X_{32}
	可再生能源占能源结构的比例/%	X_{33}
	煤炭在能源消耗结构中所占的比例/%	X_{34}

注：指标设定参照 UNCSD 提出的 DSR 驱动力评价指标体系。

三、DSR 驱动力评价指标体系解读：以制造业为例

（一）低碳经济指标

经济效益指标通常用来衡量企业生产经营的经济效益水平。经济效益是企业

生存和发展的基础，也是发展低碳经济的物质基础。该项指标值越大，说明其经济实力越强，发展低碳经济的能力越强；反之，该项指标越小，说明其经济实力越弱，发展低碳经济的能力越低。本章所选取的衡量制造业低碳经济效益的指标包括 5 个观测指标：制造业产值占地区生产总值的比例、制造业在岗职工人数占总就业人数的比例、制造业产品出口总额占产品出口总额的比例、制造业外商投资额(实际投资额)占当年外商投资总额的比例、制造业能源消费占能源消费总量的比例。下面分别对这 5 个子指标进行详细说明。

1. 制造业产值占地区生产总值的比例

该指标用简单的公式可以表示为:制造业产值占地区生产总值的比例=制造业产值/地区 GDP。只有当经济发展到一定程度，社会财富的积累效应才能促进低碳经济的发展，技术的积累导致低碳技术的进步、较多的能源消费用于服务业，提升国民的消费水平，因此，该指标从一定程度上反映了该地区制造业的发展程度。

2. 制造业在岗职工人数占总就业人数的比例

该指标主要用来反映长江上游地区制造业吸纳就业的能力，旨在从制造业对国民经济间接带动方面体现长江上游地区制造业的发展水平。

3. 制造业产品出口总额占产品出口总额的比例

该指标反映了制造业的市场竞争力，而市场竞争力是制造业竞争力的最直接表现。因此，这个指标主要揭示了长江上游地区制造业产品的国际竞争能力。

4. 制造业外商投资额(实际投资额)占当年外商投资总额的比例

该指标也是从制造业的市场竞争力出发，运用当年实际投资额统计数值，主要用来揭示长江上游地区制造业的外向化程度，综合反映长江上游地区制造业生产活动中利用国际资源的程度。

5. 制造业能源消费占能源消费总量的比例

该指标可以用简单的公式表示为：制造业能源消费占能源消费总量的比例=制造业能源消费量/能源消费总量。能源消费总量在统计年鉴中为一定时期内全国或某地区用于生活、生产所消费的各种能源数量之和，是反映全国或某地区能源消费水平、构成与增长速度的总量指标，是一定时期内全国或某地区物质或非物质生产部门生产和生活消费的各种能源的总和。能源消费总量包括原煤和原油及其制品、电力、天然气，不包括太阳能、低热值燃料和生物质能等的利用。制造业消费能源占据了能源消费的大部分，该指标越高，越不利于低碳经济的发展。

(二)低碳技术指标

低碳技术水平主要通过资源消耗率指标来反映，即反映经济产出所消耗的自然资源。该指标也称为低碳消费指标。该指标越低，表明在发展经济、扩大生产规模的同时，对自然资源的使用成本有所降低，资源减量化原则得到体现，资源消耗管理、资源节约使用程度有所提高，也就是低碳技术水平越高；反之，表明在发展经济、扩大生产规模的同时，对自然资源的使用成本不断增加，资源减量化原则无法得到体现，资源消耗管理、资源节约使用程度在降低，也就是低碳技术水平越低。这个指标主要包括碳生产力、碳排放强度、制造业人均碳排放量、能源消费弹性系数、平均碳排放系数 5 个观测指标。

1. 碳生产力

碳生产力指单位二氧化碳排放所创造的 GDP。碳生产力的提高意味着用更少的物质和能源消耗产出更多的社会财富。但是碳生产力高并不意味着必然是低碳经济。这是因为奢侈和浪费性的消费，完全有可能抵消生产力的改进，使得社会总排放量居高不下。它是衡量一个国家和地区发展质量、公民和企业环境道德观念、环境执法水平及环境法律意识的重要指标，是常用的低碳经济的主要量化指标之一。

2. 碳排放强度

碳排放强度是指与 GDP 相对应的二氧化碳排放率，即一国或地区在一定时期内单位 GDP 的二氧化碳排放量。广义的排放强度是指特定活动中特定污染物相对某一源的平均排放率。本书采用单位 GDP 的碳排放量（carbon intensity)来衡量，其计算方法为：单位产值的碳排放量=碳排放总量/地区生产总值。不同能源种类碳排放强度差异很大，在化石能源中，煤炭的碳排放强度最高，石油次之；在可再生能源中，生物质能源有一定的碳排放强度，而太阳能、水能、地热能、风能、潮汐能等都是零碳能源。另外，这一指标还能反映碳排放量和经济水平之间的关系。

这里，碳排放强度的计算采用以下公式：

$$C_i = \sum Q_{ij}\gamma_j\delta_j / \mathrm{GDP}_i \quad (3.7)$$

式中，i 代表区域，j 代表消耗的能源种类，包括煤炭、石油、天然气；C_i 为 i 区域能源消耗的碳排放总量；Q_{ij} 为 i 区域第 j 种能源消耗量；γ_j 为第 j 种能源的折标准煤系数；δ_j 为第 j 种能源的碳排放系数。由于有些统计数据缺失，本书为了统计研究方便，将所研究区域的能源种类综合成煤炭、油料、天然气三大类别，其γ_j与δ_j数值如表 3-3 所示。

表 3-3　能源的折标准煤系数与碳排放系数

能源类型	折标准煤系数	碳排放系数/（tC/tce）
煤炭	0.7143kgce/kg	0.7559
油料	1.4286kgce/kg	0.5857
天然气	1.3300kgce/m^3	0.4483

注：折标准煤系数来自《中国能源统计年鉴 2011》，碳排放系数来自《2006 年 IPCC 国家温室气体清单指南》。

3. 制造业人均碳排放量

该指标是一个相对概念，即该地区人均分摊的碳排放量。制造业人均碳排放量指一个国家或一个地区的制造业碳排放总量除以该地区制造业从业人数。与制造业碳排放总量这一绝对概念相比，排放密度、排放强度也都是相对概念。

4. 能源消费弹性系数

该指标着重反映能源消费增长速度与国民经济增长速度之间的关系，用公式表示为：能源消费弹性系数=能源消费增长速度/GDP 增长率，是能源消费量年平均增长速度与国民经济年平均增长速度之比。由于低碳高增长是低碳经济的目标，因此能源消费弹性系数主要考察的是在经济增长速度为正的前提下，能源消费增长速度下降程度相对于经济增长速度下降程度的表现。

从前文可知，能源消费增长速度代表能源总消费量的增长率，但在计算中一般只涉及商品能源消费量的增长率；GDP 增长率代表国民经济发展增长率，在西方国家，一般用国内生产总值来表示。而在中国，过去一直以工农业总产值来表示国民经济的发展，本书采用国家统计年鉴中的国内生产总值来表示。研究能源消费与国民经济发展间的关系是计算与分析能源消费弹性系数的主要目的，也能对今后能源消费与国民经济的增长速度进行预测。能源消费弹性系数的发展变化与国民经济结构、生产工艺、技术装备、管理水平、能源利用效率乃至人民生活等因素密切相关。在国民经济中，重工业等耗能高的部门占比大，在科学技术水平还很低的情况下，能源消费增长速度总是比国内生产总值的增长速度快，此刻能源消费弹性系数大于 1，反之就小于 1。国民经济结构会随着科学技术的进步发生变化，耗能工业迅速发展，能源利用效率提高，能源消费弹性系数普遍下降。

5. 平均碳排放系数

碳排放系数是指每一种单位能源燃烧或使用过程中所产生的碳排放量。根据 IPCC 的假设，一般在使用过程中，可以认为某种能源的碳排放系数是不变的。碳排放系数是每单位经济产出所排出的二氧化碳量，甲烷等其他温室气体被折算成二氧化碳后加入计量，通常以吨计。运用中，排放量的计算通常采用间接办法，计算如发电厂用了多少煤炭来燃烧发电，而非直接去捕获并计算二氧化碳气体的重量，使统计计算简单化、可操作化。而将平均碳排放系数作为一个相对指标，设定为碳排放量与能源消费量的比值。当低碳能源所占比例增加时，平均碳排放系数将减小，以此来体现能源结构调整对碳排放的影响。参考《2006年 IPCC 国家温室气体清单指南》[8]，根据 IPCC 所规定的换算方法，可得出 3 种主要能源(煤炭、天然气、油料)的碳排放系数(表 3-4)。

表 3-4　主要能源的碳排放系数

能源类型	碳排放系数/(tC/tce)
煤炭	0.7559
天然气	0.4483
油料	0.5857

(三)低碳环境指标

低碳环境指标是从环境资源出发的低碳资源指标，主要包括 4 个观测指标：绿化覆盖率、人均绿地面积、可再生能源占能源结构的比例、煤炭在能源消耗结构中所占的比例。

1. 绿化覆盖率

《中国统计年鉴》认为，绿地率表示城市绿地总面积占城市用地总面积的比例，即绿地率(%)=城市绿地总面积/城市用地总面积×100%。绿化覆盖率即区域内一切用于绿化的乔木、灌木和多年生草本植物的垂直投影面积与区域面积的比值。绿化覆盖率是衡量一个城市绿化水平的主要指标，绿化覆盖率(%)= 植被垂直投影面积/城市用地总面积×100%。绿化覆盖率越高，则该城市吸收并存储二氧化碳的能力越强，对减少大气中二氧化碳浓度的作用也越强，碳汇水平也越高。绿化覆盖率是反映城市低碳资源和生态平衡状况的重要指标，植物在净化大气、调节气候、保持水土等方面起着重要作用，十分有利于发展低碳经济。

2. 人均绿地面积

人均绿地面积由本地区的绿地面积除以本地区的人口总量获得，以 m^2/人作为单位，我国生态城市达标值为人均绿地面积大于等于 $11m^2$/人。在具体计算时，公共绿地包括天然绿地，机关、企事业单位绿地及公共人工绿地，人口以城市非农业人口为统一计算口径。根据我国最新《城市绿地分类标准》规定，现已采用“人均绿地面积”取代“人均公共绿地面积”，即人均绿地面积=公园绿地面积/城市人口数量。

3. 可再生能源占能源结构的比例

可再生能源指在自然界能源开发中可以循环再利用的非一次能源；能源结构指能源总生产量或总消费量中各类一次能源、二次能源的构成及其比例关系。能源结构分为消费结构和生产结构，各类能源消费量在能源总消费量中的比例，称为能源消费结构。可再生能源占能源结构的比例是指水能、太阳能、生物质能、潮汐能、风能、地热能等可再生能源在消耗能源总量中所占的比例。一般而言，可再生能源在能源消耗结构中占比越大，低碳化程度越高，反之越低。该指标值直接影响国民经济各部门的最终用能方式，并反映人民的生活水平。

4. 煤炭在能源消耗结构中所占的比例

一般情况下，根据用途、设备及技术的不同，每吨煤燃烧所产生的二氧化碳量比天然气和石油分别多70%和30%，据统计，目前全球20%以上的温室气体排放是源于煤炭燃烧。因此，若能减少煤炭使用量，就可以大大降低二氧化碳的排放量，也就可以大幅度减少大气中温室气体。对此，本书选取“煤炭在能源消费结构中所占的比例”作为低碳经济评价的一个子指标，计算公式为：煤炭在能源消耗结构中所占的比例=煤炭消耗总量/能源消耗总量。

四、DSR 驱动力评价指标权重确定

指标的权重是指某被测对象各个考察指标相对整体而言的重要程度、价值及所占的比例量化值，权重确定的合理与否对测度工作质量和结果有着决定性的影响，是各指标在整个测度指标体系中相对重要的数量表示。目前，国内外公开发表的系统评价方法有很多，如因子分析法、优序法、主成分分析法、综合指数法、TOPSIS 法(technique for order preference by similarity to an ideal solution，双基点法)、标准化计分评价法、熵值法、功效系数法、层次分析法、免疫算法评价、神经网络评价、模糊综合评价法、功效系数综合评价法、灰色系统分析方法等[9]。在众多的系统评价方法中，我们要选取的是既能够清晰反映各个子系统对低碳经济的影响力度的指标权重，又尽量保持评价客观性且避免人为因素对总体评价产生影响的方法。

在此，DSR 驱动力指标权重确定的基本思路是，首先用主成分分析法确定各个子系统指标的主成分得分，再以各主成分的方差贡献率作为权重，对子系统内部指标进行加权综合，从而计算出该评价体系各子系统的得分；最后将 3 个子系统进行加权综合评价，对长江上游地区制造业低碳经济发展进行综合评价与比较分析。

(一)主成分分析法的基本原理

统计学中将主成分分析概念界定为研究如何通过原始变量的少数几个线性组合来解释原始变量的绝大部分信息，是由 Hotelling[10]于 1933 年首先提出的。主成分分析的使用背景一般是研究中经常会遇到多指标的问题，这些指标间往往存在一定的相关，直接纳入分析不仅复杂，变量间难以取舍，而且可能因多元共线性而无法得出正确的结论。因此，在分析的过程中采用的顺序是当第一个线性组合不能提取更多的信息时，再考虑采取第二个线性组合继续进行这个快速提取的过程，直到所提取的信息与原指标相差不多为止。简单来讲，主成分分析的目的就是在不丢掉主要信息的前提下避开了变量间共线性的问题，通过线性变换，将原来的多个指标组合成相互独立的少数几个能充分反映总体信息的指标，便于进一步分析。

主成分分析法是通过降维技术确定主成分的次序，从较多的指标中找出若干综合指标或将数据简化为少量的综合指标，同时又使这些少量指标尽可能地包含或合理地反映原始资料的信息。这些综合指标能够在合理地反映样本之间的差别时保持统计意义上的相互独立性。

(二)主成分分析法的操作步骤

主成分分析法的基本步骤有 5 步。

(1)建立指标体系的原始数据矩阵。每个对象均被观察上述 m 项指标，记为 $X_1, X_2, \cdots, X_m$。通过研究观测，建立数据矩阵 $\boldsymbol{X}$ 为

$$\boldsymbol{X}=\begin{bmatrix} X_{11} & X_{12} & \cdots & X_{1P} \\ X_{21} & X_{22} & \cdots & X_{2P} \\ \vdots & \vdots & & \vdots \\ X_{N1} & X_{N2} & \cdots & X_{NP} \end{bmatrix} \tag{3.8}$$

(2)对指标进行标准化处理。为了避免由于变量的量纲不同所带来的影响，对原始数据 $\boldsymbol{X}_j=(X_{1j}, X_{2j}, \cdots, X_{nj})^{\mathrm{T}}$ 进行标准化处理，使得每个变量的平均值为 0，方差为 1。

其变换公式为

$$Z_{ij}=\frac{(X_{ij}-X_j)}{S_j}\qquad(i=1,2,\cdots,n;j=1,2,\cdots,m)\tag{3.9}$$

式中，Z_{ij} 为原始变量 X_{ij} 的标准化变量：

$$X_j=\frac{\sum_{i=1}^{n}\overline{X_{ij}}}{n}\tag{3.10}$$

$$S_j=\sqrt{\frac{\sum_{i=1}^{n}(X_{ij}-\overline{X_j})^2}{n-1}}\tag{3.11}$$

计算已进行标准化处理的评价指标的相关系数矩阵 $\boldsymbol{R}$，其中 $\boldsymbol{Z}_j=(Z_{1j},Z_{2j},\cdots,Z_{nj})^{\mathrm{T}}$ 的相关系数矩阵为 $\boldsymbol{R}$，其中：

$$\boldsymbol{R}=\begin{bmatrix}R_{11} & R_{12} & \cdots & R_{1i}\\ R_{21} & R_{22} & \cdots & R_{2i}\\ \vdots & \vdots & & \vdots\\ R_{j1} & R_{j2} & \cdots & R_{ji}\end{bmatrix}$$

式中，元素 R_{j1} 表示原变量 X_j 与 X_1 的相关系数：

$$r_{ji}=\frac{\sum_{i=1}^{n}\left(X_{ki}-\overline{X_i}\right)\left(X_{ki}-\overline{X_j}\right)}{\sqrt{\sum_{k=1}^{n}\left(X_{ki}-\overline{X_i}\right)}\sqrt{\sum_{k=1}^{n}\left(X_{ki}-\overline{X_j}\right)}}\qquad(i,j=1,2,\cdots,p)\tag{3.12}$$

(3) 计算 $\boldsymbol{R}$ 的特征值和特征向量，并确定主成分个数。

解特征方程 $|\boldsymbol{R}-\lambda\boldsymbol{E}|=0$。计算相关矩阵 $\boldsymbol{R}$ 的特征值；若 $\lambda_1\geqslant\lambda_2\geqslant\cdots\geqslant\lambda_n\geqslant0$，则根据因子累计方差贡献率≥85，并确定主成分个数 m，与 λ_k $(k=1,2,\cdots,m)$ 对应的特征向量记为 $\boldsymbol{a}_k=\left(a_{k1},a_{k2},\cdots,a_{km}\right)$，与 λ_k 相对应的主成分即称为第 k 个主成分，记为 $\boldsymbol{a}_k=\dfrac{P_k}{\sqrt{\lambda_n}}$，其中 P_k 是标准化后的变量 $Z_1,Z_2,\cdots,Z_P$ 在第 i 个主因子上的负荷构成的向量；λ_i 是相关矩阵 $\boldsymbol{R}$ 的第 i 个特征值。

(4) 对其经济意义做出合理解释，其意义由各线性组合中权重较大的几个指标结合实时经济情况的综合意义来确定。

(5) 求出各个主成分得分，并计算综合分值，并对研究对象进行排序。

在实证部分，本书将通过综合采用主成分分析法确定指标权重，从而对长江上游地区制造业的 DSR 驱动力进行定量分析，以此反映长江上游地区的制造业低碳经济发展能力。

五、DSR 驱动力关联效应

一般而言，对一个特定的产业来说，要从上游产业购买投入品，而其产出又成为下游产业的需求，需求包括中间需求与最终需求两个部分。因此，产业的关联效应可以理解为在国民经济中的各个产业部门之间存在着的某种关系，而且这种关系对各产业部门之间的相互联系、相互依存与相互影响起着决定作用。同样，对一个特定产业的碳排放来说，它既是其上游产业碳排放的承续，又是其下游产业碳排放的前端，形成了一个产业碳排放链条。基于碳排放在产业关联效应中的延伸，DSR 驱动力关联效应可表述为，通过低碳经济需求-低碳技术应用-低碳环境改善所促进的某一产业投入产出关系的低碳化变动对其他产业投入产出低碳化水平的波及与影响情况。而且，这种 DSR 驱动力关联效应在产业间相互衔接的链条上也是前后向驱动的。

鉴于 DSR 驱动力关联效应在制造业投入产出中能得到更好的体现，实证部分将分析计算在低碳经济需求-低碳技术应用-低碳环境改善下长江上游地区制造业各行业投入产出低碳化的程度，即长江上游制造业低碳发展 DSR 驱动力关联效应，从此角度反映长江上游地区低碳经济发展能力。

第三节　碳循环平衡力

碳循环平衡力是指基于人口、资源、环境、经济、社会统筹发展的层面，以碳排放—吸收循环平衡机理为基本理念，利用循环经济和可持续发展的思路，将经济社会、碳源、资源利用、能耗、碳汇等 5 个方面的相关因素综合起来形成的经济社会、能源消耗、资源利用、碳排放、碳吸收等 5 个子系统相互支撑互动的碳循环平衡大系统，推动形成低碳经济可持续增长的能力。

一、循环经济

传统经济是一种由“资源—产品—废弃物—污染排放”所构成的物质单向流动经济，其特点是“两高一低”，即高消耗、高污染、低利用。由此可知，资源消耗、产品生产和使用、废弃物排放三大环节都会对环境造成直接污染，尤其是废弃物的排放，对环境造成严重污染。特别是当“资源→产品→废弃物”这三大环节叠加起来时，对环境造成的污染远远超过各自对环境的污染。这种通过不断把资源变成废物来实现经济增长的单向流动经济，最终会导致自然资源的短缺乃至枯竭，使生态环境面临严重危机。而循环经济是一种建立在不断循环利用物质基础上的全新经济发展模式，按照清洁生产的方式，以尽可能小的资源消耗和环境成本，获得尽可能大的经济社会效益。以“3R”为基本原则[即资源利用的减量化(reduce)、产品再利用(reuse)和废弃物的再循环(recycle)]，以“两低一高”为特点(即自然资源的低投入、高利用和废弃物的低排放甚至零排放)，实现社会、经济与环境的可持续发展。中国国际环境发展与合作委员会(China Council for International Cooperation on Environment and Development，CCICED)[11] 提出循环经济的运作形式为“资源开采－生产－消费－资源再生利用”。因此，区域循环经济发展要处理好经济发展与环境保护各个环节的共享问题，实现着眼于资源共享的区域低碳发展，即“资源减量化→产品再利用→废弃物资源化→低排放甚至零排放”。低碳经济是在全球变暖的背景下提出的，与循环经济、绿色经济、可持续发展间存在紧密联系，如减少能源的消耗体现了循环经济“减量化”原则。根据循环经济的“3R”原则和单向流动经济可知，首先，减少资源的利用量，可以直接减少废弃物和污染物的排放量，并且能够扩大自然资源的可供给范围，这就体现了资源共享的效果。其次，产品的再利用原则，既实现了产品使用价值的最大化，同时通过产品再利用减少了对新产品的需求，降低了污染物的排放量，进而减少了对环境的污染和破坏，实现了产品使用价值的共享。例如，秸秆资源化利用，减少直接焚烧。再次，废弃物的资源化利用，废弃物的排放是造成环境污染的主要原因，如果对废弃物能够实现资源化循环利用，这不仅大大降低了污染物的排放量，还变废为宝，实现了“废物”向“资源”的转变。最后，在经济发展中，如果“3R”原则能够同时体现出来，不仅实现了各个环节的价值“共享”，还将会降低污染物的排放量，从根本上解决环境保护与经济发展之间的矛盾，实现真正意义上的低碳发展。

二、碳排放—吸收的循环

碳循环分为可再生的碳排放和不可再生的碳排放两类。

可再生的碳排放是指植物吸收的二氧化碳、植物呼吸中排出的二氧化碳，能够在植物的光合作用中转化为氧气等其他成分。《京都议定书》中说明了地球表面的碳循环系统是一个正常的系统，这个系统中碳排放和碳吸收的转换能够基本保持平衡。自然碳汇使大气中碳含量较为稳定，碳循环不会对地球温度产生较大的影响。

不可再生的碳排放是指煤、石油、天然气等物质燃烧时所生成的二氧化碳。这部分二氧化碳进入大气后重新参与生态系统的碳循环。但是现代工业的迅速发展伴随着大量化石燃料的使用，大气中二氧化碳气体含量迅速提高，打破了生物圈中原有的碳循环平衡，导致了温室效应的形成。

《京都议定书》中所规定的限制排放的 6 种温室气体中，二氧化碳气体的排放量占比最大。IPCC 的报告指出：“2004 年二氧化碳的排放量占全球温室气体排放总量的 76.7%，燃烧化石能源所释放的二氧化碳占人类活动所产生的二氧化碳排放总量的 80%以上，占全球温室气体排放总量的 56.6%。人类毁灭森林的行为和生物的死亡所排放的二氧化碳量占全球温室气体排放总量的 17.3%。”[8]

所以，研究温室气体排放量激增的本质，不仅要关注社会经济活动的碳排放量，还要关注碳排放的原料来源；不仅要关注碳排放这一端，更要关注碳吸收那一端，重点关注如何实现碳排放—吸收的循环平衡。

三、碳循环平衡力机理

地球本身就是个大系统，人类的发展应是人口、资源、环境、经济与社会等要素的综合协同发展，而非单一方面的发展，这也正是可持续发展的本质所在。可持续发展作为一种动态发展过程，就是在促进人与自然和谐共生的前提下，实现人口、资源、环境与经济社会的稳定和持续发展。在整个资源环境系统和经济社会发展中，人类往往处于主体地位，通过开发和利用自然资源环境，引领着经济社会发展。经济要发展，就不可避免要消耗能源，而人类对化石能源的大量消耗，将产生的二氧化碳等温室气体排放到大气中，引起生态环境等问题，这对人类社会的可持续发展造成了严重影响。基于此，人们提出要发展低碳经济，实现人类生存环境的可持续发展。然而，人类的活动已经破坏了地球生态系统原本的碳循环平衡。

低碳经济的理论基础就是可持续发展，其核心是研究能源、经济与碳排放之间的关系，以达到能源的节约、碳排放的降低及经济的发展的目的[9]。建立低碳经济系统动力学模型既要考虑经济、社会和环境系统间的联系，同时还要考虑与其他系统间的联系。根据本书前文对低碳经济相关理论的阐述分析，这里把区域低碳经济系统分为 5 个子系统：经济社会子系统、碳排放子系统、能源消耗子系统、资源利用子系统和碳吸收子系统，如图 3-2 所示。

从图 3-2 可看出，整个碳平衡生态系统位于核心位置，5 个子系统间通过相互作用、相互制约影响着自然界的碳平衡。经济社会子系统决定了系统总体的发展，能源消耗子系统对经济的发展有着直接制约作用，其废弃物的排放对环境也造成了一定影响。资源利用子系统又可以反作用于能源消耗、环境质量及经济发展。碳吸收子系统和碳排放子系统是衡量碳平衡的重要系统，碳排放的水平可以反映能源消耗及资源利用情况。

图 3-2　系统模型框架图

整个生态系统和各个子系统之间是相互作用和相互影响的。同时，各个子系统间也存在一定的联系。例如，经济社会子系统中的经济增长就直接影响着能源的消耗，过多的能源消耗会排放更多的二氧化碳，经济的增长也会对交通运输有两方面作用，一方面，经济增长能够使人们为了方便出行，以车代步；另一方面，车辆的增加会使更多的尾气排放到大气中，造成环境污染。大气中二氧化碳的增多，主要是燃烧化石能源所致，如果能够提高化石能源的利用率，就会减少二氧化碳的排放量，进而减缓温室效应。而大气中排放过多的二氧化碳需要绿色植被吸收，如森林、湿地等，从而降低大气中二氧化碳含量，净化人类的生存环境。由此看来，不但每个子系统内部是相互影响的，系统与系统之间也是相互影响的，它们共同影响着自然界原本的碳平衡系统。基于此，构建碳循环平衡力机理如图 3-3 所示。

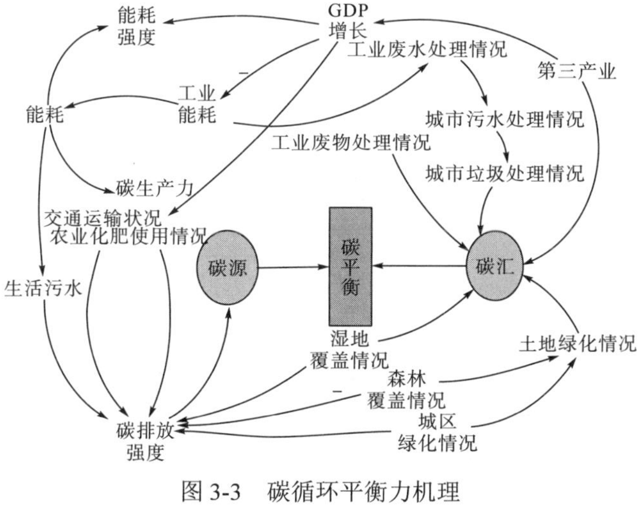

图 3-3　碳循环平衡力机理

四、碳循环平衡力测评指标体系

碳循环平衡力模型由 5 个子系统构成：经济社会子系统、能源消耗子系统、资源利用子系统、碳排放子系统和碳吸收子系统。下面分别介绍各个子系统及其评价指标。

(一) 经济社会子系统

经济社会子系统是研究低碳经济的核心要素之一，涉及的指标主要有经济规模结构、社会交通。经济规模结构用人均 GDP、第三产业占比衡量。社会交通通过每万人拥有公共交通车辆数量、人均城市道路面积来衡量。人均 GDP 可以直接反映一个地区的经济发展水平。对于第一、二产业来说，第三产业是相对低碳的，因此，可用第三产业近似替代低碳产业[10]。城市道路面积的增加会引起车辆的增加，进而导致更多的尾气排放，对环境造成污染。

(二) 能源消耗子系统

经济发展和碳排放量的增加，其根源均是能源的消耗。大量消耗能源为经济发展提供了推动力，同时，能源的消耗又将大量二氧化碳排放到空气中，增大了减排压力。所以，能源消耗子系统的构成就是要改变高度依赖煤炭的传统能源消耗结构。本书选取单位地区生产总值能耗、单位工业增加值能耗、人均能源消耗量及能源消费弹性系数等 4 个指标来衡量总体的能耗量。

(三) 资源利用子系统

资源利用子系统是在碳循环平衡的视角下评价区域低碳经济发展水平的主要系统，从低碳经济特征和可持续发展出发，选取城市生活垃圾无害化处理率、工业废气综合利用率、工业废水排放达标率和城市污水处理率衡量低碳经济发展程度。

(四) 碳排放子系统

减少碳排放是低碳经济发展的最终目标，因此，碳排放子系统是低碳经济系统的核心。碳排放量与生活、农业及 GDP 等息息相关，所以，该系统选取人均碳排放量、化肥使用量、生活污水排放量、碳排放强度为主要变量。化肥是土地污染的重要污染源，可作为农业低碳经济的重要衡量指标。碳排放强度是衡量低碳化程度的核心指标，可以衡量不同地区低碳技术的水平。

（五）碳吸收子系统

碳吸收子系统在低碳经济发展中起着不可替代的作用，和碳排放子系统相互作用影响着自然界的碳平衡。碳吸收的衡量指标选取森林覆盖率、人均绿地面积、湿地覆盖率、建成区绿化覆盖率。森林作为陆地生态系统中吸收二氧化碳的主体，是衡量低碳经济非常重要的指标。人均绿地面积反映社会对二氧化碳的吸收能力。湿地作为自然界的二氧化碳的吸纳器、储存器以及缓冲器，对降低温室气体浓度有重要的作用。

以上五大子系统构成低碳经济发展的碳循环平衡力测评指标体系，如表 3-5 所示。

表 3-5　低碳经济发展的碳循环平衡力测评指标体系

目标层	准则层	指标层	单位
碳循环平衡力评价	经济社会子系统	人均 GDP	元
		第三产业占比	%
		每万人拥有公共交通车辆数量	标台
		人均城市道路面积	m^2
	能源消耗子系统	单位地区生产总值能耗	t 标准煤/万元
		单位工业增加值能耗	t 标准煤/万元
		人均能源消耗量	kg 标准煤
		能源消费弹性系数	—
	碳排放子系统	人均碳排放量	t
		化肥使用量	万 t
		生活污水排放量	万 t
		碳排放强度	t/万元
	资源利用子系统	城市生活垃圾无害化处理率	%
		工业废气综合利用率	%
		工业废水排放达标率	%
		城市污水处理率	%
	碳吸收子系统	森林覆盖率	%
		人均绿地面积	m^2/人
		湿地覆盖率	%
		建成区绿化覆盖率	%

在实证部分，本书将综合采用主成分分析法确定指标权重，从经济社会子系统、碳排放子系统、碳吸收子系统、资源利用子系统和能源消耗子系统等 5 个子

系统综合作用的角度出发，对长江上游地区低碳经济发展的碳循环平衡力进行实证分析，从碳排放—碳吸收过程实现平衡的角度反映长江上游地区低碳经济发展能力。

第四节 基于碳足迹测定的低碳经济发展能力评价

低碳经济发展的本质就是要处理好经济发展需求、技术进步驱动和资源环境承载之间的关系。要让经济发展的需求在资源环境能够承受的范围内实现，必须依靠科技进步，提高全员劳动生产率，让经济发展与碳排放脱钩，将低产出、低效率、高排放、高污染的粗放式增长模式转型升级为高产出、高效率、低排放、无污染的集约化增长模式，有效保护生态环境，实现人与自然和谐发展。那么，如何评判碳排放是否与经济发展脱钩呢？如何评价科技进步让经济发展和环境保护都获益呢？怎样做好人与自然的和谐发展呢？一句话，如何评价基于碳足迹测定的低碳经济发展能力呢？

综合本章前面的论述，我们不妨做如下评价标准的假设。

1. 假设 1 碳脱钩发展力越强，则低碳经济发展能力越强

通过碳足迹测定，某发展主体的经济增长与碳排放增长之间存在由挂钩到脱钩的变化趋势，则表明该主体具备碳脱钩发展力，即碳脱钩的低碳经济发展能力。碳脱钩发展力越强，低碳经济发展能力越强。

在实证部分，本书将利用上述模型来分析长江上游地区碳足迹与各项经济指标之间的关系，评价其碳脱钩发展力，以此反映长江上游地区低碳经济发展能力的现实状况。

2. 假设 2 DSR 驱动力越强，则低碳经济发展能力越强

经济发展的客观需求驱动了科技研发和技术进步，提高了劳动生产率，实现了经济的高效增长、资源的高效利用和环境的有效改善。因此，发展主体的这种经济发展驱动-技术进步促进-环境改善响应的内在动力就是 DSR 驱动力，即内生驱动的低碳经济发展能力。DSR 驱动力越强，其低碳经济发展能力也越强。

在实证部分，本书将综合采用主成分分析法确定指标权重，对长江上游地区制造业的 DSR 驱动力及其关联效应进行分析，以此反映长江上游地区的制造业低碳经济发展能力。

3. 假设 3　碳循环平衡力越强，则低碳经济发展能力越强

实现人与自然和谐发展需要充分考虑人类活动与资源环境的承载能力的匹配度。人类活动产生的二氧化碳与大自然吸收的二氧化碳相等，就是人与自然和谐相处和共生共荣的基本法则。基于人口、资源、环境、经济、社会统筹发展的需要，以碳排放—吸收循环平衡机理为基本理念，利用循环经济和可持续发展的思想，将经济社会、碳源、资源利用、能耗、碳汇等 5 个方面的相关因素进行综合考虑，形成相互支撑互动的碳排放—吸收循环平衡的碳循环平衡力，就是全过程性的低碳经济发展能力。碳循环平衡力越强，则低碳经济发展能力也越强。

在实证部分，本书将对长江上游地区低碳经济发展的碳循环平衡力进行实证分析，从碳排放—碳吸收过程实现平衡的角度反映长江上游地区低碳经济发展能力。

通过对以上假设的论证，可以评价基于碳足迹测定的低碳经济发展能力。

本 章 小 结

人与自然共生共荣的生存和发展需求萌生了低碳经济社会发展的新动力。在资源能源稀缺、环境容量局限等约束下，靠积极发展科学技术，推动生产率提升，节约资源能源，减轻环境压力，使得经济发展与环境污染脱钩，是低碳经济社会可持续发展的根本要求和必然归属。为此，研究如何将碳足迹测定所反映的高碳经济社会发展模式转向低碳化，增强低投入、低消耗、低排放、高产出、高品质、高效率的可持续发展综合能力，成为当务之急。本书着眼的基于碳足迹测定的低碳经济发展能力可以看成是一个促进低碳经济发展的系统的、互动的作用力，表现为碳脱钩发展力、DSR 驱动力和碳循环平衡力的互动共振。

碳脱钩发展力是指通过碳足迹测定的经济增长与碳排放增长之间存在的由挂钩到脱钩的关联互动力，即初期的经济发展伴随碳排放增长同步，存在碳挂钩式经济增长，后期的经济发展与碳排放下降同步，存在碳脱钩式经济增长。

DSR 驱动力是指经济发展需求-技术进步驱动-环境影响改善的循环互动力，贯穿于投入产出的低碳关联效应中，推动经济增长和碳减排实现可持续发展不断上台阶。

碳循环平衡力是指通过碳排放—吸收的循环实现碳平衡的能力。该指标探讨基于人口、资源、环境、经济、社会统筹发展视角下，经济社会、碳源、资源利用、能耗、碳汇等方面的相关因素综合起来形成的经济社会、能源消耗、资源利用、碳排放、碳吸收等 5 个子系统互动支撑的碳循环平衡大系统，推动形成低碳经济的可持续增长能力。

评价基于碳足迹测定的低碳经济发展能力状况，可以通过分析评价其碳脱钩发展力、DSR 驱动力和碳循环平衡力得以反映。

参 考 文 献

[1] Grossman G M, Krueger A B. Environmental impacts of a North American free trade agreement[OL].[2015-08-07]. https://www.nber.org/papers/w3914.

[2] 李效顺，曲福田，郭忠兴，等. 城乡建设用地变化的脱钩研究[J].中国人口·资源与环境，2008，18(5)：179-184.

[3] OECD. Indicators to measure decoupling of environmental pressures from economic growth[R]. Paris：OECD，2002.

[4] 钟太洋，黄贤金，韩立，等. 资源环境领域脱钩分析研究进展[J]. 自然资源学报，2010(8)：1400-1412.

[5] Tapio P. Towards a theory of decoupling：Degrees of Decoupling in the EU and the case of road traffic in Finland between 1970 and 2001[J]. Journal of Transport Poliey，2005(12)：137-151.

[6] York R，Rosa E A，Dietz T. STIRPAT，IPAT and ImPACT：Analytic tools for unpacking the driving forces of environmental impacts[J]. Ecological Economics，2003(46)：351-365.

[7] United Nations. Indicators of sustainable development：Guidelines and methodologies[C]. 3rd/ed. New York：United Nations，2007.

[8] IPCC. 2006 IPCC guidelines for national greenhouse gas inventories [OL]. [2015-08-11]. https://www.researchgate.net/publication/40104270_2006_IPCC_Guidelines_for_National_Greenhouse_Gas_Inventories.

[9] 刘大海. SPSS15.0 统计分析从入门到精通[M].北京：清华大学出版社，2008.

[10] Hotelling H. Analysis of a complex of statistical variables with principal components[J].Journal of Educational Psychology，1933，27(6)：693-715.

[11] 世界环境与发展委员会.我们共同的未来[M].北京：中国经济出版社，1989.

第四章　长江上游及中下游地区碳足迹测定

碳足迹的测定是分析低碳经济发展能力的基础，本章利用碳足迹相关测定指标，从区域、产业及其差异等角度比较分析长江上游、中下游及相关省市2003～2012年的碳足迹，以期获得碳足迹的差异情况以及时空演变特征，摸清其总体情况。

第一节　长江上游及中下游地区区域碳足迹的测定

一、长江上游及沿江省市的界定

早在清末和民国时期，长江就作为我国主要的交通航道，造就了重庆、武汉、安庆、南京、上海5座城市的经济繁荣，这5座城市作为当时全国城市经济的领头羊，被并称为“长江五虎”。

由于长江横跨我国东、中、西三大地带，不同地带的省市在发展水平、经济特征上都具备一定相似性，因此本书依据传统的东、中、西部划分方式将长江沿线大致划分为上、中、下游3个区域，上游包括云南、四川、重庆、贵州，中游包括湖北、湖南、江西、安徽[①]，下游包括江苏、浙江、上海。基于省域层面，本书研究的对象即是这九省二市。

改革开放以来，长江下游即长三角地区“近水楼台先得月”，发展相对较快，而位于中西部的长江上游和中游地区因地缘政治、行政壁垒等各方面因素差异，发展相对滞后，使得昔日热闹的“黄金水道”逐渐没落。2000年以来，随着西部大开发战略的推进，长江上游地区巧用契机，以重庆为龙头，引领四川、云南、贵州等地区追赶式发展，提出建设长江上游经济中心的区域发展新模式，并取得了可喜的成绩。但是，位于长江中游的地区因为既得不到西部大开发战略的政策倾斜，又享受不到东部率先发展的市场优势，“不东不西”的尴尬局面让长江中游地区发展日益缓慢，出现“中部陷落”势头，长江流域亟待从流域经济的角度整体谋划、推进发展。因此，早在2014年9月，国务院就发布了《国务院关于依

① 安徽虽然是上海协调会（上海、江苏、安徽）成员，但就其经济发展水平与特征而言，将其归为中游地区将更有说服力。

托黄金水道推动长江经济带发展的指导意见》[1]，要求进一步开发长江黄金水道，加快推动长江经济带发展，这标志着长江经济带建设正式上升为国家战略，旨在构建长江上游、中游、下游联动发展的经济增长新格局，形成直接带动沿江地区流域经济发展的强大新动力。2014 年底的中央经济工作会议也进一步将长江经济带与“一带一路”、京津冀协同发展一同列为 2015 年要重点实施的三大战略。

本章立足于长江上游地区低碳经济发展能力的研究，对照长江中游和下游地区低碳经济发展能力，既紧扣研究主题，又关注时代发展趋势，在比较中看差异，在差异中找对策，整体推进长江上游、中下游地区低碳经济的可持续发展。

二、数据来源

根据第二章所述区域碳足迹的测算方法，本章估算了 2003～2012 年长江上游、中下游地区区域能源消费、工业活动、废弃物处理、农业活动、人类呼吸，以及森林碳汇、农业碳汇的碳吸收量，得到碳足迹，并进一步利用区域低碳发展水平相关指标分析长江上游、中下游低碳发展水平的演变规律以及差异特征。

计算过程中所需要的能源消耗、工业活动、农业活动、废弃物、人口、森林与农田、GDP 等相关数据均来自各省市历年的统计年鉴与《中国能源统计年鉴》。

三、区域碳足迹比较

(一)区域碳足迹比较

表 4-1 列出了 2003～2012 年长江上游、中下游各省市碳排放量、碳吸收量以及碳足迹(净碳排放量)的情况。

表 4-1　长江上游、中下游各省市碳吸收量、碳排放量与碳足迹

项目	省市	2003 年/万 t	2004 年/万 t	2005 年/万 t	2006 年/万 t	2007 年/万 t	2008 年/万 t	2009 年/万 t	2010 年/万 t	2011 年/万 t	2012 年/万 t	均值/万 t	增速/%
碳吸收量	上海	365	390	383	398	386	405	476	468	475	471	422	2.87
	江苏	8515	10236	10238	10906	10959	11100	11710	11714	11949	12155	10948	4.03
	浙江	9882	10547	10447	10368	10215	10363	10828	10758	10785	10708	10490	0.90
	安徽	11276	13353	12924	13694	13844	14276	14837	14839	14966	15414	13942	3.53
	江西	17564	18888	19211	19724	19737	19944	20711	20559	20908	21020	19827	2.02
	湖北	13351	14247	14447	14139	14416	14653	16112	16084	16323	16537	15031	2.41
	湖南	19864	21126	21226	21251	21359	21803	23409	23231	23579	23780	22063	2.02
	重庆	5413	5838	5911	4892	5685	5885	7280	7334	7249	7282	6277	3.35

续表

项目	省市	2003 年/万 t	2004 年/万 t	2005 年/万 t	2006 年/万 t	2007 年/万 t	2008 年/万 t	2009 年/万 t	2010 年/万 t	2011 年/万 t	2012 年/万 t	均值/万 t	增速/%
	四川	27829	29997	30148	29163	29669	30113	33005	33076	33211	33328	30954	2.02
	贵州	8428	9317	9327	8969	9152	9304	11236	11067	10299	10939	9804	2.94
	云南	22279	26150	26234	26138	26070	26370	30176	30032	30495	30692	27464	3.62
碳排放量	上海	24515	25945	27811	27728	28689	29504	29437	31850	32532	31493	28950	2.82
	江苏	40512	51182	63780	70145	75326	77299	82269	91187	101730	105042	75847	11.17
	浙江	28926	34048	38735	42447	46608	47628	50338	53553	56566	54760	45361	7.35
	安徽	27747	29724	31031	33084	36652	40469	43749	46087	49674	51537	38975	7.12
	江西	19491	23021	25112	27067	28829	29410	31824	35542	37597	38656	29655	7.90
	湖北	30056	33327	36575	39354	42626	43386	46185	52797	58505	58654	44146	7.71
	湖南	25097	30018	36913	39083	42086	41952	44563	47472	51709	51336	41023	8.28
	重庆	10115	11268	12800	13535	14531	17119	18348	20366	23106	22775	16396	9.44
	四川	29377	33113	33450	36243	39844	42540	47349	49174	50963	51941	41400	6.54
	贵州	18916	21499	23254	26155	27681	26069	28518	29010	32255	35445	26880	7.23
	云南	18533	22308	25457	27534	29172	29942	32631	34535	36018	38074	29421	8.33
碳足迹	上海	24150	25555	27428	27330	28303	29099	28961	31381	32056	31022	28529	2.82
	江苏	31998	40946	53542	59239	64367	66199	70559	79473	89781	92888	64899	12.57
	浙江	19044	23501	28288	32079	36393	37265	39510	42795	45781	44052	34871	9.77
	安徽	16471	16371	18106	19390	22808	26192	28912	31248	34708	36123	25033	9.12
	江西	1928	4133	5901	7344	9092	9466	11113	14983	16689	17636	9828	27.88
	湖北	16705	19080	22128	25215	28210	28733	30074	36714	42182	42117	29116	10.82
	湖南	5233	8892	15687	17831	20727	20149	21154	24241	28130	27555	18960	20.27
	重庆	4702	5430	6889	8643	8847	11233	11068	13032	15857	15493	10119	14.17
	四川	1548	3116	3302	7080	10175	12427	14344	16098	17753	18613	10446	31.83
	贵州	10488	12182	13926	17185	18529	16766	17281	17943	21956	24507	17076	9.89
	云南	−3746	−3842	−777	1396	3102	3573	2455	4503	5522	7382	1957	31.99

注：均值为 10 年平均值，增速为 10 年年均几何增长率，由于云南地区的净碳排放量指标存在负数，其年均增长率的计算期为 2006～2012 年。

总体上看，所有省市中的各个指标基本上都是呈现增长的趋势。就碳排放量而言，年均增长率最高的是工业比较发达的江苏，达到了 11.17%，而以发达的现代服务业著称的上海最低，仅为 2.82%，江苏的碳排放量增长率是上海的将近 4 倍，其他省市的增长率基本控制在 6%～9%，相对比较均衡。在年均绝对值上，江苏最高，为 75847 万 t，而重庆最少，仅为 16396 万 t，不足江苏的 1/4。

就碳吸收量而言，各省市的年均增长率为 0.9%～4.03%，普遍要低于碳排放的增长率，这说明各地区碳排放与碳吸收之间的差距正在逐步拉大。比较各个省市，同样也是江苏的增长率最高，为 4.03%，而浙江最低，为 0.9%，但在年均绝对值上，四川最大，为 30954 万 t，上海最小，只有 422 万 t。

各地在碳足迹年均增长率上差异明显，排名前三的分别是云南、四川和江西，依次为 31.99%、31.83%和 27.88%，均高于 25%，碳足迹增速最慢的是上海、安徽、浙江和贵州，依次为 2.82%、9.12%、9.77%和 2.89%，均低于 10%，总体上，增速呈现从长江上游到中下游递减的态势。而就年均值而言，则呈现长江上游到中下游逐步递增的特点，其中云南是所有省市中唯一经历了由净碳吸收向碳足迹转变的省市，年均值最低，仅为 1957 万 t，最高的还是江苏，为 64899 万 t，这表明经济发达的下游地区拥有较高的碳足迹绝对量，低碳水平较低，但是随着国家加大对中西部地区的政策倾斜以及城镇化的加快，内陆地区发展势头迅猛，同时也带来了碳足迹较高增速，而长江下游地区正逐步进入经济结构优化的新常态，碳足迹增速减缓。

从长江上游、中下游各省市 2003～2012 年的碳排放量、碳吸收量以及碳足迹(净碳排放)变化趋势可以发现，各地的低碳水平趋势十分相近，碳吸收量均处于相对稳定的状态，这是因为森林和农田的特殊性导致每年的变化不大所致。而各地的碳排放量与碳足迹则均走出了类 S 形的趋势。各地碳足迹水平的走势大致可以归纳为 3 个阶段：高速增长期(2003～2007 年)，这段时间正是我国在出口导向下经济飞速发展的阶段，经济总量每年以 10%的速度上升，同时伴随着大量的能源消费、工业废气废物的产生，碳足迹快速增长；平台期(2007～2010 年)，这段时间在全球金融危机的影响下，出口不振导致经济增速下滑，投资减少，国内工业受到较大冲击，能源消费、工业产出减少，碳足迹增速放慢，甚至下降；增长恢复期，2010～2012 年，国内相关政策背景下，巨大的国内投资加上宽松的货币政策，国内经济再次迎来新发展，碳足迹增速开始回升，但较第一个阶段有所减缓，原因可能有两个：一方面是全球经济危机对国内经济的持续影响，另一方面是上个阶段中经济下滑起到了倒逼产业结构优化调整的作用，进而影响了碳排放量和碳足迹水平。

(二)人均碳足迹比较

由表 4-2 可知，从数值上看，上海的人均碳足迹最高，且始终保持在 13t 以上，最低的是云南省，2012 年最高，仅为 1.58t，而长江上游、中下游各省市平均水平为 6.18t，且长江下游地区省市的人均碳足迹普遍高于中上游地区。这是由于经济发展对碳足迹的正效应引起的，中下游较高的 GDP 带来了更多的碳足迹，而中上游地区发展水平相对较低，继而拉低了人均碳足迹。而从增速看，整体人均碳足迹平均增速为11.66%，其中，最高的是四川(31.93%)，最低的是上海，仅为-0.54%，出现一定程度下降，这说明上海人均碳足迹可能已经达到了较高的阈值，同时其以现代服务业为主的产业结构进一步优化，对人均碳足迹增长也带来一定的减缓作用，而四川、云南、江西的人均碳足迹增速大于25%，为平均增速的两倍多，主要原因是这三个省存在较高的碳排放水平，人均碳足迹基数普遍比较低，在4t以下。因此，人均碳足迹基数与增速似乎存在一定的负相关性，基数越小，增速越大，取2003～2012年的中期即2008年各地人均碳足迹值为基数，与2003～2012年平均增速作散点图。结果如图4-1所示，证实了刚才的推论。若将不同地区视为某一地区发展的不同阶段，人均碳足迹较低时会拥有较高的增速，增速随着人均碳足迹的增长而下降，表明人均碳足迹可能存在边际递减的规律。

表4-2　长江上游、中下游各省市人均碳足迹　　（单位：t）

省市	2003年	2004年	2005年	2006年	2007年	2008年	2009年	2010年	2011年	2012年	增速/%
上海	13.68	13.93	14.51	13.92	13.71	13.59	13.10	13.63	13.66	13.03	−0.54
江苏	4.29	5.44	7.06	7.74	8.33	8.53	9.03	10.10	11.37	11.73	11.82
浙江	3.92	4.77	5.67	6.32	7.06	7.15	7.49	7.86	8.38	8.04	8.31
安徽	2.67	2.63	2.96	3.17	3.73	4.27	4.72	5.25	5.82	6.03	9.47
江西	0.45	0.96	1.37	1.69	2.08	2.15	2.51	3.36	3.72	3.92	27.19
湖北	2.94	3.35	3.88	4.43	4.95	5.03	5.26	6.41	7.33	7.29	10.62
湖南	0.79	1.33	2.48	2.81	3.26	3.16	3.30	3.69	4.26	4.15	20.24
重庆	1.68	1.94	2.46	3.08	3.14	3.96	3.87	4.52	5.43	5.26	13.52
四川	0.19	0.39	0.40	0.87	1.25	1.53	1.75	2.00	2.21	2.30	31.93
贵州	2.71	3.12	3.73	4.66	5.10	4.66	4.89	5.16	6.33	7.03	11.17
云南	−0.86	−0.87	−0.17	0.31	0.69	0.79	0.54	0.98	1.19	1.58	31.18
平均	2.29	2.76	3.46	3.95	4.43	4.59	4.82	5.45	6.08	6.18	11.66

注：云南增速为2006～2012年的平均增速。

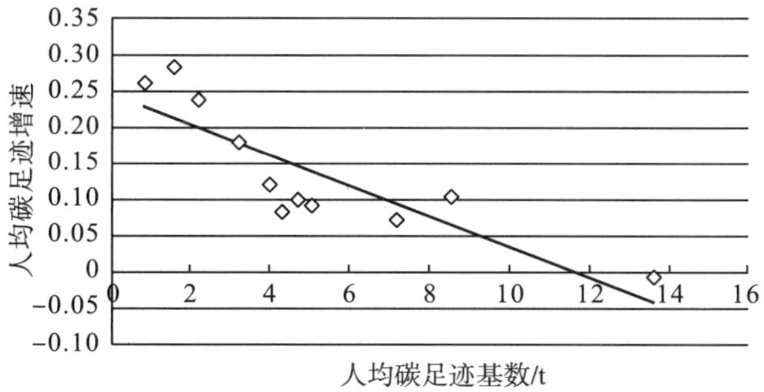

图4-1　长江上游、中下游各省市2008年人均碳足迹与平均增速散点图

图 4-2 直观显示了长江上游、中下游各省市 2003～2012 年人均碳足迹的变化趋势，总体上各地之间的人均碳足迹表现出趋同特性，除上海，各地人均碳足迹呈上升趋势。而中游与上游地区在人均碳足迹上的区分并不明显，但下游地区人均碳足迹要明显高于中上游地区。这进一步说明上海人均低碳水平正得到改善，其他地区仍处于增长阶段。

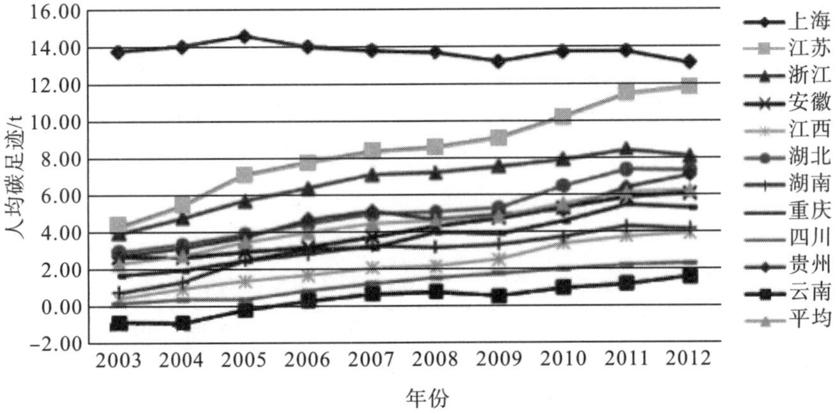

图 4-2　2003～2012 年长江上游、中下游各省市人均碳足迹变化趋势

（三）区域碳足迹结构比较

长江上游、中下游各省市的碳排放量普遍大于碳吸收量，并且，一方面，经济扩张带来碳排放量增长，另一方面，农田、森林面积的基本不变导致碳吸收水平稳定，两者之间随时间推移呈现逐渐背离的趋势，碳排放量成为主导低碳水平变动的关键因素，因此，有必要进一步比较分析地区间碳足迹的结构。

分析 2012 年长江上游、中下游各省市碳足迹的构成情况可以发现，尽管各地碳足迹在总量上差异明显，但它们的内部结构却基本一致。在碳排放方面，5 类排放源按占比由大到小进行排序，依次为能源燃烧、工业、农业活动、人类呼吸和废弃物处理。能源燃烧占比最大，除了江西为 49%，其他各省市普遍在 60%以上，上海更是达到了 81%，这说明能源燃烧是各地区碳排放产生的主要来源。而作为第二大碳排放源的工业活动，其在各地的占比基本为 10%～30%，与能源燃烧一起，基本占据了地区碳排放量的 80%以上，而化石类能源的消耗主要也是在工业领域，因此，工业是长江上游、中下游各省市碳排放的最主要来源。

在碳吸收方面，两大主要碳汇在不同地区的结构存在一定差异。重庆、四川、云南、贵州、江西、湖南与浙江以林地碳汇为主，而上海、江苏、安徽、湖北以农地碳汇为主，这主要是因为不同地区的森林资源禀赋以及农业在当地经济结构中的地位不同。

（四）区域碳足迹效率比较

以碳足迹强度考察区域的碳足迹效率。如表 4-3 所示，2003 年，各地的碳足迹强度差异明显，区间范围为−1.47～7.35，其中，贵州的碳足迹强度最大，为 7.35t/万元，是上海的两倍多，是四川的 25 倍多，考虑到贵州当年的碳吸收量为上海的 23 倍多，贵州低碳发展效率便显得相当低了。而其他长江中上游省市如云南、四川、重庆、湖南、江西等地也得益于较大的森林面积所带来的较高碳吸收，从而相比下游发达地区，具有较低的碳足迹强度，其中，云南由于存在负的碳足迹，当年的碳足迹强度也为负值，为−1.47t/万元。碳足迹强度低并不能说明效率就高，但是与自身比较具有指导意义。

表 4-3　长江上游、中下游各省市碳足迹强度　（单位：t/万元）

省市	2003 年	2004 年	2005 年	2006 年	2007 年	2008 年	2009 年	2010 年	2011 年	2012 年
上海	3.61	3.17	2.97	2.59	2.27	2.07	1.92	1.83	1.67	1.54
江苏	2.57	2.73	2.88	2.72	2.47	2.14	2.05	1.92	1.83	1.72
浙江	1.96	2.02	2.11	2.04	1.94	1.74	1.72	1.54	1.42	1.27
安徽	4.20	3.44	3.38	3.17	3.10	2.96	2.87	2.53	2.27	2.10
江西	0.69	1.20	1.45	1.52	1.57	1.36	1.45	1.59	1.43	1.36
湖北	3.51	3.39	3.36	3.31	3.02	2.54	2.32	2.30	2.15	1.89
湖南	1.12	1.58	2.38	2.32	2.20	1.74	1.62	1.51	1.43	1.24
重庆	1.84	1.79	1.99	2.21	1.89	1.94	1.69	1.64	1.58	1.36
四川	0.29	0.49	0.45	0.81	0.96	0.99	1.01	0.94	0.84	0.78
贵州	7.35	7.26	6.94	7.35	6.42	4.71	4.42	3.90	3.85	3.58
云南	−1.47	−1.25	−0.22	0.35	0.65	0.63	0.40	0.62	0.62	0.72
平均	2.26	2.27	2.42	2.39	2.24	1.97	1.87	1.76	1.65	1.51

2003～2012 年，长江上游、中下游各地省市碳足迹强度逐渐呈现收敛的态势，如图 4-3 所示，到 2012 年，碳足迹强度区间范围缩小为 0.72～3.58，其中大部分地区集中在 1～2。贵州数据依旧最大，为 3.58t/万元，是上海的 2.3 倍，是四川的 4.3 倍，云南依旧最低，为 0.72t/万元。大部分中下游省市如上海、江苏、浙江、湖北、安徽等地的碳足迹强度呈现降低的趋势，而部分中上游地区除贵州经历了大的降幅，四川、重庆、云南、江西等地区则经历了上升的趋势。这说明下游经济发达地区随着技术进步，通过淘汰落后产业，的确带来了当地低碳效率的提高。而中上游地区通过承接下游产业的转移，虽然经济得到发展，却忽视了对环境的

影响，低碳效率降低。不过，这种收敛势态正逐渐趋于缓和，达到稳定水平，说明中上游地区开始逐步意识到低碳发展的重要性，并采取相应措施进行应对。

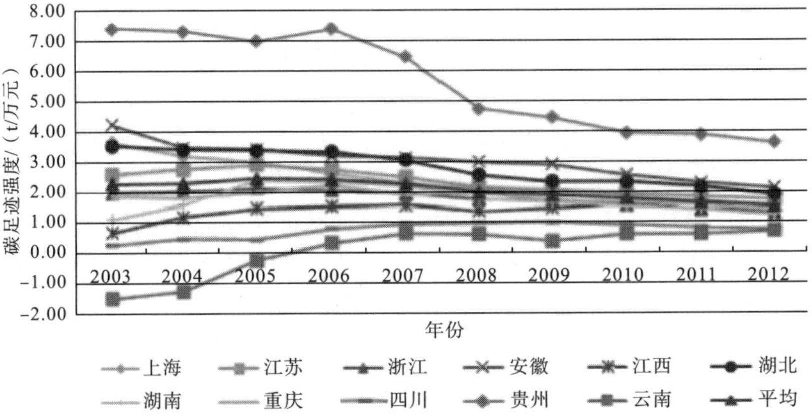

图 4-3　2003～2012 年长江上游、中下游各省市碳足迹强度趋势图

（五）区域碳足迹压力比较

1. 碳足迹指数比较

从表 4-4 可以看出，上海的碳足迹指数稳居各省市之首，表现突出，以 2012 年为例，数值为 66.86，表明上海地区的碳排放量是其自身碳吸收量的将近 67 倍，“超排”非常严重，远高于其他省市，而其他省市则保持在 1.24～8.64，并且在地缘上基本呈现由上游向下游逐步增大的趋势。

表 4-4　长江上游、中下游各省市碳足迹指数

省市	2003 年	2004 年	2005 年	2006 年	2007 年	2008 年	2009 年	2010 年	2011 年	2012 年
上海	67.12	66.54	72.71	69.72	74.30	72.89	61.86	68.02	68.43	66.86
江苏	4.76	5.00	6.23	6.43	6.87	6.96	7.03	7.78	8.51	8.64
浙江	2.93	3.23	3.71	4.09	4.56	4.60	4.65	4.98	5.25	5.11
安徽	2.46	2.23	2.40	2.42	2.65	2.83	2.95	3.11	3.32	3.34
江西	1.11	1.22	1.31	1.37	1.46	1.47	1.54	1.73	1.80	1.84
湖北	2.25	2.34	2.53	2.78	2.96	2.96	2.87	3.28	3.58	3.55
湖南	1.26	1.42	1.74	1.84	1.97	1.92	1.90	2.04	2.19	2.16
重庆	1.87	1.93	2.17	2.77	2.56	2.91	2.52	2.78	3.19	3.13
四川	1.06	1.10	1.11	1.24	1.34	1.41	1.43	1.49	1.53	1.56
贵州	2.24	2.31	2.49	2.92	3.02	2.80	2.54	2.62	3.13	3.24
云南	0.83	0.85	0.97	1.05	1.12	1.14	1.08	1.15	1.18	1.24

从横向来看，如图 4-4 所示，各省市的碳足迹指数也基本呈现缓慢上升的趋势。除了上海，其他地区在这 10 年间都经历接近一倍的增长，如江苏由 4.76 上升到 8.64，湖南由 1.26 上升到 2.16，云南由 0.83 上升到 1.24，说明这些地区的碳足迹承载情况正日益加重，低碳发展形势严峻。而上海在 2003 年为 67.12，在 2007 年到达顶峰 74.30 之后，开始有所回落，2012 年为 66.86，低于 2003 年的指数，说明尽管上海地区的基数高(这主要是由于其高经济产出、高人口密度以及较小地域面积所致)，但其经济转型升级确实产生了良好的效果，地区整体低碳经济发展效率要明显优于其他地区。

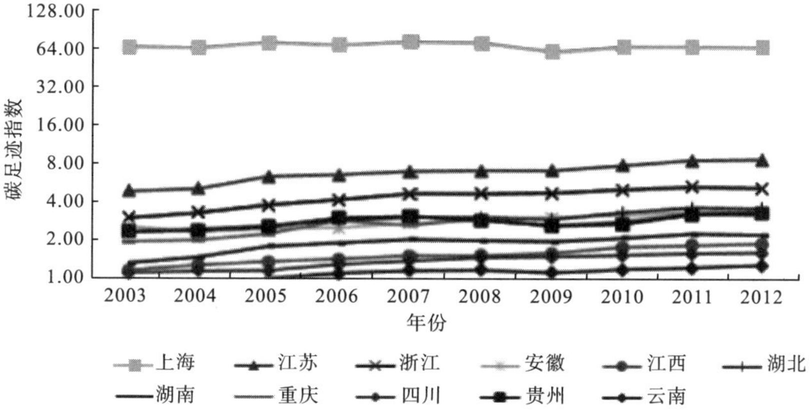

图 4-4　2003～2012 年长江上游、中下游各省市碳足迹指数变化趋势

2. 地均碳足迹比较

各省市的行政面积是固定不变的，对长江上游、中下游各省市 2012 年的地均碳足迹进行测算的结果如图 4-5 所示。上海地均碳足迹最高，达到 492.4t/hm^2，是最低的云南(1.9t/hm^2)的 259 倍之多，排名前三位的省市依次是上海、江苏、浙

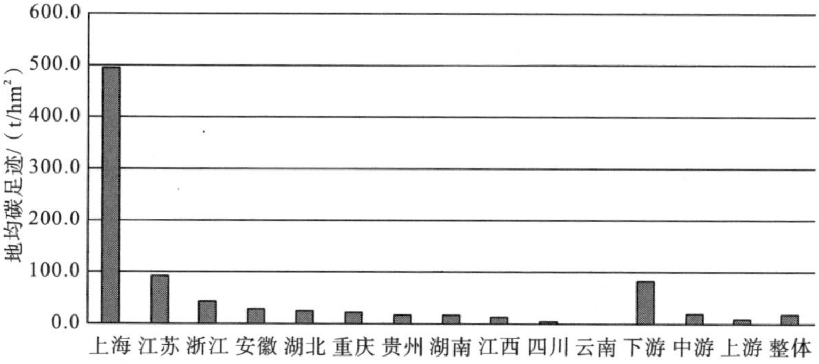

图 4-5　2012 年长江上游、中下游各省市地均碳足迹比较

注：面积数据来自各地统计年鉴。

江，都属于下游发达地区，从平均值来看，地均碳足迹从下游到上游依次递减，这表明下游地区每单位面积土地承受着比较大的碳足迹压力，较高的碳足迹水平以及较小的面积共同导致了这一局面，结合环境气候等因素，这也在一定程度上揭示了近年来上海等发达地区雾霾频发的原因。

四、区域碳足迹差异性分析

(一)人均碳足迹差异总体分析

长江上游、中下游各省市的人均碳足迹存在趋同情况，由此便可推断不同地区的人均碳足迹差异正在缩小。利用泰尔指数进一步量化差异，得到长江上游、中下游各省市人均碳足迹差异趋势图如图 4-6 所示。2003～2012 年，差异指数总体上呈现下降趋势，人均碳足迹由 0.037t 下降到 0.021t，降幅约为 43.2%，这说明总体上，长江上游、中下游各省市人均碳足迹存在一定差异，但差异正呈缩小趋势。这是由于长江上游、中下游各省市横跨中国东、西部地区，各地发展水平、资源禀赋、产业结构等因素都存在一定差异，必然会导致各地碳足迹差异的存在。而早年碳足迹较高的上海、浙江等下游发达省市由于产业结构升级、技术进步等原因，人均碳足迹表现出下降趋势，而中上游地区重庆、湖北等地人均碳足迹随着经济加速发展表现出上升趋势，因此会出现差异缩小的势态。此外，差异值在 2004～2005 年、2009～2011 年存在上升的情况，2009～2011 年刚好是 2008 年金融危机产生影响阶段，推测可能是由于不同省市在面对外部经济形势冲击时所受影响不同所致。

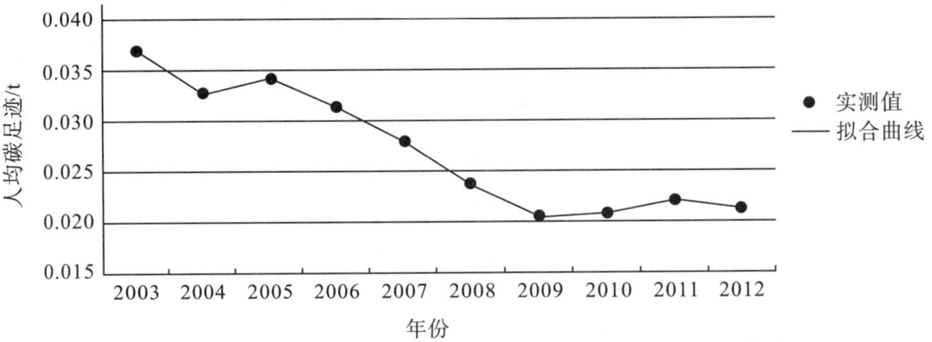

图 4-6　长江上游、中下游各省市人均碳足迹差异趋势图

注：云南 2003～2005 年人均碳足迹为负数，这 3 年未计算云南数据。

（二）组间、组内差异分析

将长江上游、中下游各省市划分为上游（沪苏浙）、中游（湘鄂赣皖）和下游（云贵川渝）3 组地区，分别考察它们各自的人均碳足迹情况，结果如图 4-7 所示。3 组地区的人均碳足迹趋势线界限分明，下游、中游、上游依次从上往下排列，且均呈现持续上升趋势。下游发达地区的人均碳足迹远高于中上游地区，且前者基本保持在后者的两倍以上，这说明长江下游人均碳足迹与中上游地区在组间差异明显。

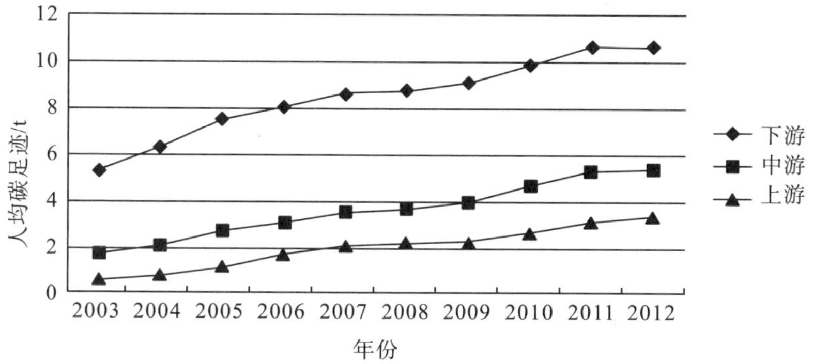

图 4-7　长江上游、中下游各省市各组人均碳足迹

将总差异分解为组内差异和组间差异，得到长江上游、中下游各省市组内、组间差异贡献表，如表 4-5 所示。从结果来看，长江上游、中下游各省市组间差异对总差异的贡献较大，贡献度最大的年份是 2008 年，贡献率为 71%，最小的为 2003 年，也达到了 57%，并以 2008 年为转折点，呈现先升后降的倒 U 形趋势。而各组内部贡献度相对要小，在 29%～43%，同样以 2008 年为拐点，表现出先降后升的倒 U 形态势。这说明长江上游、中下游各省市人均碳足迹的差异主要来源于组间差异，并且 2003～2008 年，组间差异对总差异的影响逐步增强，而 2008～2012 年，该影响逐步减弱，即各组内部碳足迹特征逐步异化，差异显现。

表 4-5　组内与组间差异贡献表

年份	总差异	组内差异		组间差异	
	值	值	贡献率/%	值	贡献率/%
2003	0.037	0.016	43	0.021	57
2004	0.033	0.012	36	0.021	64
2005	0.034	0.011	32	0.023	68
2006	0.031	0.011	35	0.020	65
2007	0.028	0.009	32	0.019	68
2008	0.024	0.007	29	0.017	71
2009	0.020	0.006	30	0.014	70
2010	0.021	0.007	33	0.014	67

续表

年份	总差异	组内差异		组间差异	
	值	值	贡献率/%	值	贡献率/%
2011	0.023	0.008	35	0.015	65
2012	0.021	0.008	38	0.013	62

这表明长江上游、中下游各省市人均碳足迹差异主要来自不同组间的差异，即上游与中下游地区发展的不平衡是造成人均碳足迹差异的主要原因。

(三)人均碳足迹差异因素分析

由 Kaya 恒等式可知，影响人均碳足迹的主要因素为能源强度、人均 GDP 以及碳足迹系数这 3 个方面，为进一步分析碳足迹差异的驱动因素，将长江上游、中下游各省市的人均碳足迹总差异指数 T 分解为前三个 Kaya 因子与两个互交因子成分，得到的总差异与各因子差异贡献率结果如表 4-6 所示。

表 4-6　长江上游、中下游各省市人均碳足迹差异驱动因素分解与贡献率

年份	泰尔指数	能源强度	人均 GDP	碳足迹系数	$inter_{b,ey}$	$inter_{e,y}$
2003	0.0369	0.0473(128%)	0.0710(192%)	−0.0006(−2%)	−0.0031(−8%)	−0.0776(−210%)
2004	0.0327	0.0464(142%)	0.0701(214%)	−0.0009(−3%)	−0.0028(−9%)	−0.0801(−245%)
2005	0.0341	0.0443(130%)	0.0695(204%)	−0.0009(−3%)	−0.0028(−8%)	−0.0759(−222%)
2006	0.0313	0.0490(156%)	0.0676(216%)	−0.0009(−3%)	−0.0021(−7%)	−0.0821(−262%)
2007	0.0279	0.0451(161%)	0.0634(227%)	−0.0008(−3%)	−0.0020(−7%)	−0.0777(−278%)
2008	0.0238	0.0370(156%)	0.0578(243%)	−0.0009(−4%)	−0.0019(−8%)	−0.0682(−287%)
2009	0.0205	0.0406(198%)	0.0541(264%)	−0.0008(−4%)	−0.0018(−9%)	−0.0717(−350%)
2010	0.0208	0.0419(201%)	0.0499(240%)	−0.0007(−3%)	−0.0017(−8%)	−0.0686(−329%)
2011	0.0221	0.0402(182%)	0.0442(200%)	−0.0007(−3%)	−0.0012(−5%)	−0.0604(−273%)
2012	0.0213	0.0398(187%)	0.0393(185%)	−0.0008(−4%)	−0.0009(−4%)	−0.0563(−265%)

注：括号内为贡献率。

由表 4-6 可见，在 3 个 Kaya 因子中，人均 GDP 对人均碳足迹总差异指数的贡献率最大，保持在 185%～264%，在 2009 年达到最高(264%)，表现为先增大后减小的倒 U 形态势；能源强度贡献率紧随其次(2012 年除外)，在 2010 年达到最高(201%)，同样呈现倒 U 形走势；这两项因素为正，说明它们对碳足迹的正影响。而碳足迹系数的差异贡献最小，且为负值，贡献率普遍在−4%～−2%之间，并且一直表现得相当稳定，说明碳足迹系数对区域碳足迹的差异贡献不明显。而在交互作用中，能源强度和人均 GDP 之间的交互作用表现出很大的负影响，为−350%～−210%，这表明人均 GDP 越高的地区，碳足迹越高，同时对能源的利用效率也高。

如表 4-6 所示，各因素对差异的贡献率反映了该因素对人均碳足迹的影响力，因此，上述可以得出人均 GDP 对长江上游、中下游各省市人均碳足迹存在较大的正影响，能源强度次之，碳足迹系数影响微弱。

第二节　长江上游及中下游地区行业碳足迹的测定

从宏观层面对长江上游、中下游各省市的区域低碳水平进行分析有助于全面了解低碳发展差异，把握各地实际状况，为制定减排政策提供有利的实证依据。但减排措施最终的落脚点往往必须深入国民经济各部门，宏观区域层面的碳足迹分析无法提供更详细的信息。因此本节将基于投入产出模型，从碳足迹强度和密度相结合的角度分析行业碳足迹效应，对长江上游、中下游典型省市的行业低碳发展水平进行进一步探究。

一、研究对象与数据来源

本节选用 2007 年的数据进行分析，并借此讨论方法的运用。此外，所选区域只有部分地区公布了分行业终端能源消费情况。因此，依据数据的可获得性，同时兼顾所选地区的代表性，拟选取重庆、安徽以及江苏分别作为上游地区、中游地区和下游地区的典型省市，考察它们之间 2007 年的行业低碳发展水平差异。三省市在不同地段的低碳发展水平方面具有一定代表性，其理由如下。

重庆市地处长江上游，是长江上游地区的经济中心、金融中心和创新中心，作为我国重要的老工业基地、西南地区经济桥头堡，重庆市借助国家政策倾斜，经济得以快速增长，但同时碳排放问题也十分突出，2002～2012 年碳排放平均增速为 9.44%，为上游地区最高，反映了上游地区高增长、高排放的特点。

安徽省是中国重要的农产品生产、能源、原材料和加工制造业基地，其汽车、机械、家电、化工、电子、农产品加工等行业在全国占有重要地位，碳排放量及增速、GDP 均为中游地区的平均水平，可以较好地反映中游地区的情况。

江苏省是长江下游长三角地区的经济增长引擎，工业发达，人均 GDP、综合竞争力、地区发展与民生指数（development and life index，DLI）均为全国领先，但碳排放量较高，2003～2013 年，江苏省碳排放平均增速为 11.17%，为下游地区第一，对下游地区产业发展情况具有较大代表性。

本节的基础数据来源于重庆、安徽和江苏三个地区 2007 的年投入产出表、2007 年各地统计年鉴中的分行业能源消费表以及地区的能源平衡表，依据前面章节所述方法进一步测算行业碳足迹强度与密度以及行业碳足迹效应等相应指标。

二、行业碳足迹强度与碳足迹密度差异

表 4-7 显示了 2007 年重庆、安徽以及江苏三地的行业碳足迹强度与密度差异情况。从碳足迹强度来看，重庆最高的是电热生产业，达到 49.81t/万元，安徽为 73.74t/万元，而江苏却达到了 81.09t/万元，也是所有部门中最高的，这说明尽管江苏的经济发达，但其电热生产业的低碳生产效率却不如重庆和安徽。而在石油开采业上，重庆(22.74t/万元)则几乎是江苏(1.49t/万元)的 15 倍之多。安徽最高的是石油加工业，达到了 194.88t/万元，重庆和江苏的该行业却只有 8.37t/万元和 36.92t/万元，安徽分别是后两者的 23 倍和 5 倍之多。这充分说明不同地区的不同行业低碳生产效率存在明显差异，这与各地区的产业发展侧重点不同有关。

表 4-7　行业碳足迹强度与碳足迹密度差异

行业	重庆			安徽			江苏		
	强度/(t/万元)	密度	排序	强度/(t/万元)	密度	排序	强度/(t/万元)	密度	排序
电热生产	49.81	17.27	1	73.74	16.81	2	81.09	26.54	1
石油开采	22.74	7.89	2	—	—	29	1.49	0.49	11
煤炭开采	22.67	7.86	3	14.64	3.34	4	26.42	8.65	3
非金制品	9.72	3.37	4	20.11	4.59	3	7.28	2.38	4
非金属矿	8.85	3.07	5	3.08	0.70	9	4.39	1.44	6
石油加工	8.37	2.90	6	194.88	44.44	1	36.92	12.09	2
金属矿	3.96	1.37	7	0.42	0.10	15	0.94	0.31	13
金属冶炼	3.58	1.24	8	14.21	3.24	5	6.88	2.25	5
运输仓储	3.27	1.13	9	1.70	0.39	10	1.98	0.65	10
化学工业	2.59	0.90	10	6.25	1.43	7	3.17	1.04	8
纺织业	1.96	0.68	11	1.11	0.25	11	0.90	0.29	14
造纸印刷	1.51	0.52	12	3.38	0.77	8	2.56	0.84	9
农林牧渔	1.10	0.38	13	0.21	0.05	19	0.29	0.09	19
水的生产	0.45	0.15	14	0.03	0.01	27	0.04	0.01	26
工业品	0.44	0.15	15	0.18	0.04	22	0.25	0.08	20
木材加工	0.42	0.14	16	0.93	0.21	13	1.42	0.47	12
食品制造	0.36	0.13	17	0.98	0.22	12	0.70	0.23	15
通用设备	0.31	0.11	18	0.30	0.07	16	0.51	0.17	17
建筑业	0.28	0.10	19	0.22	0.05	18	0.06	0.02	24
金属制品	0.24	0.08	20	0.46	0.11	14	0.64	0.21	16
交通设备	0.12	0.04	21	0.29	0.07	17	0.18	0.06	21
废品废料	0.10	0.04	22	0.02	0.00	28	0.01	0.00	28
批发零售	0.10	0.03	23	0.20	0.04	21	0.04	0.01	25

续表

行业	重庆			安徽			江苏		
	强度/(t/万元)	密度	排序	强度/(t/万元)	密度	排序	强度/(t/万元)	密度	排序
仪器仪表	0.09	0.03	24	0.06	0.01	25	0.08	0.03	23
电气制造	0.06	0.02	25	0.14	0.03	23	0.18	0.06	22
纺织制品	0.04	0.01	26	0.21	0.05	20	0.34	0.11	18
其他产业	0.03	0.01	27	0.03	0.01	26	0.01	0.00	29
通信设备	0.01	0.00	28	0.11	0.03	24	0.03	0.01	27
燃气生产	0.01	0.00	29	11.54	2.63	6	3.92	1.28	7

注：安徽的石油开采业在投入产出中的数据均为 0。

从行业碳足迹密度来看，数值大于 1 表示该行业中存在较低的碳生产效率。由表 4-7 可知，在重庆排名前三的行业依次为电热生产业、石油开采业和煤炭开采业；安徽排名前三的是石油加工业、电热生产业以及非金制品业；江苏排名前三的为电热生产业、石油加工业以及煤炭开采业。在重庆排名前九(碳足迹密度大于 1)的行业大部分在安徽和江苏同样排在前列，且主要集中在重化工业，这说明不同地区的高碳部门结构相似。

三、行业碳足迹中间效应差异

直接碳足迹系数(简称“直碳系数”)从生产的角度反映了各部门每单位总产出直接消耗各种化石能源所产生的碳足迹，体现了行业碳足迹的中间效应。如表 4-8 所示，直碳系数在重庆、安徽和江苏三地排名第一的都是电热生产业，其中，安徽最高，为 22.88t/万元，其次是江苏，为 20.83t/万元，重庆最低，为 17.85t/万元，说明电热生产业的中间排放效应在不同地区都非常明显，而相比之下，重庆在电热生产方面更有效率。不同地区同一行业的直接碳足迹系数也存在一定差异，如重庆的石油开采业(13.48t/万元)是江苏(0.69t/万元)的 19.5 倍，安徽的石油加工业(8.14t/万元)是重庆(2.54t/万元)的 3.2 倍。

表 4-8　行业直接碳足迹系数与直接碳足迹密度差异

行业	重庆			安徽			江苏		
	直碳系数/(t/万元)	直碳密度	排序	直碳系数/(t/万元)	直碳密度	排序	直碳系数/(t/万元)	直碳密度	排序
电热生产	17.85	16.38	1	22.88	13.44	1	20.83	21.49	1
石油开采	13.48	12.37	2	—	—	29	0.69	0.71	11
煤炭开采	10.87	9.98	3	8.93	5.25	2	12.22	12.61	2
非金属矿	3.22	2.95	4	1.21	0.71	8	1.23	1.27	6
非金制品	2.97	2.73	5	5.65	3.32	4	1.83	1.89	4
石油加工	2.54	2.33	6	8.14	4.78	3	5.88	6.06	3

续表

行业	重庆			安徽			江苏		
	直碳系数/(t/万元)	直碳密度	排序	直碳系数/(t/万元)	直碳密度	排序	直碳系数/(t/万元)	直碳密度	排序
金属矿	2.00	1.83	7	0.18	0.11	14	0.33	0.34	12
运输仓储	1.74	1.59	8	0.75	0.44	10	0.95	0.98	7
金属冶炼	0.94	0.86	9	2.53	1.49	5	1.31	1.36	5
化学工业	0.83	0.77	10	1.49	0.87	7	0.74	0.76	9
农林牧渔	0.73	0.67	11	0.12	0.07	15	0.17	0.17	16
纺织业	0.48	0.44	12	0.21	0.12	13	0.19	0.20	14
造纸印刷	0.35	0.32	13	0.95	0.56	9	0.70	0.72	10
水的生产	0.20	0.18	14	0.02	0.01	26	0.02	0.02	25
工业品	0.13	0.12	15	0.04	0.03	22	0.06	0.06	20
食品制造	0.13	0.12	16	0.31	0.18	11	0.19	0.20	15
木材加工	0.10	0.09	17	0.26	0.15	12	0.26	0.27	13
通用设备	0.08	0.08	18	0.08	0.05	18	0.11	0.12	18
建筑业	0.07	0.06	19	0.08	0.04	19	0.02	0.02	26
金属制品	0.07	0.06	20	0.12	0.07	17	0.12	0.12	17
批发零售	0.06	0.05	21	0.12	0.07	16	0.03	0.03	23
废品废料	0.03	0.03	22	0.01	0.01	28	0.01	0.01	27
交通设备	0.03	0.03	23	0.06	0.03	20	0.05	0.05	21
仪器仪表	0.03	0.02	24	0.02	0.01	25	0.02	0.02	24
其他产业	0.01	0.01	25	0.02	0.01	27	0.00	0.00	29
电气制造	0.01	0.01	26	0.03	0.02	23	0.04	0.04	22
纺织制品	0.01	0.01	27	0.05	0.03	21	0.08	0.08	19
燃气生产	0.01	0.00	28	1.50	0.88	6	0.92	0.95	8
通信设备	0.00	0.00	29	0.03	0.02	24	0.01	0.01	28

注：直接碳足迹系数简称直碳系数，直接碳足迹密度简称直碳密度。

从行业直碳密度来看，安徽具有明显碳足迹中间效应(直碳密度大于 1)的行业有 5 个，为电热生产业、煤炭开采业、石油加工业、非金制品业和金属冶炼业；江苏有 6 个，相比安徽增加了非金属矿业；而重庆有 8 个，包括大部分前述行业。这充分说明不同地区碳足迹中间效应明显的行业比较一致。

四、行业碳足迹终端效应差异

完全碳足迹系数是从最终消费的角度反映某一行业每生产一单位最终产品，全社会为其提供中间产品和服务所产生的碳足迹，也就是从全过程的视角考察每个最终产品上所“凝结”的碳排放信息，因而完全碳足迹系数体现了碳足迹的终端效应。从表 4-9 可以发现，完全碳足迹系数与直接碳足迹系数相比，普遍有了明显的提高，这表明单位价值最终产品所包含的碳足迹量要多于直接生产单位价值总产品时的碳足迹量，此外，还可以发现，就完全碳足迹密度而言，各省市碳足迹终端效应明显的行业数也要明显多于中间效应明显的行业数，这充分说明从最终消费角度考察碳足迹以及培养国民低碳消费观念对社会低碳发展的重要性。

表 4-9　完全碳足迹系数与完全碳足迹密度差异

行业	重庆			安徽			江苏		
	完碳系数/(t/万元)	完碳密度	排序	完碳系数/(t/万元)	完碳密度	排序	完碳系数/(t/万元)	完碳密度	排序
电热生产	28.71	6.77	1	30.14	6.17	1	36.59	8.02	1
石油开采	18.49	4.36	2	—	—	29	6.43	1.41	12
煤炭开采	18.25	4.30	3	12.72	2.60	3	17.97	3.94	2
非金制品	11.78	2.78	4	14.67	3.00	2	9.09	1.99	5
石油加工	9.76	2.30	5	10.46	2.14	4	12.13	2.66	3
非金属矿	9.21	2.17	6	7.60	1.55	7	8.14	1.78	7
金属矿	9.00	2.12	7	5.03	1.03	12	9.36	2.05	4
金属冶炼	7.67	1.81	8	8.37	1.71	5	8.81	1.93	6
建筑业	7.10	1.68	9	5.69	1.16	10	5.26	1.15	15
化学工业	6.03	1.42	10	7.71	1.58	6	7.44	1.63	9
水的生产	5.94	1.40	11	6.13	1.25	8	7.91	1.73	8
废品废料	5.77	1.36	12	0.82	0.17	28	0.29	0.06	29
金属制品	5.51	1.30	13	6.02	1.23	9	7.20	1.58	10
电气制造	5.05	1.19	14	5.01	1.02	13	5.43	1.19	14
纺织业	4.90	1.16	15	4.51	0.92	17	4.01	0.88	22
通用设备	4.76	1.12	16	4.97	1.02	14	5.61	1.23	13
木材加工	4.69	1.11	17	3.71	0.76	21	4.66	1.02	18
运输仓储	4.46	1.05	18	4.49	0.92	18	4.73	1.04	17
造纸印刷	4.43	1.04	19	5.47	1.12	11	4.77	1.05	16
仪器仪表	3.74	0.88	20	3.24	0.66	23	4.11	0.90	21
交通设备	3.70	0.87	21	4.79	0.98	15	4.36	0.96	20
纺织制品	3.15	0.74	22	3.49	0.71	22	3.37	0.74	24
燃气生产	2.99	0.70	23	4.43	0.91	19	6.67	1.46	11
工业品	2.90	0.68	24	4.59	0.94	16	4.47	0.98	19
通信设备	2.41	0.57	25	3.88	0.79	20	3.77	0.83	23
食品制造	2.17	0.51	26	2.75	0.56	24	2.42	0.53	25
其他产业	2.13	0.50	27	2.63	0.54	25	1.99	0.44	26
批发零售	1.94	0.46	28	1.96	0.40	27	1.48	0.32	28
农林牧渔	1.47	0.35	29	2.27	0.46	26	1.87	0.41	27

注：完全碳足迹系数简称完碳系数，完全碳足迹密度简称完碳密度。

数据显示，三省市完碳系数排名第一的依旧是电热生产业，同样是江苏最高，为 36.59 t/万元，安徽其次(30.14 t/万元)，重庆最低（28.71 t/万元)，这表明重庆每最终消费一单位价值的电或热，全社会间接排放的二氧化碳量是最低的。同一地区的不同行业的碳足迹终端效应差异也比较明显，以重庆为例，电热生产业是农林牧渔业的近 20 倍。此外，其他不同产业在不同地区的完全碳足迹系数也相应表现出一定的差异，但是并未从整体上体现出明显的东—中—西递减趋势，而是各有优劣。

五、行业碳足迹波及效应与敏感效应差异

碳足迹影响力系数反映了某产业每生产一单位最终产品，对各部门所产生的碳足迹影响的波及程度，是体现碳足迹波及效应的指标。行业碳足迹影响力系数大于 1 表明该部门碳足迹波及效应明显。如表 4-10 所示，重化工部门的碳足迹波及效应明显。其中电热生产业、煤炭开采业、非金制品业、石油加工业、非金属矿业以及金属冶炼业的碳足迹影响力系数在三个地区都大于 1，其中电热生产业的碳足迹影响力系数普遍在 4 以上，说明该行业的碳足迹波及效应在各地都十分显著。

表 4-10　行业碳足迹影响力系数与感应度系数差异

行业	重庆		安徽		江苏	
	影响力	感应度	影响力	感应度	影响力	感应度
电热生产	4.20	10.78	4.92	12.54	5.30	15.86
石油开采	2.71	3.45	—	—	0.93	0.45
煤炭开采	2.67	7.81	2.08	5.35	2.60	4.52
非金制品	1.72	0.93	2.40	1.79	1.32	0.61
石油加工	1.43	1.06	1.71	3.65	1.76	3.28
非金属矿	1.35	0.80	1.24	0.27	1.18	0.26
金属矿	1.32	0.68	0.82	0.09	1.35	0.11
金属冶炼	1.12	1.02	1.37	2.45	1.28	1.75
建筑业	1.04	0.01	0.93	0.01	0.76	0.00
化学工业	0.88	0.75	1.26	1.30	1.08	0.82
水的生产	0.87	0.03	1.00	0.00	1.15	0.00
废品废料	0.84	0.01	0.13	0.00	0.04	0.00
金属制品	0.81	0.01	0.98	0.04	1.04	0.04
电气制造	0.74	0.00	0.82	0.01	0.79	0.02
纺织业	0.72	0.14	0.74	0.07	0.58	0.08

续表

行业	重庆		安徽		江苏	
	影响力	感应度	影响力	感应度	影响力	感应度
通用设备	0.70	0.04	0.81	0.03	0.81	0.07
木材加工	0.69	0.02	0.61	0.06	0.67	0.07
运输仓储	0.65	0.83	0.73	0.43	0.68	0.46
造纸印刷	0.65	0.14	0.89	0.30	0.69	0.22
仪器仪表	0.55	0.01	0.53	0.00	0.60	0.00
交通设备	0.54	0.01	0.78	0.02	0.63	0.02
纺织制品	0.46	0.00	0.57	0.01	0.49	0.02
燃气生产	0.44	0.00	0.72	0.25	0.97	0.15
工业品	0.42	0.02	0.75	0.01	0.65	0.01
通信设备	0.35	0.00	0.63	0.01	0.55	0.00
食品制造	0.32	0.03	0.45	0.08	0.35	0.07
其他产业	0.31	0.01	0.43	0.01	0.29	0.00
批发零售	0.28	0.03	0.32	0.11	0.21	0.01
农林牧渔	0.22	0.37	0.37	0.08	0.27	0.10

碳足迹感应度系数反映了国民经济中每生产一单位最终产品对某一部门的碳足迹的敏感程度，是体现碳足迹敏感效应的指标。行业碳足迹感应度系数大于 1 表明该部门碳足迹敏感效应明显。数据显示，各地敏感效应明显的行业也大体相似，其中，电热生产业的碳足迹感应度系数最高，普遍在 10 以上，其次是煤炭开采业，普遍在 4 以上。此外，各地产业的敏感效应也存在一定的特质性，如相比其他省市，安徽的化学工业，重庆的石油开采业表现出较强的碳足迹敏感效应。

六、碳足迹主导行业比较

在分析行业碳足迹效应的基础上，进一步定义碳足迹主导行业，有助于对不同区域的行业碳足迹有更加直观的认识。当某区域某一产业(行业)具有显著的碳足迹效应时，即中间效应、终端效应的碳足迹密度均大于 1 且波及效应和感应效应均大于 1 时，则称该产业为当地的碳足迹主导行业，这样的行业既存在较高的碳足迹，同时又是国民经济各行业碳足迹关联的核心，应当是该区域的重点减排对象。因此，本书整理得出 2007 年重庆、安徽和江苏三地的碳足迹主导行业如表 4-11 所示。

表 4-11　2007 年重庆、安徽以及江苏的碳足迹主导行业

重庆	安徽	江苏
电力、热力的生产和供应业	电力、热力的生产和供应业	电力、热力的生产和供应业
煤炭开采和洗选业	煤炭开采和洗选业	煤炭开采和洗选业
石油加工、炼焦及核燃料加工业	石油加工、炼焦及核燃料加工业	石油加工、炼焦及核燃料加工业
石油和天然气开采业	非金属矿物制品业	金属冶炼及压延加工业

可以发现，重庆、安徽和江苏三省市的碳足迹主导行业既存在一致性也存在一定的独特性，电力、热力的生产和供应业，煤炭开采和洗选业，石油加工、炼焦及核燃料加工业这 3 个行业是它们共同的碳足迹主导行业，而石油和天然气开采业、非金属矿物制品业、金属冶炼及压延加工业分别是重庆、安徽和江苏特有的碳足迹主导产业。这说明了制定行之有效的低碳政策，既要保持普遍性，也要重视不同地区行业碳足迹分布的独特性。

本 章 小 结

从碳足迹来看，长江上游、中下游各省市碳足迹总量与人均碳足迹的差异明显，下游地区明显高于中上游地区，而中游与上游地区并无明显差异。从总量均值和增速上来看，年均值从上游到下游递增，而年均增速则从上游到下游递减，这反映出下游发达地区经济结构转型，低碳发展初见成效，而中上游地区正借产业转移与政策倾斜，重走昔日下游地区走过的“高碳排放高增长”之路，低碳发展情况不容乐观。而在变化趋势上，长江上游、中下游各省市 2003～2012 年碳足迹都呈现三个阶段，即高速增长期、平台期、增长恢复期，但最终增速有下降趋势。碳足迹结构分析显示能源消费、工业生产、农业活动是前三大碳排放源，而大部分地区的碳吸收主要来自林地。人均碳足迹的分析结果显示，人均碳足迹增速似乎呈现出边际递减的规律。

从碳足迹效率来看，长江上游、中下游各地的碳足迹强度呈现逐渐收敛的势态，整体低碳效率有趋同的趋势，大部分中下游地区碳足迹效率逐步提高，而部分中上游地区除贵州经历了碳足迹效率的提高，四川、重庆、云南、江西等地区则不断在下降。

从碳足迹压力来看，下游地区的碳足迹压力普遍大于中上游地区，其中以上海最为严重。但是就趋势来看，上海的碳足迹指数相对比较稳定，且有一定下降，

而其他省市则表现出不断上升的趋势，这表明这些地区的碳足迹压力正在逐步加大。地均碳足迹分析的结论也部分支持了以上观点。

在区域碳足迹差异方面，长江上游、中下游各省市人均碳足迹存在一定差异，依旧是下游地区明显高于中上游地区，但该差异正呈逐年缩小趋势，这说明各地人均碳足迹趋同效应明显。对泰尔指数的组间、组内差异分解结果表明，长江上游、中下游省市人均碳足迹的差异主要来源于组间差异，并且在 2003～2008 年，组间差异对总差异的影响逐步增强，而 2008～2012 年，该影响正逐步减弱，即各组内部碳足迹特征正逐步异化。利用 Kaya 因子分解进一步分析差异的驱动因素，可以发现长江上游、中下游各省市人均碳足迹受到人均 GDP 影响最大，其次是能源强度，而碳足迹系数的影响较为微弱。从分组的比较结果来看，下游地区人均碳足迹保持高位，而中游与上游地区的人均碳足迹基本一致。

从重点行业碳足迹来看，选取重庆、安徽和江苏分别作为上、中、下游地区的代表省市，对它们 2007 年行业碳足迹进行了比较。结果发现电力、热力生产与供应业是 3 个地区社会经济碳排放系统中共同的核心部门。不同地区的不同行业之间的碳足迹强度存在明显差异，不同地区在产业低碳效率方面各有优劣，同时，不同地区所拥有碳足迹高密度行业却基本一致，均集中在重化工行业。而从行业碳足迹效应来看，电力、热力生产和供应业，煤炭开采和洗选业，石油加工、炼焦及核燃料加工业这 3 个行业是它们共同的碳足迹主导行业，而石油和天然气开采业、非金属矿物制品业、金属冶炼及压延加工业分别是重庆、安徽和江苏特有的主导产业，这充分说明不同地区低碳产业政策制定需要因地制宜。

参考文献

[1]国务院.国务院关于依托黄金水道推动长江经济带发展的指导意见[OL]. [2017-09-25]. http://www.gov.cn/zhengce/content/2014-09/25/content_9092.htm.

第五章　重庆市及长江上游地区碳脱钩发展力实证

如第三章所述，碳脱钩发展力是指通过碳足迹测定的经济增长与碳排放增长之间存在的相互关联，表现为初期的经济发展与碳排放挂钩（经济增长伴随的碳排放同步增长），后期的经济发展与碳排放脱钩（经济增长但碳排放反而下降）。主要通过 Tapio 脱钩模型和 EKC 效应来分析找出其脱钩及程度。

重庆市是长江上游地区的经济中心和我国中西部唯一的直辖市，又是国家首批确定的发展低碳经济的试点城市，2006 年以来，重庆市颁布了促进低碳经济发展的系列政策措施，如利用税收优惠政策、制定严格的环境准入制度促进低碳经济发展。国家也在这方面给了重庆很大的支持，仅仅在 2007～2009 年的 3 年期间，就投入财政资金 28.5 亿元用于支持节能减排和低碳经济发展。因此，本章选用重庆市作为典型省市，考察其碳脱钩发展力分析路径，具有一定的代表性。最后，本章对长江上游碳脱钩发展力做出总结性分析。

第一节　重庆市经济增长与碳足迹脱钩分析

从前面对 Tapio 脱钩模型的介绍可以了解到，Tapio 脱钩模型可以比较直观地考察重庆市低碳经济发展能力的实际情况，为此，利用此模型来进行分析十分必要。

一、数据的预处理

按照模型要求筛选整理相关数据[①]，具体数据如表 5-1 所示。

在图 5-1 中，可以看出重庆市 1997～2009 年地区总产值与碳足迹（*CF*）的变化趋势，整体上来看，两者之间的变化关系还是比较一致的，并未出现我们所期望的明显脱钩现象，但是还是可以看到，2005 年之后经济的增长速度是快于碳足

① 数据来源于 2002～2012 年的《中国统计年鉴》《中国能源统计年鉴》及四川省、重庆市、贵州省、云南省各年统计年鉴。

迹的增长速度的，存在着相对脱钩的情况。

表 5-1 Tapio 脱钩模型原始数据

年份	碳足迹/($\times10^4hm^2$)	GDP/亿元	年份	碳足迹/($\times10^4hm^2$)	GDP/亿元
1997	501.41	1509.75	2004	660.52	3034.58
1998	490.48	1602.38	2005	793.04	3467.72
1999	534.35	1663.2	2006	822.55	3907.23
2000	532.03	1791	2007	906.58	4676.13
2001	526.03	1976.86	2008	953.41	5793.66
2002	560.99	2232.86	2009	1029.73	6530.01
2003	602.51	2555.72	—	—	—

数据来源：由《重庆市统计年鉴 2010》及计算所得。

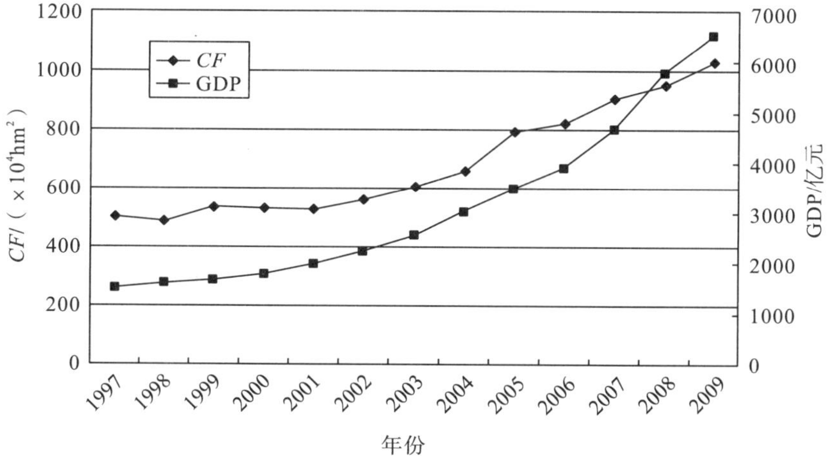

图 5-1 重庆市 1997～2009 年地区 GDP 与碳足迹的变化趋势图

二、脱钩模型的计算与指标评价

根据以上数据，结合 Tapio 脱钩指数公式计算出脱钩指数，再利用指标评价方法对 1997～2009 年重庆市经济增长与碳足迹之间变化进行脱钩评价，计算与评价结果如表 5-2 所示。

表 5-2 1997～2009 年重庆市脱钩指数变化趋势一览表

年份	ΔCF	$\Delta CF/CF$	ΔGDP	ΔGDP/GDP	脱钩指数 r	脱钩状态
1997	-10.93	-0.022	92.63	0.061	-0.355	强脱钩
1998	43.87	0.089	60.82	0.038	2.356	扩张负脱钩

续表

年份	ΔCF	$\Delta CF/CF$	ΔGDP	ΔGDP/GDP	脱钩指数 r	脱钩状态
1999	−2.32	−0.004	127.80	0.077	−0.057	强脱钩
2000	−6.00	−0.011	185.86	0.104	−0.109	强脱钩
2001	34.96	0.066	256.00	0.129	0.513	弱脱钩
2002	41.52	0.074	322.86	0.145	0.512	弱脱钩
2003	58.01	0.096	478.86	0.187	0.514	弱脱钩
2004	132.52	0.201	433.14	0.143	1.406	扩张负脱钩
2005	29.51	0.037	439.51	0.127	0.294	弱脱钩
2006	84.03	0.102	768.90	0.197	0.519	弱脱钩
2007	46.83	0.052	1117.53	0.239	0.216	弱脱钩
2008	76.32	0.080	736.35	0.127	0.630	弱脱钩

数据说明：依照脱钩模型计算分析所得。

三、脱钩模型结果分析

由脱钩指数公式计算可以直观地了解重庆市各年经济增长与碳足迹之间的脱钩关系，而且依照表 5-2 可以对这种脱钩关系进行更细化的划分。总体上来说，重庆市的经济增长与碳足迹之间存在着脱钩，但是这种脱钩在大多数年份都是以弱脱钩的形式出现的，即 $0<r<0.8$，这就表明经济增长的速度高于碳足迹的增长速度，但是差距不是十分明显。

再具体到各年，脱钩指数之间呈现出不平稳的现象，在 1997 年、1999 年与 2000 年脱钩指数小于 0，出现了强脱钩的现象，说明在这几年中，重庆市在经济增长的同时，碳足迹的增速下降，呈现一种理想的经济发展状态。但是，在中间的 1998 年，脱钩指数高达 2.356，出现了扩张负脱钩，说明在 1998 年，重庆市在经济增长的同时出现了碳足迹快速增长的情况，这种情况可能与重庆市在成为直辖市之后追求经济增长有关。从 2001 年开始，脱钩指数基本维持在 0～0.7(2004 年除外)，即弱脱钩，可见 2001 年之后重庆市经济增长与碳足迹之间的关系处于一种比较稳定的态势，两者均保持一定速度的增加，且经济的增速高于碳足迹的增速，但其中，在 2004 年，脱钩指数再一次大于 1.2，出现了扩张负脱钩。

总之，尽管个别年份出现了扩张负脱钩，重庆市经济增长与碳足迹之间仍大体上呈现了脱钩的现象，这表明重庆市的经济增长速度高于其所带来的环境压力，但是这种脱钩主要是弱脱钩，而且变化趋势不明显。所以，重庆市在制定未来的经济增长规划时要更加重视其对环境所带来的压力，努力控制这种压力，使经济增长与碳足迹之间出现强脱钩。

第二节 重庆市经济与碳足迹之间 EKC 效应分析

前文在计算重庆市碳足迹时，了解到碳足迹(*CF*)与常住人口(*P*)、重庆市生产总值(GDP)之间呈现出相关关系，为了进一步了解它们之间的关系，本节利用 STIRPAT 模型来研究，同时，为分析重庆市碳足迹与人均 GDP 之间是否存在倒 U 形的 EKC 曲线关系，将城市化率(*U*)引入该模型。最终，为利用该模型来预测重庆市碳足迹与各项经济指标未来之发展变化趋势做好铺垫。

一、模型变量的选择与数据标准化

按照前文给出的 STIRPAT 模型要求进行数据选择，如表 5-3 所示。

表 5-3 回归模型原始数据

年份	$\ln CF$	$\ln P$	$\ln A$	$(\ln A)^2$	$\ln T$	$\ln U$
1997	6.217	7.963	8.567	73.393	−1.102	3.434
1998	6.195	7.962	8.627	74.425	−1.184	3.484
1999	6.281	7.959	8.668	75.134	−1.135	3.535
2000	6.277	7.955	8.746	76.493	−1.214	3.572
2001	6.265	7.948	8.852	78.358	−1.324	3.622
2002	6.330	7.943	8.979	80.622	−1.381	3.686
2003	6.401	7.939	9.118	83.138	−1.445	3.735
2004	6.493	7.935	9.293	86.360	−1.525	3.773
2005	6.676	7.937	9.425	88.831	−1.475	3.812
2006	6.712	7.940	9.541	91.031	−1.558	3.844
2007	6.810	7.943	9.717	94.420	−1.641	3.877
2008	6.860	7.951	9.924	98.486	−1.804	3.912
2009	6.937	7.958	10.036	100.721	−1.847	3.943

数据来源：根据 2010 年的《重庆市统计年鉴》整理所得。

由于因变量的单位不统一，本章利用 SPSS17.0 将其数据标准化，标准化后数据分别计为：$Z_{\ln CF}$、$Z_{\ln P}$、$Z_{\ln A}$、$Z_{(\ln A)^2}$、$Z_{\ln T}$ 和 $Z_{\ln U}$。计算得到的变量各自的均值和标准差如表 5-4 所示。

表 5-4　均值与标准差汇总表

变量	lnCF	lnP	lnA	$(\ln A)^2$	lnT	lnU
均值	6.4965	7.9486	9.1918	84.4892	−1.4335	3.7100
标准差	0.2672	0.0100	0.5050	0.2550	0.2417	0.1686

数据来源：由 SPSS17.0 描述性统计计算所得。

二、共线性诊断

所谓多重共线性，即解释变量存在近似线性相关，所以，共线性是一种程度上的问题。共线性的诊断方法很多，主要有如下几种线索：①R^2 较高但 t 统计量显著性的不多；②检查偏相关系数，若两者的偏相关系数较高，说明存在较严重的共线性；③利用方差膨胀因子(VIF)，$\text{VIF}=1/(1-R^2)$，若 VIF 越大，说明共线性越严重，而容差为 VIF 的倒数，一般认为容差小于 0.1 表示共线性非常严重；④分析条件数，即最大特征值与最小特征值之比 $k=\lambda_{\max}/\lambda_{\min}$（若 k<100，则共线性很小；若 100≤k≤1000，则存在中等程度的共线性；若 k>1000，表示存在严重共线性)；⑤对自变量进行主成分分析时，若多个维度的特征值为 0，则说明共线性严重。

利用 SPSS17.0 对标准化后的变量进行最小二乘法直接回归之后，可以得到共线性诊断指标，如表 5-5 与表 5-6 所示，同时在计算中发现，ln$A$ 由于容差超出了 SPSS17.0 的要求，所以移出回归方程的计算，如表 5-7 所示。

表 5-5　最小二乘法回归系数与共线性统计量

变量	标注化系数	T	P	容差	VIF
常数	—	0.000	1.000	—	—
lnP	0.001	0.302	0.770	0.144	6.930
$\ln(A)^2$	1.861	149.893	0.000	0.011	89.085
lnT	0.917	116.488	0.000	0.028	35.806
lnU	0.28	2.056	0.074	0.009	109.159

数据来源：由 SPSS17.0 最小二乘法回归计算所得。

表 5-6　共线性诊断

维数	特征值	条件指数	方差比例				
			常数	lnP	$(\ln A)^2$	lnT	lnU
1	3.201	1.000	0.00	0.00	0.00	0.00	0.00
2	1.000	1.789	1.00	0.00	0.00	0.00	0.00
3	0.776	2.031	0.00	0.16	0.00	0.00	0.00
4	0.018	13.253	0.00	0.02	0.13	0.99	0.07
5	0.005	24.301	0.00	0.81	0.87	0.00	0.93

数据来源：由 SPSS17.0 最小二乘法回归计算之共线性诊断所得。

表 5-7　已排除的变量

变量	标注化系数	T	P	容差	VIF
ln$A$	—	308154.208	0.000	3.878E−6	257880.295

数据来源：由 SPSS17.0 最小二乘法回归计算已排除的变量。

由于共线性是程度方面的问题，所以不能只用一种方法来诊断，由表 5-5 给出的通过最小二乘法得到的各变量的容差度和方差膨胀因子可以看出，$(\ln A)^2$ 与 ln$U$ 的容差都小于 0.1(分别为 0.011 与 0.009)，同时 VIF 都很大，说明它们之间存在比较严重的共线性。

再由表 5-6 可以发现，计算条件数 k=3.201/0.005=640.2，说明存在中等程度的共线性。而从方差贡献率同样可以得出$(\ln A)^2$、ln$U$ 出现多个维度的特征值为 0，说明它们之间存在共线性。

由表 5-7 可以看出容差已超出 SPSS17.0 限制，所以将 InA 从模型中剔除。

三、主成分回归

前面通过多种方法进行了诊断，说明该回归模型存在着多重共线性，因此，本章希望采用主成分分析来解决共线性的问题。

在经济实践中，进行多元线性回归分析时经常遇到某个问题是模型中自变量之间的多重共线性问题，而解决此问题的一个方法就是先对模型中的自变量进行主成分分析，并提取一定的主成分，然后再用因变量对所取的主成分进行回归，由于各主成分之间是相互独立的，故不存在多重共线性的问题，最后再将因变量对所提取主成分的回归方程转化为对原自变量的回归方程。这种回归方法就称为主成分回归。

主成分回归的计算步骤：

(1)对原始数据进行无量纲化处理，即数据标准化；

(2)求出自变量的特征值和所对应的标准化正交化的特征向量；

(3)对变量进行主成分分析，得到各主成分的累计方差贡献率，当累计方差贡献率达到 85%时，就可以使用这些主成分来代替原有的自变量；

(4)进行正交变化，获得主成分体系新的自变量；

(5)对新的自变量进行最小二乘法回归；

(6)最终返回原来的自变量，得到回归模型。

前文已对原始数据进行了标准化处理，为了进行主成分回归，需对自变量进行主成分分析，为此计算相关的特征值和特征向量，计算所得主成分分析列在表 5-8 中。

表 5-8　主成分提取表

成分	初始特征值		
	特征值	方差贡献率/%	累计方差贡献率/%
1	3.201	80.015	80.015
2	0.776	19.394	99.409
3	0.018	0.456	99.864
4	0.005	0.136	100.000

数据来源：由 SPSS17.0 因子分析计算所得。

表 5-8 所示的 4 个特征值分别为 $\lambda_1 = 3.201$、$\lambda_2 = 0.776$、$\lambda_3 = 0.018$、$\lambda_4 = 0.005$，前两个特征值的累计贡献率已达到 99.409%，因此提取前两个主成分，与之相对应的成分矩阵如表 5-9 所示。

表 5-9　成分矩阵

成分	$\ln P$	$(\ln A)^2$	$\ln T$	$\ln U$
1	−0.574	0.965	−0.972	0.997
2	0.819	0.249	−0.208	0.028

数据来源：由 SPSS17.0 因子分析计算所得。

之后，计算模型的特征向量与主成分。

与 $\lambda_1 = 3.201$、$\lambda_2 = 0.776$ 这两个特征值所对应的标准化正交特征向量分别为

$$\gamma_1 = \left(\frac{-0.574}{\sqrt{\lambda_1}}, \frac{0.965}{\sqrt{\lambda_1}}, \frac{-0.972}{\sqrt{\lambda_1}}, \frac{0.997}{\sqrt{\lambda_1}} \right) \tag{5.1}$$

$$\gamma_2 = \left(\frac{0.819}{\sqrt{\lambda_2}}, \frac{0.249}{\sqrt{\lambda_2}}, \frac{-0.208}{\sqrt{\lambda_2}}, \frac{0.028}{\sqrt{\lambda_2}} \right) \tag{5.2}$$

利用这两个标准化正交特征向量计算出主成分体系的新的自变量，计算公式如式(5.3)和式(5.4)所示，计算结果如表 5-10 所示。

$$Z_1 = \frac{-0.574}{\sqrt{\lambda_1}} Z_{\ln P} + \frac{0.965}{\sqrt{\lambda_1}} Z_{(\ln A)^2} + \frac{-0.972}{\sqrt{\lambda_1}} Z_{\ln T} + \frac{0.997}{\sqrt{\lambda_1}} Z_{\ln U} \tag{5.3}$$

$$Z_2 = \frac{0.819}{\sqrt{\lambda_2}} Z_{\ln P} + \frac{0.249}{\sqrt{\lambda_2}} Z_{(\ln A)^2} + \frac{-0.208}{\sqrt{\lambda_2}} Z_{\ln T} + \frac{0.028}{\sqrt{\lambda_2}} Z_{\ln U} \tag{5.4}$$

表 5-10　主成分值表

主成分值	1997年	1998年	1999年	2000年	2001年	2002年	2003年	2004年	2005年	2005年	2006年	2007年	2008年
Z_1	−2.777	−2.338	−2.122	−1.616	−0.877	−0.241	0.341	0.944	1.051	1.354	1.755	2.210	2.315
Z_2	0.636	0.672	0.320	0.070	−0.398	−0.733	−0.970	−1.114	−0.926	−0.442	0.011	1.054	1.820

数据来源：结合公式利用 Excel2003 计算所得。

四、模型最终拟合

利用表 5-10 中所提取的 Z_1 和 Z_2 两个主成分值作为自变量，建立碳足迹对这两个主成分的线性回归方程，使用最小二乘法，如表 5-11 所示。

表 5-11　主成分回归系数

变量	非标准化系数		标准化系数	t	P	共线性统计量	
	$\hat{\beta}$	标准误差	β			容差	VIF
常量	4.22×10^{-7}	0.071	—	0.000	1.000	—	—
Z_1	0.522	0.041	0.933	12.675	0.000	1.000	1.000
Z_2	0.310	0.084	0.274	3.715	0.004	1.000	1.000

数据来源：由 SPSS17.0 计算所得。

计算所得回归系数估计值为：$\hat{\beta}_1 = 0.522$，$\hat{\beta}_2 = 0.310$，常数项为 4.22×10^{-7}。观察表 5-11 的共线性统计量，VIF 都是 1.000，说明共线性问题已解决。

于是，将 Z_1 和 Z_2 代入回归方程：

$$Z_{\ln CF} = 0.522Z_1 + 0.310Z_2 + (4.220\times10^{-7}) \tag{5.5}$$

可得

$$\begin{aligned} Z_{\ln CF} = {} & 0.522\left(\frac{-0.574}{\sqrt{\lambda_1}}Z_{\ln P} + \frac{0.965}{\sqrt{\lambda_1}}Z_{(\ln A)^2} + \frac{-0.972}{\sqrt{\lambda_1}}Z_{\ln T} + \frac{0.997}{\sqrt{\lambda_1}}Z_{\ln U}\right) \\ & + 0.310\left(\frac{0.819}{\sqrt{\lambda_2}}Z_{\ln P} + \frac{0.249}{\sqrt{\lambda_2}}Z_{(\ln A)^2} + \frac{-0.208}{\sqrt{\lambda_2}}Z_{\ln T} + \frac{0.028}{\sqrt{\lambda_2}}Z_{\ln U}\right) \\ & + (4.220\times10^{-7}) \end{aligned} \tag{5.6}$$

整理可得

$$Z_{\ln CF} = 0.1207Z_{\ln P} + 0.3692Z_{(\ln A)^2} - 0.3568Z_{\ln T} + 0.3007Z_{\ln U} + (4.220\times10^{-7}) \tag{5.7}$$

最后，根据 $X_i = Z_i\sqrt{D_i} + \overline{X}_i$（标准化的逆运算）返回原来的自变量，计算出相关系数，最终的 STIRPAT 回归方程为

$$\ln CF = 3.2262\ln P + 0.0105(\ln A)^2 - 0.3944\ln T + 0.4766\ln U - 22.3736 \tag{5.8}$$

由式 5.8 可以看出，当常住人口、人均 GDP、单位 GDP 碳足迹和城市化程度各自发生 1%的变化时，将分别对碳足迹产生 3.2262%、0.0105%、−0.3944%与 0.4766%的变化。

在这 4 个解释变量中，常住人口、人均 GDP、城市化程度与碳足迹呈正相关，其中常住人口对碳足迹的解释作用最大，就该模型而言，常住人口对碳足迹的冲击力最为显著，而人均 GDP 与城市化程度的解释作用相对较弱。

而单位 GDP 碳足迹与碳足迹呈现负相关，这与前文所得重庆市碳足迹的经济效率呈现出提高趋势的结果相符。

需要指出的是，由于在模型中$(\ln A)^2$的系数为正数，$\ln A$ 也呈现逐年增加的趋势，因此，重庆市人均 GDP 对碳足迹的弹性系数也呈现出增长趋势，所以，重庆市的碳足迹与人均 GDP 之间并未出现所希望的倒 U 形 EKC 曲线。

第三节　重庆市碳脱钩发展力趋势分析

为了更好地了解重庆市低碳经济发展能力，本节利用前文计算所得 STIRPAT 模型并结合重庆市低碳经济发展的实际情况对“十二五”期间重庆市碳脱钩发展力进行预测分析。

一、重庆市低碳经济发展情景设定

参考重庆市“十二五”规划纲要对重庆市未来 5 年 GDP 增长率、人口增长率、单位 GDP 二氧化碳排放率、城市化率的有关指标进行预测，同时结合全国“十二五”规划纲要中对这几项指标的预测，并以 2010 年各项指标的实际情况为参照，对各项指标进行汇总，具体汇总指标如表 5-12 所示。

表 5-12　基于“十二五”规划各项指标汇总表(%)

项目	GDP 年均增速	人口年均增长率	碳排放效率	城镇化率
重庆市 2010 年(实际)	14.9	3.93	20.9	53
重庆市“十二五”(模拟)	12.5	<5.5	17	60
全国“十二五”(预测)	7	<7.2	17	51.5

数据来源：由《重庆市国民经济和社会发展第十二个五年规划纲要》《中华人民共和国国民经济和社会发展第十二个五年规划纲要》整理所得。

以汇总统计为基础，考虑实际情况，本书对“十二五”期间重庆市低碳经济发展能力提出如下 12 种不同的情景设定。

Ⅰ：基准情景，以重庆市所公布的“十二五”规划为基准，经济增长有所放缓(12.5%)，人口适度增加(5.5%)、碳排放效率平稳下降(17%)、城市化率有所提高(60%)。

Ⅱ：高发展情景，各项指标都高速增加，在“十二五”规划中，重庆市各项指标均飞跃发展，GDP 年均增速为 14.9%、人口年均增长率为 7.2%、碳排放效率为 20.9%、城市化率为 60%；

Ⅲ：低增长情景，各项指标均低速增长，可能在某种不确定因素影响下，全市经济社会发展比较低迷，GDP 年均增速为 7%、人口年均增长率 3.93%、碳排放效率为 17%、城市化率维持在 51.5%。

Ⅳ：在情景Ⅰ的基础下，强调经济高速增长(14.9%)，其他不变。

Ⅴ：在情景Ⅰ的基础下，强调重庆市人口迅速增加(7.2%)，其他不变。

Ⅵ：在情景Ⅰ的基础下，重庆市节能减排提高(20.9%)，其他不变。

Ⅶ：在情景Ⅱ的基础下，重庆市的 GDP 增长有所放缓(12.5%)，其余各项指标均高速增长。

Ⅷ：在情景Ⅱ的基础下，重庆市人口增加速度缓慢(3.93%)；其余各项指标均高速增长。

Ⅸ：在情景Ⅱ的基础下，多项指标均高速增长，但碳排放效率维持在较低的水平(17%)。

Ⅹ：在情景Ⅰ的基础下，重庆市经济增长放缓到全国平均水平(7%)；其余如“十二五”规划提出的预期。

Ⅺ：在情景Ⅰ的基础下，重庆市人口增长下降(3.93%)；其余如“十二五”规划提出的预期。

Ⅻ：在情景Ⅲ的基础下，其他均不变，唯有城市化率达到预期(60%)。

二、重庆市碳脱钩发展力预测

结合对重庆市未来“十二五”期间 12 种情景的预测，分别计算在 2015 年各情景之下的 $\ln P$、$(\ln A)^2$、$\ln T$、$\ln U$，并利用计算所得的 STIRPAT 回归模型(式 5.8)对“十二五”末重庆市碳足迹进行预测，如表 5-13 所示。

对重庆市在“十二五”末碳足迹情景的预测如图 5-2 所示。

表 5-13　12 种情景预测计算与结果汇总表

情景	ln*P*	(ln*A*)²	ln*T*	ln*U*	ln*CF*	*CF*/(×10⁴hm²)
I	8.2795	108.6125	−2.0334	4.0943	8.2314	3757.1528
II	8.3754	109.2542	−2.0816	4.0943	8.5666	5253.0644
III	8.1895	104.2634	−2.0334	3.9703	7.8364	2531.0726
IV	8.2795	111.2684	−2.0334	4.0943	8.2593	3863.4048
V	8.3754	106.6225	−2.0334	4.0943	8.5200	5013.8180
VI	8.2795	108.6125	−2.0816	4.0943	8.2504	3829.1507
VII	8.3754	106.6225	−2.0816	4.0943	8.5389	5109.8972
VIII	8.1895	113.1744	−2.0816	4.0943	8.0081	3005.1083
IX	8.3754	109.2542	−2.0334	4.0943	8.5476	5154.2933
X	8.2795	102.4343	−2.0334	4.0943	8.1665	3521.1615
XI	8.1895	110.4956	−2.0334	4.0943	7.9610	2866.8256
XII	8.1895	104.2634	−2.0816	4.0943	7.9145	2736.6875

数据来源：计算所得。

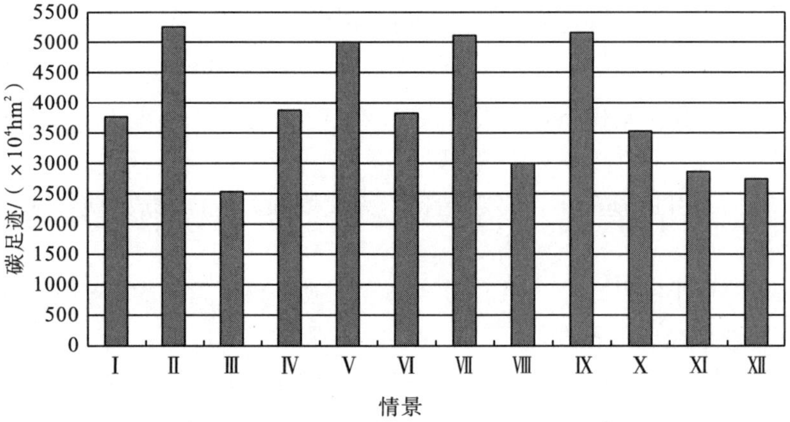

图 5-2　重庆市在“十二五”末的碳足迹预测

三、重庆市碳脱钩发展力测算结果分析

重庆市到“十二五”末，依照基准情景，即情景 I，碳足迹能达 3757.1528 万 hm^2，比 2009 年增加了 2.6 倍左右，而参考重庆市的“十二五”规划纲要，到 2015 年，重庆市的森林面积大约可以增加到 $450\times10^4hm^2$，森林覆盖率提高到 45%，这与 2009 年水平相比较也仅仅提高了 1.6 倍左右，按此估计，2015 年碳中和率为 8.34，比 2009 年仅翻了一番，所以可以断言，在此情景下，重庆市在“十二五”末的碳足迹形势还是比较严峻的，低碳经济发展能力有限。

在图 5-2 中，可以观察到情景Ⅱ、情景Ⅳ、情景Ⅴ、情景Ⅵ、情景Ⅶ、情景Ⅸ的碳足迹高于基准情景(情景Ⅰ)，其中最高的为情景Ⅱ，其碳足迹高达 5253.0644 $\times 10^4 hm^2$，而情景Ⅱ是基于重庆市各项指标都高速增长的条件所设定的，也可以说，这是一种对重庆市 2015 年碳足迹上限的考察，作为这种参考，我们可以清楚地了解，虽然在此情景下，重庆市经济、社会各个方面都得到了提高，但是对重庆市环境也造成了十分严重的影响，这就有悖于低碳经济发展的初衷，又回到了原来以牺牲环境为代价来换取经济高速增长的老路，不利于重庆市经济的可持续发展。而其他的情景是在情景Ⅰ与情景Ⅱ的基础上分别强调某一项指标的变化，但结果造成重庆市碳足迹的增加，对重庆市经济发展而言，不是一种优化的选择。

同样，在这 12 种情景下，到 2015 年，重庆市碳足迹最低的情况出现在情景Ⅲ中，与情景Ⅱ相同，情景Ⅲ也是一种考察性情景，它说明了在最低的经济发展条件之下的情况，因此，在这种低增长的情景下，重庆市的碳足迹仅为 2531.0726 $\times 10^4 hm^2$，分别比情景Ⅰ少了 1226.0802 $\times 10^4 hm^2$、比情景Ⅱ少了 2721.9918 $\times 10^4 hm^2$，但是，这样的情景也不是我们所希望的，因为在此条件下，重庆市的经济发展将过度放缓，不利于重庆市的城市建设与人民生活水平的提高。

低于标准情景的还有情景Ⅷ、情景Ⅹ、情景Ⅺ与情景Ⅻ。这 4 种情景都是优化情景，在情景Ⅷ中，维持各项经济指标高速增长的同时单独把重庆市人口增长率控制在 2010 年 3.93%的水平，就使碳足迹维持在 $3\times 10^7 hm^2$ 左右的水平；而情景Ⅹ和情景Ⅺ，都是在情景Ⅰ的基础上分别放低 GDP 与人口的增长水平，都使重庆市的碳足迹有一定的下降；而情景Ⅻ是基于假设重庆市各项指标处于较低的水平，但是重庆市所实施的城乡统筹的目的依旧完成的境况所设定的，可以看出，在此情景下，碳足迹比较低，为 $2736.6875\times 10^4 hm^2$。

综上所述，基于重庆市“十二五”规划，既保证重庆市经济的合理增长又控制碳足迹的过快增长，使之与低碳经济增长所适应，重庆市可以采取如下几项措施。

(1) 如果要保障重庆市经济、社会相对快速增长，可以选择适当控制重庆市 GDP 或人口的增长速度，如情景Ⅹ与情景Ⅵ。

(2) 如果重庆市需要经济高速增长，可以适度控制人口增长率，如情景Ⅷ。

(3) 如果为了追求重庆市环境压力的改善，重庆市经济可以考虑如情景Ⅻ的保守增长，以求维持较低的碳足迹。

总之，无论选择哪一条增长路径，都是为了重庆市低碳经济的健康发展，为了重庆市的可持续发展。

第四节　长江上游地区碳脱钩发展力分析

在讨论了重庆市碳脱钩发展力之后，下面利用 Tapio 模型和 EKC 曲线方法，考察长江上游地区的经济增长与碳排放关系的变化，探寻其中的脱钩关系，分析长江上游地区碳脱钩发展力状况，相关数据参见本章附录数据表。

一、长江上游地区的经济增长与碳排放关系的变化

从图 5-3 中可以看出，长江上游地区 2001～2010 年地区总产值与碳排放的变化趋势，整体来看，两者之间的变化关系还是比较一致的，并未出现我们所期望的明显脱钩现象，但是还是可以看到，2004 年之后经济的增长速度基本快于碳排放的增长速度，存在着相对脱钩的情况。

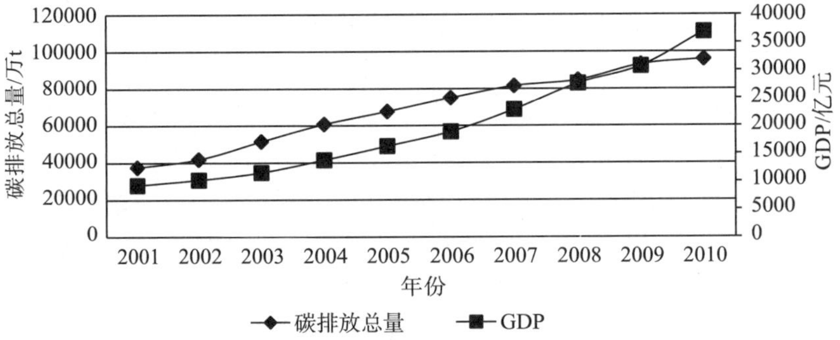

图 5-3　2001～2010 年长江上游地区 GDP 与碳排放总量的变化趋势

二、长江上游地区碳脱钩发展力变化趋势

依据以上数据与 Tapio 脱钩指数公式可以计算出脱钩指数，再利用指标评价方法对 2001～2010 年长江上游地区经济增长与碳排放之间变化进行脱钩评价，计算与评价结果如表 5-14 所示。

表 5-14　2001～2010 年长江上游地区脱钩指数变化趋势一览表

年份	Δ*CF*	Δ*CF*/*CF*	ΔGDP	ΔGDP/GDP	脱钩指数 *r*	脱钩状态
2002	4255.87	0.10	940.52	0.09	1.11	增长联结
2003	9601.95	0.19	1317.00	0.11	1.64	扩张负脱钩

续表

年份	ΔCF	$\Delta CF/CF$	ΔGDP	ΔGDP/GDP	脱钩指数 r	脱钩状态
2004	9261.74	0.15	2243.88	0.16	0.94	增长联结
2005	6908.81	0.10	2487.82	0.15	0.67	弱脱钩
2006	7397.51	0.10	2604.62	0.14	0.72	弱脱钩
2007	6523.06	0.08	3970.56	0.17	0.46	弱脱钩
2008	3148.26	0.04	4753.42	0.17	0.22	弱脱钩
2009	8453.92	0.09	3115.15	0.10	0.90	增长联结
2010	2874.52	0.03	6173.68	0.17	0.18	弱脱钩

从表 5-14 可以看出，长江上游地区碳排放脱钩在 2002～2010 年变化趋势明显，呈现由扩张负脱钩、增长联结到弱脱钩的发展态势。2002～2003 年，环境压力与经济增长的脱钩关系由增长联结进入扩张负脱钩阶段，表明二氧化碳排放对环境的影响速度大大超过了经济增长的速度，其经济增长是建立在对资源大量使用的基础上的，较低的能源利用效率使得环境状况非常差。而 2004 年的脱钩状态为增长联结，说明此年度经济增长和环境污染的步伐接近一致，这是一般情况下的愿景，即经济与环境影响以及资源消耗同时都有所增长，资源利用率未获提高。2005～2008 年，脱钩关系进入弱脱钩阶段，这也是近十年来脱钩状态最好的阶段，这是比较好的愿景，表明在这一时间段内，长江上游地区在节能减排及产业耗能结构调整方面进步重大，碳排放强度不断降低，经济增长对环境造成的压力总体趋缓。但是 2009 年碳排放脱钩关系为增长连接，出现反弹，其主要原因可能是 2008 年全球经济危机，中央以及地方政府通过对固定资产的巨额投资来刺激经济增长，当年碳排放急剧增长可能长江上游地区对基础建设的巨额投资所导致，并不具备普遍性。因此，从总体上看，长江上游地区在降低碳排放强度上呈现不断进步趋势，说明 10 年间长江上游地区粗放式的经济增长方式不断改善。尤其是在“十一五”期间，我国明确提出单位 GDP 能耗降低 20%的目标，国家政策对长江上游地区低碳经济发展产生显著影响，其在抑制高耗能行业上成效显著。自 2005 年开始，长江上游地区多数年份碳排放与经济增长的脱钩关系均处于弱脱钩阶段，原有粗放式的经济增长方式正逐步向低碳化和集约型的低碳经济发展模式转变。

本 章 小 结

上述研究发现，重庆市的经济增长与碳足迹之间总体上存在脱钩现象，但在大多数年份都是以弱脱钩的形式出现，即在弹性值比照表中 $0<r<0.8$，就是表明经

济增长的速度高于碳足迹的增长速度，但是差距不是十分明显。具体到各年的脱钩指数之间呈现出不平稳的现象，1997 年、1999 年、2000 年 3 个年度的脱钩指数小于 0，出现了强脱钩的现象，但是 1998 年的脱钩指数高达 2.356，出现了扩张负脱钩，这种趋势可能与重庆市在直辖之后追求经济增长有关。自 2001 年之后，脱钩指数基本维持在 0～0.8，即弱脱钩，可见从 2001 年之后重庆市经济增长与碳足迹之间的关系处于一种比较稳定的态势，其中的 2004 年，脱钩指数再一次大于 1.2，出现了扩张负脱钩。总之，虽然个别年份出现了扩张负脱钩，但重庆市经济增长与碳足迹之间大体上呈现了脱钩的现象，表明重庆市经济增长速度高于所带来的环境压力，但是这种脱钩主要是弱脱数，变化趋势不明显。

利用 STIRPAT 模型来分析重庆市的碳足迹与人均 GDP 之间是否存在倒 U 形的 EKC 曲线，将城市化率（U）引入该模型，发现常住人口、人均 GDP、城市化程度与碳足迹呈正相关，其中常住人口对碳足迹的解释作用最大，说明常住人口对碳足迹的冲击力最为显著，而人均 GDP 与城市化程度的解释作用相对较弱。单位 GDP 碳足迹与碳足迹呈负相关，这与前文所得重庆市碳足迹的经济效率呈现的升高趋势相符。由于在模型中 $(\ln A)^2$ 的系数为正数，$\ln A$ 也呈现逐年增加的趋势，重庆市的碳足迹与人均 GDP 之间并未出现所希望的倒 U 形 EKC 曲线。

同样的研究发现，长江上游地区 2001～2010 年地区总产值与碳排放的变化趋势并未出现明显的脱钩现象，但从 2004 年之后经济的增长速度基本快于碳排放的增长速度，存在着相对脱钩的情况。

附　　录

附表 5-1　长江上游三省一市 2001～2010 年煤炭消耗总量　（单位：万 t）

地区	2001	2002	2003	2004	2005	2006	2007	2008	2009	2010
重庆	2736	3053	2646	2904	4196	4690	5110	5273	5782	6397
四川	4650	5462	7254	8189	8513	9160	10191	10727	12147	11520
贵州	4946	5199	6794	7994	7921	8995	9573	9732	10912	10908
云南	3101	3556	4614	5689	6682	7482	7620	7916	8886	9349

附表 5-2　长江上游三省一市 2001～2010 年焦炭消耗总量　（单位：万 t）

地区	2001	2002	2003	2004	2005	2006	2007	2008	2009	2010
重庆	191.05	189.72	187.73	191.42	388	329.2	323.4	342.4	334.1	299.5

续表

地区	2001	2002	2003	2004	2005	2006	2007	2008	2009	2010
四川	487.81	541.2	625.58	813.32	894.5	1003.7	1144.1	1119.1	1122	1353.6
贵州	225.34	234.4	239.99	269.06	254.3	338.1	446	451	367.8	380.4
云南	380.36	590.14	759.23	1046.32	1223.4	1252	1377.4	1331.4	1276.3	1231.2

附表 5-3　长江上游三省一市 2001～2010 年汽油消耗总量　（单位：万 t）

地区	2001	2002	2003	2004	2005	2006	2007	2008	2009	2010
重庆	64.14	65.41	65.87	76.37	78	86	86	97	91	103
四川	157.96	171.47	181.66	204.02	224	269	330	376	463	542
贵州	47.83	50.48	58.94	67.23	72	81	106	123	130	143
云南	111.47	97.6	106.1	111.47	123	128	158	179	193	232

附表 5-4　长江上游三省一市 2001～2010 年煤油消耗总量　（单位：万 t）

地区	2001	2002	2003	2004	2005	2006	2007	2008	2009	2010
重庆	8.33	8.53	8.58	12.53	12.3	23.01	27.01	30.44	34.06	41.78
四川	43.62	56.13	72.14	78.99	93.56	105.83	128.62	126.61	155.07	173.31
贵州	2.36	2.29	2.55	2.69	2.64	9.63	3.57	2.95	2.95	8.94
云南	20.55	18.95	20.02	23.5	28.71	35.06	36.18	38.19	37.24	47.44

附表 5-5　长江上游三省一市 2001～2010 年柴油消耗总量　（单位：万 t）

地区	2001	2002	2003	2004	2005	2006	2007	2008	2009	2010
重庆	64.31	68.91	73.15	169.57	180	187	234	258	274	339
四川	194.86	196.43	226.98	269.71	287	355	394	474	538	525
贵州	82.85	89.23	104.41	108.4	132	172	184	226	235	265
云南	144.45	179.35	207.45	238.69	284	332	382	412	438	562

附表 5-6　长江上游三省一市 2001～2010 年燃料油消耗总量　（单位：万 t）

地区	2001	2002	2003	2004	2005	2006	2007	2008	2009	2010
重庆	3.24	3.24	2.99	4.32	3.61	2.66	7.84	8.14	7.59	8.61
四川	12.42	12.42	11.13	8.11	8.08	9.5	7.17	12.6	13.34	62.82
贵州	7.67	7.67	9.94	10.34	10.39	12.01	21.19	23.16	13.47	14.43
云南	8.53	8.53	5.69	7.54	3.91	4.72	5.04	5.2	5.16	5.62

附表 5-7　长江上游三省一市 2001～2010 年天然气消耗总量　　（单位：亿 m^3）

地区	2001	2002	2003	2004	2005	2006	2007	2008	2009	2010
重庆	26.56	27.33	28.75	30.34	35.5	40.05	43.53	48.75	49.47	56.42
四川	63.07	69.96	74.68	80.64	89.52	106.08	112.15	108.94	126.99	175.26
贵州	6	5.48	5.45	4.99	5.05	4.98	5.14	4.74	4.18	4.14
云南	5.29	5.14	5.6	5.76	6.12	5.45	5.49	5.28	4.52	3.64

附表 5-8　长江上游三省一市 2001～2010 年 CO_2 排放总量　　（单位：万 t）

地区	2001	2002	2003	2004	2005	2006	2007	2008	2009	2010
重庆	7004	7663	6897	7807	11115	12090	13147	13761	14800	16331
四川	13492	15501	19632	22517	23837	26307	29473	30928	34784	35825
贵州	11036	11581	14833	17324	17225	19783	21381	21890	23976	24161
云南	8287	9886	12611	15747	18440	20283	21191	21795	23650	24950

附表 5-9　长江上游地区能源消费总量

年份	煤炭/万 t	焦炭/万 t	原油/万 t	汽油/万 t	煤油/万 t	柴油/万 t	燃料油/万 t	天然气/亿 m^3
2001	15433	1284.56	55.99	381.40	74.86	486.47	31.86	100.92
2002	17066	1555.46	58.03	384.96	85.90	533.92	31.98	107.91
2003	21307	1812.53	75.94	412.57	103.29	611.99	29.75	114.48
2004	24775	2320.12	115.53	459.09	117.71	786.37	30.31	121.73
2005	27312	2760.2	143.74	496.83	137.21	883.68	25.99	136.19
2006	30327	2923.0	178.2	564.7	173.5	1044.7	28.9	156.6
2007	32494	3290.79	240.19	680.82	195.38	1194.53	41.24	166.31
2008	33648	3243.9	285.57	774.80	198.18	1370.00	49.10	167.71
2009	37727	3100.2	315.76	876.72	229.32	1484.40	39.56	185.16
2010	38175	3264.8	351.82	1020.30	271.47	1690.31	91.47	239.47

附表 5-10　长三角地区能源消费总量

年份	煤炭/万 t	焦炭/万 t	原油/万 t	汽油/万 t	煤油/万 t	柴油/万 t	燃料油/万 t	天然气/亿 m^3
2001	19100	1193.07	3796.49	597.91	75.57	1059.42	893.65	3.53
2002	20366	1151.06	4073.63	684.92	119.51	1118.21	856.44	5.34
2003	23133	1202.80	4877.22	803.56	128.76	1272.24	1093.98	5.59
2004	26778	1540.9	5571.12	863.91	198.88	1496.49	1278.46	14.15
2005	32146	2387.2	6344.80	1012.70	285.53	1630.96	1329.33	34.59
2006	35168	2917.7	6250.3	1113.5	326.9	1774.2	1247.3	65.8
2007	38484	3075.0	6422.30	1236.02	365.75	1859.22	1312.49	90.63

续表

年份	煤炭/万 t	焦炭/万 t	原油/万 t	汽油/万 t	煤油/万 t	柴油/万 t	燃料油/万 t	天然气/亿 m^3
2008	39242	3089.4	6552.03	1377.66	397.82	1971.89	1226.59	110.83
2009	39584	3403.4	7104.42	1482.80	437.18	2036.28	1249.42	116.25
2010	42926	3823.6	7960.46	1751.91	505.18	2195.33	1232.47	148.39

第六章　长江上游地区制造业低碳发展 DSR 驱动力实证

低碳经济发展的 DSR 驱动力是经济发展驱动-技术进步促进-环境影响改善的循环互动，推动经济增长和碳减排实现可持续发展上台阶，主要通过由低碳经济、低碳技术、低碳环境三大类指标构建的 DSR 驱动力模型来分析考察。同时，考察 DSR 驱动力关联效应，即通过经济发展驱动-技术进步促进-环境影响改善所促进的某一产业投入产出关系的低碳化变动对其他产业投入产出低碳化水平的波及情况。

本章收集整理了 2000～2012 年的《中国统计年鉴》《中国能源统计年鉴》以及四川、重庆、贵州、云南、浙江、江苏和上海等省市的统计年鉴及各种政府网站的相关数据(参见本章附录数据表)，并引入该系列数据对长江上游地区制造业低碳发展 DSR 驱动力进行分析。通过对长江上游地区和长三角地区制造业低碳发展 DSR 驱动力的比较分析，进一步讨论了低碳发展 DSR 驱动力关联效应在此类区域的表现。

第一节　长江上游地区制造业低碳发展 DSR 驱动力

一、制造业低碳发展 DSR 驱动力构成

制造业低碳发展 DSR 驱动力主要由反映低碳经济水平、低碳技术水平、低碳环境水平等内涵的相关指标构成。

(一)低碳经济水平

严格参照第三章所介绍的相关指标计算方法，分别以 X_{11} 表示制造业产值占地区生产总值的比例(%)，制造业产值占地区生产总值的比例=制造业产值/地区 GDP；X_{12} 表示制造业在岗职工人数占总就业人数的比例(%)；X_{13} 表示制造业产品出口总额占产品出口总额的比例(%)；X_{14} 表示制造业外商投资额占当年外商投资

总额的比例(%)，该指标采用的是实际投资额；X_{15} 表示制造业能源消费占能源消费总量的比例(%)，制造业能源消费占能源消费总量的比例=制造业能源消费量/能源消费总量。按照已建立的指标体系，长江上游地区 2000～2011 年制造业低碳发展的经济水平情况如表 6-1 中 X_{11}～X_{15}，长三角地区 2000～2011 年的制造业低碳发展的经济水平情况如表 6-2 中 X_{11}～X_{15}，两者均采用地区制造业各年实际总值方式来表示整个地区的情况。

表 6-1　2000～2011 年长江上游地区低碳经济 DSR 驱动力系数

年份	X_{11}	X_{12}	X_{13}	X_{14}	X_{15}	X_{21}	X_{22}	X_{23}	X_{24}	X_{25}	X_{31}	X_{32}	X_{33}	X_{34}
2000	42.48	11.60	28.36	28.61	66.87	3.48	3.87	3.31	0.69	2.23	14.43	2.83	0.53	2.16
2001	41.83	11.44	35.37	30.24	72.39	3.34	3.96	3.30	0.73	2.23	15.93	3.29	3.94	2.10
2002	41.99	11.65	30.16	29.77	73.75	3.67	4.00	3.57	0.70	2.12	16.41	3.88	3.01	1.98
2003	43.74	11.60	29.74	26.55	77.21	3.77	4.36	4.32	1.18	2.14	17.36	4.36	3.83	2.05
2004	43.66	11.79	34.62	37.48	78.09	3.99	4.31	4.99	1.04	2.21	20.34	5.20	3.33	2.14
2005	47.66	11.61	34.76	32.61	75.91	4.00	4.14	5.37	1.19	2.17	22.31	5.96	6.05	2.02
2006	50.94	12.13	33.14	36.26	75.20	4.20	3.97	5.67	0.77	2.09	24.29	6.34	8.03	2.51
2007	52.60	13.41	36.95	35.15	74.22	4.56	3.56	5.50	0.69	2.07	27.01	6.55	7.89	2.90
2008	52.43	13.71	35.84	34.71	75.36	4.99	3.06	5.54	0.50	2.08	29.44	7.23	5.97	3.33
2009	52.37	14.07	38.34	37.28	75.62	5.00	3.03	5.87	0.58	2.12	31.17	8.10	9.88	3.05
2010	55.57	14.30	36.66	35.40	72.76	5.21	2.60	5.72	0.55	2.12	34.13	9.09	5.10	3.17
2011	55.22	14.32	37.84	37.64	69.83	5.10	3.01	6.20	0.53	2.14	37.37	10.73	4.48	3.46

表 6-2　2000～2011 年长三角地区低碳经济 DSR 驱动力系数

年份	X_{11}	X_{12}	X_{13}	X_{14}	X_{15}	X_{21}	X_{22}	X_{23}	X_{24}	X_{25}	X_{31}	X_{32}	X_{33}	X_{34}
2000	45.17	31.79	54.01	81.70	56.88	3.26	2.79	4.03	0.78	2.60	24.40	19.72	3.54	2.25
2001	44.61	32.29	49.71	77.29	61.96	3.53	2.84	4.15	0.84	2.58	25.00	20.01	3.14	2.25
2002	44.72	32.53	59.00	80.96	61.83	3.82	2.67	3.93	0.61	2.36	28.97	23.28	3.98	2.36
2003	46.49	33.53	57.00	77.40	62.39	3.91	2.59	5.10	0.87	2.42	31.93	27.01	4.10	2.39
2004	47.80	34.32	54.70	71.85	57.20	4.08	2.50	5.82	0.90	2.42	34.33	30.44	4.13	2.45
2005	48.04	34.68	46.01	65.18	65.34	4.11	2.51	6.76	0.97	2.43	36.57	33.52	4.01	2.41
2006	48.42	19.74	47.00	65.11	58.17	4.48	2.32	7.11	0.62	2.38	38.17	36.42	4.15	2.39
2007	47.76	21.21	46.00	62.58	58.59	5.01	2.10	7.54	0.62	2.32	38.83	34.96	4.20	2.40
2008	46.87	21.39	53.25	65.42	57.63	5.54	1.84	7.76	0.43	2.28	39.43	36.76	4.22	2.40
2009	44.68	21.34	57.76	65.85	56.08	5.20	1.75	6.98	0.37	2.30	39.10	37.68	4.23	2.39
2010	45.27	22.13	50.12	68.98	54.68	5.11	1.61	7.25	0.48	2.38	39.53	38.63	5.98	2.37
2011	45.18	21.81	38.85	65.20	54.72	5.18	1.96	7.45	0.37	2.40	39.57	39.98	7.68	2.40

（二）低碳技术水平

首先，用代数值表示技术水平的各项指标，X_{21} 代表碳生产力（万元/t），碳生产力=GDP/碳排放总量；X_{22} 代表碳排放强度（t/万元），碳排放强度＝碳排放总量/地区生产总值；X_{23} 代表制造业人均碳排放量（t/人），由该地区制造业碳排放总量除以该地区制造业从业人数得到；X_{24} 代表能源消费弹性系数（%），能源消费弹性系数=能源消费增长速度/GDP 增长率，有些省市有直接的统计数据，因此便直接运用原始统计值，没有统计数据的再根据推导公式计算；X_{25} 代表碳排放系数（%）。另外，需要说明的是，本章根据《2006 年 IPCC 国家温室气体清单指南》及第三章的概念介绍，结合统计数据特点，采用以下公式计算长江上游地区制造业的碳排放总量：

$$C=\sum E_i \times F_i \tag{6.1}$$

式中，C 为碳排放量；E_i 为第 i 类能源碳排放量，按标准煤计，单位为 10^4t；F_i 为第 i 类能源碳排放系数，i 为能源种类。按照已建立的指标体系，长江上游地区 2000～2011 年制造业低碳发展的技术水平情况见表 6-1 中 X_{21}～X_{25}，长三角地区 2000～2011 年的制造业低碳发展的技术水平情况见表 6-2 中 X_{21}～X_{25}。

（三）低碳环境水平

首先，用代数值表示环境状况的各项指标，X_{31} 表示绿化覆盖率（%），绿化覆盖率（%）=城市绿地总面积/城市用地总面积×100%，该指标在一些省市的统计年鉴中有直接表示，因此本书采用了原始统计值；X_{32} 表示人均绿地面积（m^2/人），人均绿地面积=公园绿地面积/城市人口数量，本书采用的统计值为已建成的绿地面积；X_{33} 表示可再生能源占能源结构的比例（%），由于可再生能源在有些省市中没有完全统计到，因此本书采用单位总数 1 减去不可再生能源的占比来表示；X_{34} 表示煤炭在能源消耗结构中所占的比例（%）。按照已建立的指标体系，长江上游地区 2000～2011 年的制造业低碳发展的环境水平情况见表 6-1 中 X_{31}～X_{34}，长三角地区 2000～2011 年的制造业低碳发展的环境水平情况见表 6-2 中 X_{31}～X_{34}。

以上数据 2000～2010 年部分均由统计年鉴中的原始数据参照第三章计算方法得到，2011 年部分数据由往年变化趋势结合相关文献采用科学方法计算获得。

二、长江上游地区和长三角地区制造业低碳发展 DSR 驱动力分析

（一）低碳经济驱动力

1. 长江上游地区

利用统计分析软件 SPSS17.0 对长江上游地区制造业低碳经济发展状况相关

数据进行分析。根据表 6-1 中 X_{11}～X_{15} 的数据及第三章主成分分析法的步骤，首先，求出各个指标的相关系数矩阵(表 6-3)，对原有指标进行相关性分析。

表 6-3 相关系数矩阵

	X_{11}	X_{12}	X_{13}	X_{14}	X_{15}
X_{11}	1.000	0.627	0.603	0.845	0.752
X_{12}	0.627	1.000	0.983	0.862	0.938
X_{13}	0.607	0.983	1.000	0.849	0.915
X_{14}	0.845	0.862	0.849	1.000	0.953
X_{15}	0.752	0.938	0.915	0.953	1.000

由上述相关系数矩阵可知，X_{12} 与 X_{13}、X_{12} 与 X_{15}、X_{14} 与 X_{15} 的相关系数分别为 0.983、0.938、0.953，它们的绝对值都在 0.90 以上，这表明这些指标间存在较强相关性。因此我们可以对这些指标进行主成分分析，得出能够代表长江上游地区制造业低碳发展经济水平的若干个主成分因子。

根据 Bartlett's 球形检验和 KMO(Kaiser-Meyer-Olkin)检验，判断原有数据是否适合进行因子分析。结果发现，Bartlett's 球形检验统计量观测值为 52.657，相应概率 p 接近 0，如果显著性水平 α 为 0.05，则由于概率 p 小于显著性水平 α，应拒绝零假设，认为相关系数矩阵与单位矩阵有显著性差异。同时 KMO 检验值为 0.794，根据 Kaiser 给出的 KMO 一般度量标准，因子分析结果可以接受。

样本相关矩阵的特征值也被称为主成分的方差贡献率，特征值越大，主成分对子系统的解释能力越强。主成分的方差贡献率表示主成分方差占原有变量总方差的比例。在以后的计算中，它会被直接用来充当主成分的权重，与主成分一起，最终得出子系统的得分。

由表 6-3 和表 6-4 可知，只有第一主成分的特征值大于 1，且第一主成分的贡献率已经达到 84.769%，即保留了原有指标 84.769%的信息，说明第一主成分就能够说明全部指标的信息。所以在制造业低碳经济水平指数的测算中只取第一主成分，并计算出相应的主成分得分系数。

表 6-4 R 的特征值、贡献率和累计贡献率

主成分	初始特征值		
	特征值	方差贡献率/%	累计方差贡献率/%
1	3.270	84.769	84.769
2	0.480	10.420	97.203
3	0.037	0.678	98.698
4	0.038	0.678	99.769
5	0.020	0.231	100.000

注：提取方法为主成分分析。

在第一主成分中，X_{12}、X_{13}、X_{14}、X_{15} 的系数均在 0.9 以上，特别是 X_{12}、X_{14} 和 X_{15} 3 个指标，均在 0.95 以上，因此第一主成分主要反映长江上游地区制造业对外贸易的能源消耗情况。

计算各主成分得分和综合得分。主成分得分是由其单位特征向量中的元素与相对应的标准化变量线性组合而成的。根据回归法计算出主成分得分系数，可以得出以下函数：

$$F_1=0.796X_{11}+0.948X_{12}+0.939X_{13}+0.958X_{14}+0.977X_{15}$$

SPSS 根据主成分得分函数自动计算各个样本的主成分得分。在计算综合得分时，应给不同的主成分以不同的权数，这里以主成分的方差贡献率作为权数，于是有下面的计算公式：低碳经济综合得分=0.8477F_1，由此计算得到长江上游地区制造业低碳发展 DSR 驱动力之经济驱动力综合得分，如表 6-5 所示。

表 6-5　长江上游地区制造业低碳发展 DSR 驱动力之经济驱动力综合得分

	2000 年	2001 年	2002 年	2003 年	2004 年	2005 年	2006 年	2007 年	2008 年	2009 年	2010 年	2011 年
主成分 1	−2.077	−2.003	−1.712	−1.244	−0.641	−0.272	−0.033	0.089	0.904	1.276	1.311	1.462
综合得分	−2.118	−2.094	−1.758	−1.166	−0.478	−0.156	0.007	0.577	0.818	1.473	1.522	1.698

2. 长三角地区

以同样的方法对长三角地区制造业低碳发展 DSR 驱动力之经济驱动力进行相关测量。根据表 6-2 中 X_{11}～X_{15} 的数据及第三章主成分分析法的步骤，计算各主成分得分和综合得分，主成分得分是由其单位特征向量中的元素与相对应的标准化变量线性组合而成的。根据回归法计算出的主成分得分系数，可以得出以下函数：$F_1=0.807X_{11}+0.953X_{12}+0.941X_{13}+0.967X_{14}+0.980X_{15}$。

SPSS 根据主成分得分函数自动计算各个样本的主成分得分。在计算综合得分时，应给不同的主成分以不同的权数，这里以主成分的方差贡献率作为权数，于是有下面的计算公式：低碳经济水平综合得分=0.8681F_1，由此测算出长三角地区制造业低碳发展 DSR 驱动力之经济驱动力综合得分，如表 6-6 所示。

表 6-6　长三角地区制造业低碳发展 DSR 驱动力之经济驱动力综合得分

	2000	2001	2002	2003	2004	2005	2006	2007	2008	2009	2010	2011
主成分 1	−1.349	−1.240	−0.951	−0.123	−0.056	0.523	0.920	1.076	1.201	1.275	1.361	1.422
综合得分	−1.171	−1.076	−0.826	−0.107	−0.049	0.454	0.799	0.934	1.042	1.327	1.586	1.744

综上，2000～2011 年长江上游地区与长三角地区制造业低碳发展 DSR 驱动力之经济驱动力趋势用图 6-1 进行直观表示。

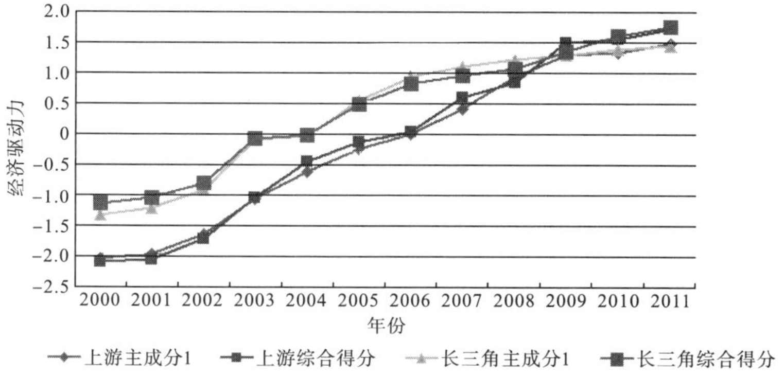

图 6-1　2000～2011 长江上游地区与长三角地区制造业低碳发展 DSR 驱动力之经济驱动力趋势

如图 6-1 所示，从制造业低碳发展 DSR 驱动力之经济驱动力趋势上看，长江上游地区的总体水平处于上升趋势，2000～2006 年，同一时期的长江上游地区和长三角地区制造业低碳经济均呈现略为缓慢的上升趋势，据分析，这可能是由于我国加入 WTO（World Trade Organization，世界贸易组织）(2001 年)后，长三角地区作为我国沿海地区，经历了新一轮的重工业化，出口高速增长，特别是石油加工、金属冶炼等能源消费大户迅速扩张，导致碳排放量、碳生产力、能源消费等迅速增加，使得这一阶段的低碳经济综合指数上涨趋势变缓；在 2006 年后，长江上游地区和长三角地区制造业低碳经济的上涨趋势均有一定程度的复苏，主要源于这一时期国家对能源产业的宏观调控，控制污染排放、增加绿化、对高污染的企业进行改制等措施产生了一定的成效。

(二)低碳技术驱动力

与前面的评价方式一致，根据表 6-1 中 X_{21}～X_{25} 的数据及第三章主成分分析法的步骤，计算各主成分得分和综合得分，主成分得分是由其单位特征向量中的元素与相对应的标准化变量线性组合而成的。根据回归法计算出的主成分得分系数，可以得出以下函数：

$$F_1=-0.773X_{21}+0.930X_{22}-0.879X_{23}+0.503X_{24}+0.854X_{25}$$

SPSS 根据主成分得分函数自动计算样本的主成分得分。在计算综合得分时，应给不同的主成分以不同的权数，这里以主成分的方差贡献率作为权数，于是有下面的计算公式：低碳技术水平综合得分=0.8181F_1，由此计算得到长江上游地区制造业低碳发展 DSR 驱动力之技术驱动力综合得分，如表 6-7 所示。

表 6-7　长江上游地区制造业低碳发展 DSR 驱动力之技术驱动力综合得分

	2000 年	2001 年	2002 年	2003 年	2004 年	2005 年	2006 年	2007 年	2008 年	2009 年	2010 年	2011 年
主成分 1	−2.679	−2.265	−1.763	−1.481	−0.506	−0.253	0.186	1.294	1.568	1.998	2.507	2.763
综合得分	−2.180	−1.775	−1.376	−1.203	0.073	0.109	0.415	0.741	1.238	1.560	1.676	1.754

以同样的方法对长三角地区制造业低碳发展 DSR 驱动力之技术驱动力进行相关测量，根据表 6-2 中 X_{21}～X_{25} 的数据及第三章主成分分析法的步骤，计算各主成分得分和综合得分，主成分得分是由其单位特征向量中的元素与相对应的标准化变量线性组合而成的。根据回归法计算出主成分得分系数，可以得到以下函数：

$$F_1=-0.992X_{21}+0.996X_{22}-0.925X_{23}+0.444X_{24}+0.872X_{25}$$

SPSS 根据主成分得分函数自动计算样本的主成分得分。在计算综合得分时，应给不同的主成分以不同的权数，这里以主成分的方差贡献率作为权数，于是有下面的计算公式：低碳技术水平综合得分=$0.7581F_1$，由此计算得到长三角地区制造业低碳发展 DSR 驱动力之技术驱动力综合得分，如表 6-8 所示。

表 6-8　长三角地区制造业低碳发展 DSR 驱动力之技术驱动力综合得分

	2000 年	2001 年	2002 年	2003 年	2004 年	2005 年	2006 年	2007 年	2008 年	2009 年	2010 年	2011 年
主成分 1	−1.520	−1.031	−0.684	−0.317	0.057	0.144	0.753	1.089	1.510	2.006	2.473	2.902
综合得分	−1.132	−0.768	−0.510	−0.236	0.042	0.107	0.561	0.811	1.124	1.436	1.668	1.902

上述技术驱动力可用图 6-2 进行直观表示。

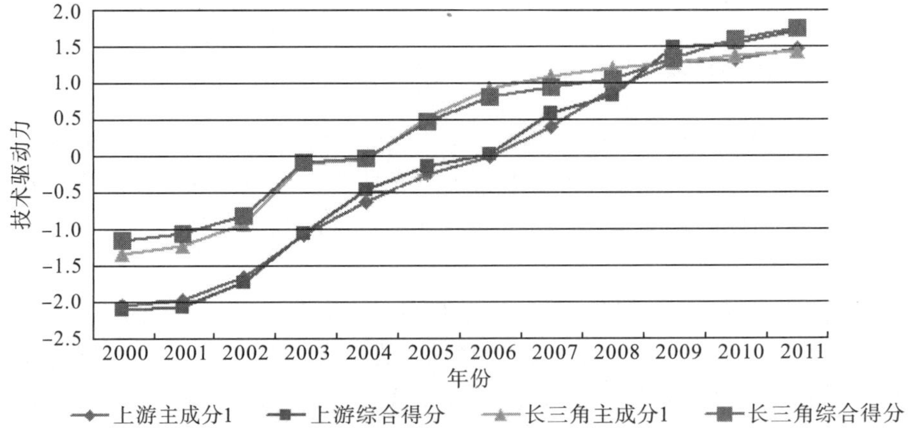

图 6-2　2000～2011 年长江上游地区与长三角地区制造业低碳发展 DSR 驱动力之技术驱动力趋势

如图 6-2 所示，比较制造业低碳发展 DSR 驱动力之技术水平驱动力趋势，长江上游地区制造业的低碳技术指数总体呈现持续上升的趋势。但是在 2000～2005 年低碳技术指数涨幅较平稳，2004 年后，随着长三角地区制造业的新一轮飞速发展，为了保证经济的持续增长，不得不消耗大量的能源，能源消费呈现飞速增长趋势；加上尾气处理的技术问题，碳排放量也飞速增加，使得长江上游地区制造业低碳技术指数的涨幅减缓。2006 年后，长三角制造业低碳经济保持平稳较快的发展，得益于产业结构调整、节能政策落实、生态环境改善等。2009 年后，长江上游地区低碳经济水平上升趋势较迅速，甚至和长三角地区相比有略微优势，说明政府在保证经济发展的同时鼓励发展新型产业，提倡使用低碳能源，有效地抓节能促减排。

（三）低碳环境驱动力

根据表 6-1 中 X_{31}～X_{34} 的数据及第三章主成分分析法的步骤，计算各主成分得分和综合得分，主成分得分是由其单位特征向量中的元素与相对应的标准化变量线性组合而成的。根据回归法计算出主成分得分系数，可以得出以下函数：

$$F_1=0.932X_{31}+0.952X_{32}+0.914X_{33}-0.452X_{34}$$

SPSS 根据主成分得分函数自动计算样本的主成分得分。在计算综合得分时，应给不同的主成分以不同的权数，这里以主成分的方差贡献率作为权数，于是有下面的计算公式：低碳环境水平综合得分=0.6988F_1，由此计算得到长江上游制造业低碳发展 DSR 驱动力之环境驱动力综合得分，如表 6-9 所示。

表 6-9　长江上游地区制造业低碳发展 DSR 驱动力之环境驱动力综合得分

	2000 年	2001 年	2002 年	2003 年	2004 年	2005 年	2006 年	2007 年	2008 年	2009 年	2010 年	2011 年
主成分 1	−1.169	−1.037	−0.944	−0.597	0.064	0.483	0.769	1.033	1.404	1.797	2.091	2.365
综合得分	−0.765	−0.721	−0.688	−0.471	0.086	0.343	0.667	0.856	0.995	1.072	1.218	1.391

以同样的方法对长三角地区制造业低碳发展 DSR 驱动力之环境驱动力进行相关测量，根据表 6-1 中 X_{31}～X_{34} 的数据及第三章主成分分析法的步骤，计算各主成分得分和综合得分，主成分得分是由其单位特征向量中的元素与相对应的标准化变量线性组合而成的。根据回归法计算出主成分得分系数，可以得出以下函数：

$$F_1=0.975X_{31}+0.996X_{32}+0.932X_{33}-0.343X_{34}$$

SPSS 根据主成分得分函数自动计算样本的主成分得分。在计算综合得分时，应给不同的主成分以不同的权数，这里以主成分的方差贡献率作为权数，于是有下面的计算公式：低碳环境水平综合得分=0.73234F_1，由此计算得到长三角地区制造业低碳发展 DSR 驱动力之环境驱动力综合得分(表 6-10)。

表 6-10　长三角地区制造业低碳发展 DSR 驱动力之环境驱动力综合得分

	2000 年	2001 年	2002 年	2003 年	2004 年	2005 年	2006 年	2007 年	2008 年	2009 年	2010 年	2011 年
主成分 1	−1.241	−1.178	−1.026	−0.358	0.061	0.491	0.866	1.035	1.351	1.763	1.993	2.378
综合得分	−0.909	−0.863	−0.752	−0.262	0.0445	0.359	0.634	0.758	0.989	1.096	1.204	1.377

用图 6-3 进行直观表示如下。

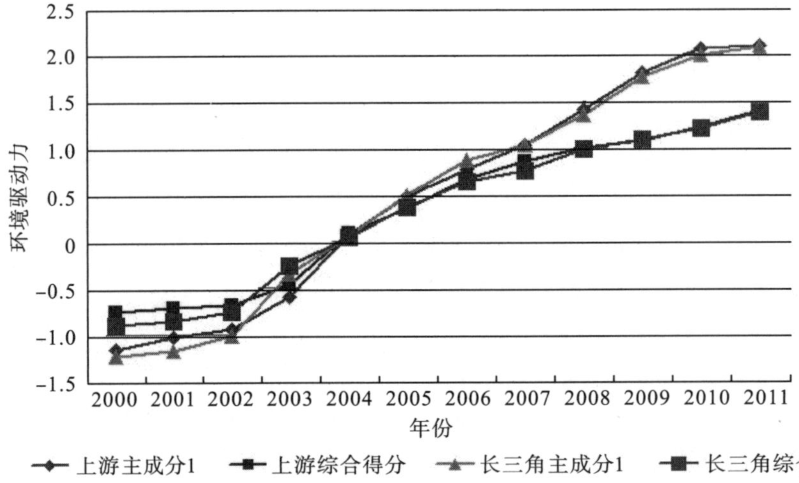

图 6-3　2000～2011 长江上游地区与长三角地区制造业低碳发展 DSR 驱动力之环境驱动力趋势

如图 6-3 所示，比较制造业低碳发展 DSR 驱动力之环境驱动力情况，2000～2004 年，长江上游地区水平略高于长三角地区，主要原因可能是长江上游地区本身具有一定的地理优势，有比较丰富的自然植被资源，但在 2004 年之后，长江上游地区制造业低碳环境水平明显较长三角地区有所下降，长江上游经济地区环境治理有所松懈，这与该地区比较脆弱的地质环境带来的各种自然灾害和人为过度利用资源环境都是有一定关系的，但总体趋势还是良好的。可见长江上游地区制造业必须继续紧抓节能减排，加强绿化，加强发展低碳技术，同时不放松经济建设。

三、差距及原因分析

前文分析显示，长江上游地区与长三角地区制造业低碳发展 DSR 驱动力相比，长江上游地区初期与长三角地区相差甚远，之后呈现不断发展上升的趋势，主要原因如下所述。

(一)内部诱因分析

首先，从长江上游地区本身的地形特征来看，长江上游地区目前可供造林的土地多为自然条件较差的山地，在造林投资和技术上存在劣势，特别是川中盆地丘陵山地及盆周的岷江、嘉陵江、大渡河、金沙江上游干旱和干热河谷以及石质山区。长江上游地区经济不发达，许多竹林区基础设施薄弱，如竹林区缺乏林道，应急机制不健全，林农防灾、减灾意识淡薄，而且某些竹林区又是旅游景区，人为活动频繁，如四川宜宾的“蜀南竹海”。此外，长江是联系我国东、中、西部地区的天然纽带，尽管长江上游经济带处于西部重点开发的西陇海兰新线经济带及南贵昆经济区之间，又是东部经济发达区和西部资源富集区的接合部，具有融合南北、承东启西的战略地位，水陆空交通条件齐备，拥有长江黄金水道，但是长江上游经济带也具有本身经济发展起步较慢的局限。而长三角地区是我国的经济科技中心，各类产业部门齐全，轻重工业发达，是我国人口密度最高的区域之一，同时也是通过制造业与国际接轨、参与国际分工较多的地区之一。因此在初期，长江上游地区起点均表现为较低于长三角地区。

但在后期发展中，长江上游地区发展逐渐迅速，发展前景更是不容小觑。从长江上游地区的产业结构来看，目前，长江上游经济带已初步形成了特大城市带大中城市再带中小城市与小城镇的城市群格局，尤其是渝黔城市带、三峡城市带和川渝城市绵延带逐渐形成。重庆的工业以重化工业为主，汽摩产业、装备制造业和天然气化工业在全国具有竞争力，目前正在倾力打造“中国汽车名城”和“世界摩托车之都”；渝黔经济带也形成了以有色金属开发为主的资源加工产业带；三峡经济带(沿江)已形成以涪陵化肥工业、长寿天然气化工和万州盐气化工为特色的化工产业密集带；成都工业则主要侧重电子信息、医药、食品饮料等轻工业，成都、绵阳、德阳距离相对较近，正发展为成德绵高科技、信息产业带；内江、自贡、宜宾、泸州已逐步形成化工、食品产业密集带。该区域已成为推进西部大开发的重要增长极，是我国 H 形经济构架的一个结点，具有良好的交通、科技、工业基础，已初步成为国家重要的水电能源基地、高新技术产业基地、装备制造业基地、国防科技工业基地、天然气化工基地和西部最富饶的农牧业区。

此外，从长江上游地区的资源禀赋层面上看，该区域资源丰富，黑色金属矿采选业、石油和天然气开采业、有色金属矿采选业等都是上游产业，这也是长江上游地区后期发展迅猛的资本。

(二)外部条件约束

从外部条件来看，长三角、京津冀和珠三角是我国社会经济发展水平较高的三大主要经济区域。在新一轮经济结构、产业结构调整中，无论从区位条件还是从已有基础来看，长江流域经济带都理应担当起加快中西部地区发展和拉动全国经济持续快速发展的双重重任，是承接国际及东部产业转移最好的区域，是西部参与全国及国际竞争的“门户”，是推动西部大开发的“火车头”。因此也就迫切要求长江上游经济带，向东与沿海地区紧密合作，推动长江流域经济实现新的振兴，向西成为推动西部大开发的进军主通道。这个强盛和崛起的过程需要优先承接先进地区的产业转移，以先进的技术、管理以及理念来提升本地区产业能级。

立足新型工业化道路，结合重庆在汽车摩托车产业、天然气化工业和装备制造业方面的优势，贵阳的电力工业、苗药特色和成都在食品饮料、电子信息以及医药方面的优势，加上宜昌在机电、水电等方面的基础和优势，大力引入在长三角地区处于成熟或成长阶段且符合长江上游经济未来产业发展方向的产业，如化工、汽车产业、医药产业、装备制造业等，以壮大长江上游地区的产业发展，同时对发展低碳经济产生强大的影响。

近年来，国家也运用宏观手段逐步在经济上缩小东、西部地区的差异，长江上游地区经济发展迅猛，长江上游经济带蕴藏着巨大的市场潜力，也预示着极大的经济发展空间和发展潜力。但长江上游地区在其经济发展迅速的同时，能源与环境问题也开始凸现，带来的巨大能源消耗越来越受到社会各界所重视。进入 21 世纪以来，我国的城镇化和工业化进程呈现加快态势，由于各类产业发展和基础设施建设的需要，特别是制造业进入规模扩张期，原材料、能源消费量大幅度增长。

同时，截至 2010 年，长三角地区以约占全国 2.2%的土地面积、全国 11.65%以上的人口，创造了全国 1/5 以上的 GDP，能源消费量占我国能源消费总量的 18.1%，达 1 百亿 t 标准煤，实际利用外资总额占全国的近一半。目前，由于能源和矿产资源的匮乏，长三角地区大多数城市已处于工业化中后期阶段，长期以来制造业一直是工业经济的主体，该地区的工业化主要是依靠制造业来推动的。截至 2010 年，江浙沪两省一市制造业产值均高于全国平均水平的 88 %以上，占工业总产值比例达 95%以上。

第二节　长江上游地区制造业低碳发展 DSR 驱动力关联效应

一般而言，关联效应主要是指在国民经济的各个产业部门之间存在着的某种关系，而且这种关系对各产业部门之间的相互联系、相互依存与相互影响起着决定作用[1]。

如前所述，DSR 驱动力关联效应是指通过低碳经济需求-低碳技术响应-低碳环境运行所促进的某一产业投入产出关系的低碳化变动对其他产业投入产出低碳化水平的波及与影响情况。应该说，关联效应在产业间相互衔接的链条上是双向的：对一个特定的产业来说，它要从其他产业购买投入品，而其产出又成为其他产业的需求(包括中间需求与最终需求两个部分)。本节主要分析计算在制造业产业关联度上加入低碳因素后的结果，即在低碳经济需求-低碳技术响应-低碳环境运行驱动下制造业各个行业投入产出低碳化的程度。下面根据该思路依次分析长江上游制造业低碳发展 DSR 驱动力关联效应。

一、长江上游地区制造业内部 16 个行业的产业关联度

产业关联分析是通过运用投入产出表计算关联效应值来对产业间投入与产出的数量比例关系进行分析，一般来说，投入产出表就是全面反映国民经济中各产业一年内的投入来源及其产品使用去向的一种表，可以揭示国民经济各部门间相互制约、相互依存的数量关系，而关联效应值是在投入产出表的基础上计算出来的。美国经济学家列昂捷夫[2]于 1936 年首次提出了投入产出法，投入产出理论是产业关联分析的重要方法论，主要运用投入产出表对经济问题进行定量分析，借助投入产出模型研究产业结构和产业之间的供求关系。由此产生的投入产出分析法在产业之间的产业结构合理配比、技术经济联系、产业组织关系、产业在国民经济中的地位、产业政策之间的协调及某一产业对国民经济的依赖程度和受国民经济的波动程度等研究领域得到了广泛的应用。

因此，投入产出表通常是作为产业关联分析的基本工具，使用的是其简化的一般形式——价值型投入产出表[3]。本节正是严格按照 2007 年投入产出表的制造业部门划分方法进行相关处理，由基础数据计算得到主要制造业行业内的直接消耗系数和完全消耗系数，再利用公式根据直接消耗系数和完全消耗系数值算出制造业产业关联度[4]。

根据 2007 年的投入产出表，本书计算出制造业 16 个行业 2007 年投入产出直接消耗系数及完全消耗系数，再以此计算出感应度系数，如表 6-11 所示。

表 6-11　长江上游地区制造业内部 16 个行业感应度系数及排名表

部门	系数	排名	部门	系数	排名
金属冶炼及压延加工业	4.5712	1	通用、专用设备制造业	0.9704	9

续表

部门	系数	排名	部门	系数	排名
化学原料及化学制品制造业	3.83233	2	金属制品业	0.7719	10
通信设备、计算机及其他电子设备制造业	3.39844	3	造纸及纸制、文教品业	0.6881	11
交通运输设备制造业	3.30635	4	食品制造业	0.6653	12
纺织业	2.35738	5	皮革、毛皮、羽毛(绒)及其制品业	0.4192	13
非金属矿物制品业	2.2648	6	仪器仪表及文化、办公用品制造业	0.1361	14
电气机械及器材制造业	1.55549	7	木材加工及家具制造业	0.1184	15
石油加工、炼焦及核燃料加工业	0.98783	8	其他制造业	0.0798	16

根据表 6-11 内容，通过计算，可以得出制造业 16 个行业感应度系数的情况，感应度比较高的部门分别有：金属冶炼及压延加工业，化学原料及化学制品制造业，通信设备，计算机及其他电子设备制造业，交通运输设备制造业，纺织业，非金属矿物制品业，电气机械及器材制造业，石油加工、炼焦及核燃料加工业；感应度较低的部门分别有：通用、专用设备制造业，金属制品业，造纸及纸制，文教品业，食品制造业，皮革、毛皮、羽毛(绒)及其制品业，仪器仪表及文化、办公用品制造业，木材加工及家具制造业及其他制造业。此处的其他制造业包括没有涵盖在上述 15 个部门中的其他制造业类别。感应度较高的部门表示其在行业中占据主导地位，对行业中的其他部门起一定的带头作用，是制造业行业发展的核心部门。

二、长江上游地区制造业低碳发展 DSR 驱动力关联效应

计算长江上游地区制造业低碳发展 DSR 驱动力关联效应，也就是在已经计算得出的感应度系数的基础上融入低碳因素的过程。

根据相关定义，低碳排放系数采用所消耗的能源折合的碳排放系数进行衡量。碳排放系数见表 3-4。

根据 2011 年的《国家统计年鉴》，本章整理得出长江上游地区制造业各产业部门能源总消费情况，为了使长江上游地区各省市的统计口径一致，将消费能源总体归为 3 类进行计算，分别为煤炭(t)、油类(t)及天然气($\times 10^4 m^3$)。其中，煤炭包括原煤和焦炭，油料包括原油、汽油、煤油、柴油、燃料油等各种油类，单位都是 t。其具体情况如表 6-12 所示。

表 6-12　长江上游地区制造业内部 16 个行业主要能源消费量

行业	煤炭/t	油类/t	天然气/($\times 10^4 m^3$)
消费总量	32768305.44	4986010.24	13875615.93
制造业	14357787.62	3228452.91	4977740.7
食品制造及烟草加工业	364281.7354	16011.68	75985.03
纺织业	265816.6038	12240.9651	24568.275
皮革、毛皮、羽毛(绒)及其制品业	8603.1443	2721.6	1150.968
木材加工及家具制造业	47483.31731	3599.9049	12090
造纸印刷及文教用品制造业	407335.437	8872.46464	26128.8336
石油加工、炼焦及核燃料加工业	2730203.364	2753975.04	414160
化学工业	1938474.62	278576.372	2813682.859
非金属矿物制品业	2413816.184	62021.6981	691643.232
金属冶炼及压延加工业	5750816.466	27496.2157	395860.2809
金属制品业	43311.77993	9668.64441	38325.8208
通用、专用设备制造业	176662.9557	16929.0186	166244.227
交通运输设备制造业	100951.3682	13473.1831	188790
电气机械及器材制造业	40631.65194	9159.87231	47001.1646
通信设备、计算机及其他电子设备	18642.38303	9344.8	75640
仪器仪表及文化、办公用机械	3347.969058	1623.03462	5580
工艺品及其他制造业	45947.80189	2308.66274	890.01

注：数据来源于《2011 年国家统计年鉴》。

接着，将长江上游地区所消耗的能源数与相应的碳排放系数进行相乘，继而得出各主要能源的低碳系数，本节采用 3 类主要能源低碳系数的平均值进行整体衡量，计算公式为：(煤炭低碳系数+油类低碳系数+天然气低碳系数)/3。其结果如表 6-13 所示。

表 6-13　长江上游地区制造业内部 16 个行业低碳系数　　(单位：tC/tce)

行业	煤炭	油类	天然气	平均值
消费总量	0.479751983	0.043293267	0.15740769	0.226818
制造业	0.600957591	0.801410724	0.161435650	0.280845
非金属矿物制品业	0.603492377	0.015731701	0.09753788	0.238921
食品制造及烟草加工业	0.663957738	0.018133364	0.047549272	0.243213
皮革、毛皮、羽毛(绒)及其制品业	0.521262163	0.097797484	0.054034747	0.224365

续表

行业	煤炭	油类	天然气	平均值
木材加工及家具制造业	0.568162242	0.025546225	0.11209042	0.235266
造纸印刷及文教用品制造业	0.696087013	0.008992077	0.034597303	0.246559
通信设备、计算机及其他电子设备	0.349888491	0.209314374	0.041125737	0.20011
通用、专用设备制造业	0.291268234	0.024824567	0.327581243	0.214558
纺织业	0.576042473	0.008778056	0.127891983	0.237571
工艺品及其他制造业	0.704068738	0.00199647	0.037552457	0.247873
化学工业	0.35856665	0.047471597	0.245847732	0.217295
交通运输设备制造业	0.371111989	0.021090927	0.270593241	0.220932
电气机械及器材制造业	0.251667141	0.019919981	0.364673471	0.212087
电气机械及器材制造业	0.317311835	0.04242439	0.28440766	0.214715
石油加工、炼焦及核燃料加工业	0.135985336	0.040426399	0.427516668	0.201309
仪器仪表及文化、办公用机械	0.239856784	0.068960872	0.309753091	0.20619
金属冶炼及压延加工业	0.706702642	0.021058957	0.010606638	0.246123

注：根据表 3-4、表 6-13 相关数据计算得到。

最后，根据已经得出的制造业各部门主要能源的低碳系数平均得分进行相应的排名，呈现直观情况，其结果如表 6-14 所示。

通过表 6-14，我们可以直观地看到 2000～2011 年长江上游地区制造业 16 个行业低碳系数情况，然后利用公式：低碳关联度=关联(感应度)系数×低碳系数，进一步计算出各行业的低碳关联度即低碳发展 DSR 驱动力关联效应情况。由于此处的低碳关联度采用关联系数，即感应度系数和低碳系数来一起衡量，且与这两个因素均呈正比关系，因此，本节采用将两者相乘的方法大致估算出各部门的低碳关联度平均得分和排名，具体结果如表 6-15 所示。

表 6-14　2000～2011 年长江上游地区制造业内部 16 个行业低碳系数均值及排名

部门	低碳系数	排名	部门	低碳系数	排名
工艺品及其他制造业	0.247873	1	交通运输设备制造业	0.220932	9
造纸印刷及	0.246559	2	化学工业	0.217295	10

续表

部门	低碳系数	排名	部门	低碳系数	排名
文教用品制造业					
金属冶炼及压延加工业	0.246123	3	金属制品业	0.214715	11
食品制造及烟草加工业	0.243213	4	通用、专用设备制造业	0.214558	12
非金属矿物制品业	0.238921	5	电气机械及器材制造业	0.212087	13
纺织业	0.237571	6	仪器仪表及文化、办公用机械	0.20619	14
木材加工及家具制造业	0.235266	7	石油加工、炼焦及核燃料加工业	0.201309	15
皮革、毛皮、羽毛(绒)及制品业	0.224365	8	通信设备、计算机及其他电子设备	0.20011	16

表 6-15　2000～2011 年长江上游地区制造业内部 16 个行业低碳关联度均值及排名

部门	低碳关联度	排名	部门	低碳关联度	排名
金属冶炼及压延加工业	1.125077	1	石油加工、炼焦及核燃料加工业	0.198859	9
化学原料及化学制品制造业	0.832746	2	造纸及纸制、文教品业	0.169657	10
交通运输设备制造业	0.730479	3	金属制品业	0.165739	11
通信设备、计算机及其他电子设备制造业	0.680062	4	食品制造业	0.16181	12
非金属矿物制品业	0.541108	5	皮革、毛皮、羽毛(绒)及其制品业	0.094054	13
电气机械及器材制造业	0.329899	6	仪器仪表及文化、办公用品制造业	0.028062	14
纺织业	0.237571	7	木材加工及家具制造业	0.027855	15
通用、专用设备制造业	0.208207	8	其他制造业	0.01978	16

本节着重关注 16 个行业部门的排名情况，根据结果显示，制造业行业内的低碳关联度较高的依次主要是：金属冶炼及压延加工业，化学原料及化学制品制造业，交通运输设备制造业，通信设备、计算机及其他电子设备制造业，非金属矿物制品业，电气机械及器材制造业，纺织业，通用、专用设备制造业，这些部门在制造业低碳发展中起到核心带动作用，是制造业低碳发展的主导产业；而低碳关联度较低的部门主要有：石油加工、炼焦及核燃料加工业，造纸及纸制、文教品业，金属制品业，食品制造业，皮革、毛皮、羽毛(绒)及其制品业、仪器仪表及文化、办公用品制造业，木材加工及家具制造业及其他制造业。

表 6-16 比较明显地展示了上述结果的动态变化。在加入了低碳系数这个影响因素后，制造业行业内部门的低碳关联度排名发生了一些变化，如造纸及纸制、文教品业，通信设备、计算机及其他电子设备制造业等，但是金属冶炼及压延加工业、化学原料及化学制品制造业等在加入了低碳系数因子后依然保持了比较高的低碳关联度排名。

表 6-16　长江上游地区制造业内部 16 个行业相关系数排名情况比较

行业	感应度系数排名	低碳系数排名	低碳关联度排名
金属冶炼及压延加工业	1	3	1
化学原料及化学制品制造业	2	10	2
交通运输设备制造业	4	9	3
通信设备、计算机及其他电子设备制造业	3	16	4
非金属矿物制品业	6	5	5
电气机械及器材制造业	7	13	6
纺织业	5	6	7
通用、专用设备制造业	9	12	8
石油加工、炼焦及核燃料加工业	8	15	9
造纸及纸制、文教品业	11	2	10
金属制品业	10	11	11
食品制造业	12	4	12
皮革、毛皮、羽毛(绒)及其制品业	13	8	13
仪器仪表及文化、办公用品制造业	14	14	14
木材加工及家具制造业	15	7	15
其他制造业	16	1	16

随着我国经济的不断发展和对外开放的不断扩大，区域主导产业在市场经济条件下的调整必须以充分发挥区域经济优势和特色为主要方向。根据这种关联度进行相关产业政策的制定，可以扬长避短，发挥地区产业优势。长江上游地区必须以加快主导产业的结构调整以提高产业技术素质为重点，调整产业技术结构，以信息化带动工业化，走新型工业化道路，广泛应用先进适用技术和高新技术改造传统产业，推进产业结构优化升级，增强制造业中金属冶炼及压延加工业，化学原料及化学制品制造业，交通运输设备制造业，纺织业，通信设备及其他电子设备制造业，非金属矿物制品业，电气机械及器材制造业，通用、专用设备制造业等主导产业部门的核心竞争力，大力发展高新技术产业，建设国家重要的新型低碳工业基地[5-9]。

本 章 小 结

本章通过分析长江上游制造业低碳发展DSR驱动力，并与长三角地区的情况进行比较，发现在2000～2011年，长江上游地区制造业低碳发展DSR驱动力总体上呈现良好的发展态势，处于上升的趋势。由于1998年世界金融危机爆发时，我国减少了一些污染排放量大的中小制造业，提出要进行战略性的产业结构调整，从而在2002年前降低了长江上游地区制造业的平均碳排放系数和人均碳排放量，同时对制造业的发展也产生了一定的抑制作用，所以，在样本期间，长江上游地区制造业低碳发展DSR驱动力的技术指数值会略高于其经济指数值。

本章借助投入产出模型，通过计算长江上游地区制造业行业内的感应度系数和行业低碳系数，综合衡量长江上游地区制造业低碳发展DSR驱动力关联效应情况，发现制造业行业内低碳关联度较高的主要部门依次是：金属冶炼及压延加工业，化学原料及化学制品制造业，交通运输设备制造业，通信设备、计算机及其他电子设备制造业，非金属矿物制品业，电气机械及器材制造业，纺织业，通用、专用设备制造业，这些部门在制造业低碳发展中起到核心带动作用，是制造业低碳发展的主导产业；而低碳关联度较低的部门主要有：石油加工、炼焦及核燃料加工业，造纸及纸制、文教品业，金属制品业，食品制造业，皮革、毛皮、羽毛(绒)及其制品业，仪器仪表及文化、办公用品制造业，木材加工及家具制造业及其他制造业。因此，需要以上述行业部门作为突破口，进一步提升长江上游地区制造业低碳发展的DSR驱动力，进而带动整个区域低碳经济发展能力的提升。

参 考 文 献

[1] 安同良，王国生.现代产业经济分析[M]. 南京：南京大学出版社，2001.

[2] 列昂捷夫.投入产出经济学[M]. 北京：中国统计出版社，2001.

[3] 中国投入产出学会课题组.我国目前产业关联度分析——2002 年投入产出表系列分析报告之一[J].统计研究，2006(11)：3-8.

[4] 刘起运. 关于投入产出系数结构分析方法的研究[J]. 统计研究，2002(2)：40-42.

[5] 李善同，钟思斌. 我国产业关联和产业结构变化的特点分析[J]. 管理世界，1998(3)：61-68.

[6] 王岳平，葛岳静. 我国产业结构的投入产出关联特征分析[J]. 管理世界，2007(2)：61-68.

[7] 中国投入产出学会课题组. 我国目前产业关联度分析[J]. 统计研究，2007(11)：3-8.

[8] 赵玉林，汪芳.我国高技术产业关联效应实证分析[J]. 经济问题探索，2007(1)：6-13.

[9] 罗曼. 长江上游地区制造业低碳发展水平研究[D].重庆：重庆工商大学，2013.

附　　录

附表 6-1　重庆 2000～2011 年统计数据（一）

年份	GDP /亿元	工业总产值/亿元	制造业人数/万人	就业总人数/万人	出口总额/万美元	总外资利用额/万美元	工业出口额/万美元	工业外资利用额/万美元	城市绿地面积/hm^2	人均绿地面积/m^2	绿化覆盖率/%
2000	1791	633.98	156.02	1661.16	99522	34532	36327	10604	11414	1.04	15.8
2001	1976.86	695.44	152.59	1616.68	110248	42442	40243	13708	11934	1.41	17.3
2002	2232.86	787.94	149.91	1551.77	109119	45034	39832	14899	13691	2.30	16.5
2003	2555.72	933.75	146.38	1499.99	158509	56654	57862	12305	15403	3.10	16.6
2004	3034.58	1132.70	144.23	1471.34	209119	40752	75387	22379	19256	4.09	20.9
2005	3467.72	1293.81	144.46	1456.30	252054	52127	90890	15377	20673	4.93	21.6
2006	3907.23	1566.83	145.72	1454.77	335192	70217	120903	30710	24308	6.59	22.9
2007	4676.13	2004.51	148.33	1468.87	450772	108912	162638	33081	32328	6.97	29.97
2008	5793.66	2607.15	152.11	1492.43	572182	273735	206501	86863	38304	8.91	34.1
2009	6530.01	2917.40	159.37	1513.00	428008	404383	154511	143324	44240	10.57	36.76
2010	7925.58	3697.83	168.67	1539.95	748875	636956	270419	189349	51895	12.72	39.48
2011	10011.37	4690.46	190.51	1585.16	1983813	1057862	716553	352543	60895	17.01	40.28

附表 6-2　重庆 2000～2011 年统计数据（二）

年份	耗能总量/万 t	煤炭/万 t	天然气/万 t	油料/万 t	电力/($\times 10^4$kW·h)	制造业总耗能/万 t	制造业耗煤炭/t	制造业耗油/t	制造业耗天然气/($\times 10^4 m^3$)	制造业耗电力/($\times 10^4$kW·h)	能源消费弹性系数
2000	2410.82	1599.8	312.2	202.17	296.65	8962676	5439326	69738	184198	1118372	0.66793615
2001	2573.68	1700.43	322.51	206.2	344.54	10187768	6349193	70469	195133	1229786	0.7342802
2002	2823.05	1928.9	331.87	213.84	348.44	10304369	6710741	70099	213996	1042572	0.92278464
2003	3137.9	2206.42	349.11	220.81	361.56	11380110	7375497	87210	214427	1313153	0.95323343
2004	3668.41	2505.08	403.52	379.97	379.84	11869619	7952954	112460	222063	1319442	1.36342983
2005	4464.58	3151.71	472.15	411.86	428.86	12868167	8649503	137967	256413	1499912	1.85499216
2006	4881.63	3381.87	532.67	469.11	497.98	14083035	9665361	213013	269733	1711075	0.75333099
2007	5512.44	3832.29	578.95	549.12	552.08	16143573	10986252	260338	323527	2079980	0.81271184
2008	5895.1	4048.95	648.38	600.57	597.2	18411492	12210182	235060	367172	2606722	0.47874162
2009	6431.63	4499.83	657.82	619.73	654.25	18868548	12749656	234325	358049	2826899	0.61082467
2010	7117.41	4857.64	750.39	741.2	768.18	22421286	14054064	242778	406765	3229805	0.69
2011	7951.12	5338.03	819.81	912.06	881.22	24568773	17060400	270713	423448	3717464	0.73

附表 6-3　四川 2000～2011 年统计数据(一)

年份	GDP/亿元	工业总产值/亿元	制造业人数/万人	就业总人数/万人	出口总额/万美元	总外资利用额/万美元	工业出口额/万美元	工业外资利用额/万美元	城市绿地面积/hm^2	人均公共绿地面积/m^2	绿化覆盖率/%
2000	3928.20	1154.46	871.12	4658.4	139435	95629	40979	28104	51067	4.65	22.76
2001	4293.49	1253.19	867.65	4664.8	158272	110041	46197	32119	51522	5.31	25.77
2002	4725.01	1372.64	896.18	4667.6	271145	106620	78769	30974	56701	5.89	25.96
2003	5333.09	1604.49	906.7	4683.5	321291	92528	96662	27837	58664	6.23	26.55
2004	6379.63	2013.8	916	4691	398371	100075	125750	31589	72126	7.70	28.54
2005	7385.1	2527.08	926.3	4702	470089	110206	160858	37711	62773	7.87	31.34
2006	8690.24	3144.67	946	4715	662406	147428	239699	53348	60075	7.99	33.54
2007	10562.39	3921.41	1065.7132	4731.1	860826	201169	319592	74686	62056	8.37	34.20
2008	12601.23	4956.13	1108.3209	4740	1310789	334159	515540	131426	63985	8.74	35.30
2009	14151.28	5678.24	1141.5877	4756.62	1415167	412933	567839	165691	73826	9.49	36.40
2010	17185.48	7431.45	1188.8179	4772.526	1884504	701299	814908	303260	79908	10.11	37.9
2011	21026.68	9491.05	1210.781	4785.47	2904567	1102733	1311067	497753	85991	10.73	38.21

附表 6-4　四川 2000～2011 年统计数据(二)

年份	耗能总量/万 t	煤炭/万 t	天然气/万 t	油料/万 t	电力/万/($\times 10^4$kW·h)	工业总耗能/万 t 标准煤	工业耗煤炭/万 t	工业耗油/万 t	工业耗天然气/($\times 10^8 m^3$)	工业耗电力/($\times 10^4$kW·h)	能源消费弹性系数
2000	7856	5185.22	58.92	746.36	549.95	4910.25	4702.06	157.13	41.09	357.74	0.58
2001	8158	5847.73	64.40	815.76	601.69	5290.98	5066.32	172.16	45.51	391.09	0.62
2002	8505	6005.48	66.15	897.75	661.50	5717.26	5481.01	189.95	46.25	430.45	0.63
2003	9066	6453.34	69.33	1013.29	706.63	6346.38	6079.72	214.92	48.01	486.38	0.54
2004	10207	7145.18	82.94	1212.13	852.96	7464.17	7145.18	257.74	57.42	583.09	0.53
2005	11816	8686.46	89.52	1436.54	1018.76	8520	7979.35	305.58	61.35	677.68	0.59
2006	12965	9536.38	106.08	1739.98	1120.38	9641	8831.84	392.99	77.67	813.97	0.72
2007	14137	10594.16	112.15	2080.14	1226.31	10395	9711.93	483.52	74.86	876.12	0.62
2008	15145	10727.41	108.94	2421.89	1213.29	10986	9821.26	641.79	77.66	877.66	0.65
2009	16322	12147.35	126.99	2797.44	1361.87	11847	11306.31	656.48	91.99	971.54	0.54
2010	17892	11520.40	175.26	3199.53	1549.03	12939	10797.21	687.77	120.52	1109.63	0.64
2011	19696	11454.34	154.94	3898.51	1962.50	14096	10844.63	826.05	94.97	1433.90	0.67

附表 6-5　云南 2000～2011 年统计数据（一）

年份	GDP/亿元	工业总产值/亿元	制造业人数/万人	就业总人数/万人	出口总额/万美元	总外资利用额/万美元	制造业出口额/万美元	制造业外资利用额/万美元	城市绿地面积/hm^2	人均绿地面积/m^2	绿化覆盖率/%	制造业产值
2000	2011.19	15893615	54.7	2295.4	117516	12812	26049	2840	5043	3.05	9.45	2840
2001	2138.31	16751061	51.03	2322.5	124412	6457	57534	2986	6415	3.63	10.05	3687
2002	2312.82	18504623	48.24	2341.3	142965	11166	42098	3288	6938	4.11	10.87	4251
2003	2556.02	21763983	46.07	2353.3	167658	16752	40273	4024	10224	4.34	12.01	6387
2004	3081.91	24790725	44.38	2401.4	223882	14152	92087	5821	12328	4.81	14.48	4750
2005	3462.73	32498373	43.21	2461.3	264158	17352	96577	6344	17134	5.7	16.27	6344
2006	3988.14	41102462	44.69	2517.6	339143	30234	93125	8302	20434	6.51	19.01	8302
2007	4772.52	51373000	53.04	2573.8	473612	39453	172696	14386	29225	6.64	22.4	11977
2008	5692.12	57388126	52.92	2638.4	498696	77688	116117	18089	37162	6.82	26.8	18089
2009	6169.75	62617473	57.01	2684.8	451402	91010	123720	24944	46240	7.67	29.4	24944
2010	7224.18	78807036	55.12	2765.9	760568	132902	148460	25942	50569	8.19	37.3	25942
2011	8893.12	92488448	57.44	2815.7	947245	187391.8	148432	29364	71145	9.61	38.7	28979

注：城市绿地面积为建成区。

附表 6-6　云南 2000～2011 年统计数据（二）

年份	耗能总量/万 t	煤炭/万 t	油料/万 t	电力/万 kW·h	天然气/万 t	制造业总耗能/万 t	制造业耗煤炭/万 t	制造业耗油/万 t	制造业耗天然气（$\times10^4m^3$）	制造业耗电力（$\times10^4$kW·h）	能源消费弹性系数
2000	3468.33	671.8	28.65	177.93	2242.25	1695.84	1019.5	28.65	1096.35	177.93	0.73
2001	3741.03	968.63	33.9	193.08	2179.45	1838.2	1334.42	33.9	1070.90	193.08	1.16
2002	4131.31	1239.39	33.05	206.57	2032.6	2135.9	1652.52	22.06	1050.86	215.41	1.16
2003	4449.97	1558.98	33.34	237.37	1877.85	2370.74	2224.98	24.79	1000.43	236.77	0.88
2004	5209.81	2002.2	23.89	279.89	1873.6	2958.68	3032.43	23.89	1064.03	279.89	1.51
2005	6023.97	2950.42	22.5	329.15	1529.69	3734.8	4142.63	22.5	948.39	329.15	1.74
2006	6620.57	2862.59	25.5	368.42	2139.99	4113.89	4086.66	25.5	1329.75	368.42	0.85
2007	7132.63	2476.05	25.22	423.66	2853.11	4432.17	3830.64	25.22	1772.90	423.66	0.63
2008	7510.82	3065.01	32.64	484.38	2628.52	4611.61	4365.28	32.64	1613.90	484.38	0.50
2009	8032.06	3195.65	39.47	525.21	3018.57	5032.18	4448.81	39.47	1891.17	525.21	0.57
2010	8674.17	3369.23	76.82	536.05	3472.33	5111.43	5013.67	41.77	2046.14	565.13	0.65
2011	11561.06	4508.81	90.79	660.77	5528.76	6322.21	5432.89	45.27	3023.42	719.54	0.69

注：煤炭=原煤+焦炭；油料专指石油。

附表 6-7　贵州 2000～2011 年统计数据(一)

年份	GDP/亿元	工业总产值/亿元	制造业人数/万人	就业总人数/万人	出口总额/万美元	总外资利用额/万美元	制造业出口额/万美元	制造业外资利用额/万美元	人均绿地面积/m^2	城市绿地面积/hm^2	绿化覆盖率/%
2000	993.53	327.86	61.60	1241.91	37754	10233	8430	2285	2.57	13909	9.72
2001	1084.90	347.17	69.43	1366.97	42311	11066	9956	2604	2.82	15188	10.61
2002	1185.04	379.21	78.21	1505.00	47401	11850	11376	2844	3.23	18249	12.32
2003	1356.11	447.52	92.22	1735.82	55601	13534	14317	3485	3.77	21155	14.29
2004	1591.90	525.33	111.43	1751.09	66859	15601	17737	4139	4.20	25470	17.44
2005	2005.42	707.35	144.58	2222.00	85925	19568	24335	5542	5.32	31161	20.03
2006	2338.98	819.13	188.00	2235.00	103874	18413	23654	4193	4.25	40682	21.70
2007	2884.11	978.86	214.90	2280.00	146513	15333	58939	6111	4.23	41410	21.48
2008	3561.56	1195.30	217.10	2292.12	190084	17379	83573	7641	4.44	41841	21.55
2009	3912.68	1252.67	228.70	2322.46	135856	18027	85687	11370	4.65	43781	22.12
2010	4602.16	1516.87	266.92	2669.25	191903	34026	80751	14318	5.33	45500	21.83
2011	5701.84	1767.57	330.71	3305.93	298509	38772	144866	18816	5.58	52628	32.3

附表 6-8　贵州 2000～2011 年统计数据(二)

年份	耗能总量/万 t	煤炭/万 t	天然气/万 t	油料/万 t	电力/万 kW·h	工业总耗能/万 t 标准煤	制造业总耗能/万 t	制造业耗煤炭/t	制造业耗油/t	制造业耗天然气/(×10^4m^3)	制造业耗电力/(×10^4kW·h)	能源消费弹性系数
2000	2960.72	4371.53	43.28	10.05	287.78	1957.25	1539.97	3974.12	7.18	30.93	120.42	0.77
2001	3146.21	4665.07	45.67	11.66	312.02	2148.10	1672.92	4328.75	8.51	33.33	134.22	0.42
2002	3318.11	4977.17	47.78	13.44	338.92	2310.83	1765.71	4503.15	9.66	34.33	182.73	0.08
2003	3661.50	5560.05	51.15	16.12	377.68	2576.61	1966.36	4882.00	11.41	36.19	246.81	2.36
2004	4138.94	6383.52	56.17	19.15	397.18	2960.93	2219.11	5253.27	13.01	38.17	318.38	0.77
2005	5067.31	7920.67	67.17	25.64	486.97	3611.07	2783.16	6240.26	17.14	44.91	388.66	0.58
2006	5574.99	8994.57	66.23	31.03	581.98	4045.78	3056.54	7356.83	21.20	45.24	466.22	0.74
2007	6278.96	9572.63	68.36	56.14	669.09	4472.19	3606.00	7774.81	38.92	47.39	538.21	0.69
2008	6486.30	9732.18	63.04	76.99	679.18	4613.69	3584.32	7976.40	52.82	43.25	531.64	0.37
2009	6918.98	10912.47	55.59	66.63	750.30	4945.37	3844.63	9054.38	46.15	38.51	578.46	0.60
2010	7373.10	11177.47	55.71	65.61	835.52	5289.48	4028.50	9415.02	45.56	38.68	639.64	0.63
2011	8552.76	12544.05	53.36	70.67	1020.63	6603.87	4840.86	12938.08	56.44	42.62	741.23	0.61

附表 6-9　江苏 2000～2011 年统计数据（一）

年份	GDP/亿元	工业总产值/亿元	制造业人数/万人	就业总人数/万人	出口总额/万美元	总外资利用额/万美元	制造业出口额/万美元	制造业外资利用额/万美元	人均绿地面积/m^2	城市绿地面积/hm^2	绿化覆盖率/%
2000	8553.69	3848.52	1335.16	4418.14	257.70	642358	230	573952	8.1	45925	33.2
2001	9456.84	4270.90	1356.89	4434.28	288.78	712201	263	648922	6.6	49456	31.9
2002	10606.85	4880.09	1381.99	4458.02	384.80	1036615	338	911547	7.1	68413	35.3
2003	12442.87	6004.65	1452.32	4468.67	591.40	1580214	506	1353202	7.9	74929	35.4
2004	15003.60	7514.39	1533.02	4482.52	874.97	1213783	724	1004524	8.9	85367	37.9
2005	18598.69	9440.18	1546.97	4510.12	1229.82	1318339	1020	1093498	10.27	94778	39.8
2006	21742.05	11097.64	281.22	4564.76	1604.19	1743140	1261	1371264	11.6	107752	41.7
2007	26018.48	13105.24	287.36	4618.14	2037.33	2189206	1471	1581588	12.6	116157	42.8
2008	30981.98	15271.20	291.75	4648.89	2380.36	2512001	1670	1762936	13.13	123801	42.6
2009	34457.30	16464.94	294.48	4674.64	1992.43	2532298	1358	1727124	12.45	149625	41.3
2010	41425.48	19884.23	332.07	4971.06	2705.39	3272612	2054	2485528	12.86	156145	42.1
2011	49110.27	23572.93	378.06	5402.13	3125.90	3928821	2344	2946616	13.32	165330	42.1

附表 6-10　江苏 2000～2011 年统计数据（二）

年份	耗能总量/万 t	煤炭/万 t	天然气/万 t	油料/万 t	电力/万 kW·h	工业总耗能	制造业总耗能/万 t	工业耗煤炭/t	工业耗油/t	制造业耗电力/（×10^4kW·h）	工业耗天然气/（×10^4m^3）	能源消费弹性系数
2000	8612.43	8555.08	35.2	1664.47	971.34	6743.95	4832.53	8555.09	1699.66	709.76	545.03	0.76
2001	9387.55	9269.33	26.51	1615.38	1078.44	6925.19	6685.68	9269.33	1641.89	804.19	768.05	0.85
2002	9608.60	10502.55	33.79	1697.68	1245.14	7069.87	7169.76	10502.55	1731.47	967.53	929.10	0.19
2003	11060.68	12160.81	48.97	2035.15	1505.12	8702.57	8396.92	12160.81	2084.12	1185.06	1142.64	0.87
2004	13651.69	15317.92	46.40	2342.61	1820.09	11041.13	8614.32	15317.92	2389.01	1451.80	1148.49	1.13
2005	17167.39	18053.26	53.40	2617.08	2193.45	14020.33	13658.70	18053.27	2670.49	1771.28	1745.07	1.07
2006	18742.91	19659.52	44.63	2621.92	2569.75	15401.34	12004.07	19659.52	2666.55	2088.68	1645.82	0.54
2007	20948.04	22270.48	43.37	2780.66	2952.02	17307.23	13687.1	22270.48	2824.01	2415.45	1928.80	0.59
2008	22232.23	23844.43	45.56	2612.33	3118.32	18133.51	14246.49	23844.43	2657.93	2502.70	1998.23	0.32
2009	23709.28	24842.76	44.64	2924.16	3313.99	19260.23	14954.42	24842.78	2968.80	2631.28	2090.27	0.59
2010	24976.05	25975.09	49.95	3246.89	3656.48	20400.06	15012.57	26724.12	3391.75	2747.37	2197.89	0.26
2011	25837.29	26870.78	51.67	3565.55	4082.92	21344.18	15663.48	27671.74	3617.22	2842.11	2475.21	0.18

注：煤炭=煤炭+焦炭；油料=原油+汽油+煤油+柴油+燃料油；液化石油气。

附表 6-11 浙江 2000～2011 年统计数据(一)

年份	GDP/亿元	工业总产值/亿元	制造业人数/万人	就业总人数/万人	出口总额/万美元	总外资利用额/万美元	制造业出口额/万美元	制造业外资利用额/万美元	人均绿地面积/m^2	城市绿地面积/hm^2	绿化覆盖率/%
2000	6141.03	2945.70	899.61	2726.09	1944279	248919	1049909	134416	5.16	33776	17.8
2001	6898.34	3181.93	950.86	2796.65	2297747	451934	1141984	224612	5.67	37251	19.3
2002	8003.67	3640.84	971.91	2858.56	2941102	469547	1735252	277033	6.32	42419	21.6
2003	9705.02	4462.97	1021.56	2918.74	4159499	757824	2370911	431959	7.49	51174	25.2
2004	11648.70	5491.33	1047.18	2991.95	5814638	974631	3180606	533123	8.42	56563	29.1
2005	13417.68	6344.71	1116.27	3100.76	7680353	1393826	3532957	641159	9.31	64892	32.9
2006	15718.47	7585.47	1142.06	3172.38	10089427	1450582	4742034	681774	9.79	69732	35.5
2007	18753.73	9090.74	1290.51	3405.01	12827293	1432049	5900559	658743	8.79	75090	36.1
2008	21462.69	10328.72	1324.56	3486.50	15426700	1244995	8213939	662897	9.60	81007	37.7
2009	22990.35	10518.21	1368.79	3591.98	13301032	1087685	7683204	628290	10.76	85854	37.9
2010	27722.31	12657.78	1472.59	3636.02	18046487	1322584	9045594	662930	11.05	91111	38.3
2011	32318.85	14683.03	1500.92	3674.11	21634949	1539807	8405051	598206	11.77	119131	38.4

附表 6-12 浙江 2000～2011 年统计数据(二)

年份	耗能总量/万 t	煤炭/万 t	天然气/万 t	油料/万 t	电力/($\times 10^8$kW·h)	工业总耗能/万 t 标准煤	工业耗煤炭/万 t	工业耗油/万 t	工业耗天然气/($\times 10^4m^3$)	工业耗电力/($\times 10^4$kW·h)	能源消费弹性系数
2000	6560.37	5334.42	49203	1318.63	742.89	3146.85	5309.63	1246.47	50515	731.31	0.91
2001	7253.11	5897.71	44849	1465.13	855.29	3345.57	5872.56	1385.34	57300	841.96	0.99
2002	8279.64	6732.41	67065	1680.77	1015.84	3766.38	6706.27	1597.97	67065	1000.01	1.12
2003	9522.56	7743.06	79037	1942.60	1240.35	4379.06	7715.95	1856.90	79037	1221.02	1.02
2004	10824.69	8801.86	92009	2219.06	1419.53	5102.88	8774.41	2132.46	92010	1397.40	0.94
2005	12031.67	9783.29	104676	2478.52	1642.32	5689.32	9756.52	2394.30	104676	1616.72	0.87
2006	13218.85	10748.62	120292	2736.30	1909.23	6379.20	10723.31	2659.63	117648	1879.47	0.71
2007	14524.13	11809.98	135074	3021.02	2189.37	7040.47	11786.70	2952.76	132170	2155.24	0.67
2008	15106.88	12283.83	143515	3157.34	2322.87	7270.05	12264.31	3096.91	140494	2282.66	0.40
2009	15566.89	12825.36	150503	3270.20	2471.44	7121.94	12809.88	3236.78	148840	2435.54	0.34
2010	16865.29	13476.64	253922	3588.57	2820.93	7700.55	13461.09	3553.62	252434	2773.59	0.70
2011	17827.27	14554.59	354969	3840.24	3116.91	8099.25	14543.36	3812.80	353661	3068.74	0.63

附表 6-13　上海 2000～2011 年统计数据(一)

年份	GDP/亿元	工业总产值/亿元	制造业人数/万人	就业总人数/万人	出口总额/万美元	总外资利用额/万美元	制造业出口额/万美元	制造业外资利用额/万美元	人均绿地面积/m²	城市绿地面积/hm²	绿化覆盖率/%
2000	4771.17	1998.96	273.37	745.24	253.54	31.60	159.35	19.86	4.8	12601	22.2
2001	5210.12	2166.74	269.79	752.26	276.28	43.92	165.32	26.28	5.8	14771	23.8
2002	5741.03	2368.02	283.49	792.04	320.55	50.30	196.34	30.81	7.8	18758	30.0
2003	6694.23	2941.24	276.02	813.05	484.82	58.50	203.79	24.59	9.5	24426	35.2
2004	8072.83	3593.25	272.03	836.87	735.20	65.41	391.48	34.83	11.0	26689	36.0
2005	9247.66	4036.85	275.32	863.32	907.42	68.50	439.00	33.14	12.0	28865	37.0
2006	10572.24	4575.30	279.08	885.51	1135.73	71.07	424.12	26.54	13.3	30609	37.3
2007	12494.01	5154.42	340.80	1024.33	1439.28	79.20	468.67	25.79	13.9	31795	37.6
2008	14069.87	5576.79	348.78	1053.24	1693.50	100.84	537.74	32.02	14.8	34256	38.0
2009	15046.45	5408.75	327.86	1064.42	1419.14	105.38	380.71	28.27	15.4	116929	38.1
2010	17165.98	6536.21	341.42	1090.76	1807.84	111.21	350.97	21.59	16.1	120148	38.2
2011	19195.69	7208.59	341.41	1104.33	2097.89	126.01	350.29	21.04	16.4	122283	38.2

附表 6-14　上海 2000～2011 年统计数据(二)

年份	耗能总量/万 t	煤炭/万 t	天然气/万 t	油料/万 t	电力/($\times 10^4$kW·h)	工业总耗能/万 t	工业耗天然气/万 t	工业耗煤炭/万 t	工业耗油/万 t	工业耗电力/($\times 10^4$kW·h)	能源消费弹性系数
2000	5499.48	3246.34	11.16	1451.86	559.42	3778.76	7.67	3079.71	593.94	393.13	0.68
2001	5894.78	3480.87	12.08	1568.01	592.99	3931.58	8.06	3360.02	636.64	413.33	0.68
2002	6249.34	3691.49	12.94	1674.82	645.71	3988.13	8.26	3624.62	673.68	447.46	0.53
2003	6796.34	4015.96	14.22	1868.99	745.97	4304.81	9.01	4009.84	734.00	507.00	0.71
2004	7405.64	4881.06	14.81	2021.74	821.44	4518.82	9.04	4443.38	799.81	555.12	0.63
2005	8225.05	5322.57	18.10	2200.31	921.97	5105.04	11.23	5146.66	864.83	617.59	0.97
2006	8875.70	5116.16	22.19	2636.08	990.15	5371.06	13.43	5203.86	962.13	656.10	0.62
2007	9670.45	5291.19	25.14	2862.45	1072.38	5722.05	14.88	5491.90	1047.31	705.90	0.59
2008	10207.36	5565.41	29.2	3011.17	1138.22	5886.83	16.84	5510.20	1104.44	727.13	0.57
2009	10367.38	5721.76	32.85	3048.01	1153.38	5763.27	18.26	5605.64	1136.26	701.59	0.19
2010	11201.13	5843.81	43.8	3286.72	1295.87	6290.10	24.60	5691.46	1230.34	786.61	0.78
2011	11270.48	6141.95	54.75	3148.04	1339.62	6297.15	30.59	5996.98	1088.66	805.76	0.30

附表 6-15　长江上游地区 2000～2011 年综合数据（一）

年份	总 GDP/亿元	工业总产值/亿元	制造业人数/万人	就业总人数/万人	出口总额/万美元	总外资利用额/万美元	制造业出口额/万美元	制造业外资利用额/万美元	城市绿地面积/hm^2	人均绿地面积/m^2	绿化覆盖率/%
2000	8723.92	3705.662	1143.44	9856.87	394227	153206	111785	43833	81433	2.83	14.43
2001	9493.56	3970.906	1140.7	9970.95	435243	170006	153930	51417	85059	3.29	15.93
2002	10455.73	4390.252	1172.54	10065.67	570630	174670	172075	52005	95579	3.88	16.41
2003	11800.94	5162.158	1191.37	10272.61	703059	179468	209114	47651	105446	4.36	17.36
2004	14088.02	6150.903	1216.04	10314.83	898231	170580	310961	63928	129180	5.20	20.34
2005	16320.97	7778.077	1258.55	10841.6	1072226	199253	372660	64974	131741	5.96	22.31
2006	18924.59	9640.876	1324.41	10922.37	1440615	266292	477381	96553	145499	6.34	24.29
2007	22895.15	12042.08	1481.983	11053.77	1931723	364867	713865	128264	165019	6.55	27.01
2008	27648.57	14497.39	1530.451	11162.95	2571751	702961	921731	244019	181292	7.23	29.44
2009	30763.72	16110.06	1586.668	11276.88	2430433	926353	931757	345329	208087	8.10	31.17
2010	36937.4	20526.85	1679.528	11747.63	3585850	1505183	1314538	532869	227872	9.09	34.13
2011	45633.01	25197.92	1789.441	12492.26	6134134	2386759	2320918	898476	270659	10.73	37.37

附表 6-16　长江上游地区 2000～2011 年综合数据（二）

年份	耗能总量/万 t	煤炭/万 t	天然气/万 t	油料/万 t	电力/($\times 10^4$kW·h)	制造业总耗能/万 t	制造业耗煤炭/t	制造业耗油/t	制造业耗天然气/($\times 10^4 m^3$)	制造业耗电力/($\times 10^4$kW·h)	能源消费弹性系数
2000	16695.87	11828.35	2656.65	987.23	1312.31	8970.822	11164.86	262.698	226415.3	1296780	0.69
2001	17618.92	13181.86	2612.03	1067.52	1451.33	10196.570	12754.26	285.039	241747.2	1423391	0.73
2002	18777.47	14150.94	2478.4	1158.08	1555.43	10313.988	13848.77	291.769	261331.2	1258595	0.70
2003	20315.37	15778.79	2347.44	1283.56	1683.24	11390.793	15685.08	338.33	263473.6	1550656	1.18
2004	23224.16	18035.98	2416.23	1635.14	1909.87	11882.261	18135.82	407.1	280585.2	1600233	1.04
2005	27371.86	22709.26	2158.53	1896.54	2263.74	12883.205	20777.72	483.187	318756.3	1830128	1.19
2006	30042.19	24775.41	2844.97	2265.62	2568.76	14099.846	22591.22	652.703	348778	2080775	0.77
2007	33061.03	26475.13	3612.57	2710.62	2871.14	16162.006	24536.6	807.998	400207.3	2505054	0.69
2008	35037.22	27573.55	3448.88	3132.09	2974.05	18430.674	26404.7	962.31	446489.2	3092511	0.50
2009	37704.67	30755.3	3858.97	3523.27	3291.63	18889.272	28513.83	976.425	451968.7	3353659	0.58
2010	41056.68	30924.74	4453.69	4083.16	3688.78	22443.365	29874.36	1017.878	529369.8	3796684	0.65
2011	47760.94	33845.23	6556.87	4972.03	4525.12	24594.032	33350.86	1198.473	521484	4439179	0.68

附表 6-17　长三角地区 2000～2011 年综合数据（一）

年份	GDP/亿元	工业总产值/亿元	制造业人数/万人	就业总人数/万人	出口总额/万美元	总外资利用额/万美元	制造业出口额/万美元	制造业外资利用额/万美元	城市绿地面积/hm^2	人均绿地面积/m^2	绿化覆盖率/%
2000	19465.89	8793.18	2508.14	7889.47	1944790	891308.6	1050298	728228	92302	19.72	24.40
2001	21565.3	9619.57	2577.54	7983.19	2298312	1164179	1142412	899814	101478	20.01	25.00
2002	24351.55	10888.95	2637.39	8108.62	2941807	1506212	1735786	1219390	129590	23.28	28.97
2003	28842.12	13408.86	2749.9	8200.46	4160575	2338097	2371621	1809751	150529	27.01	31.93
2004	34725.13	16598.97	2852.23	8311.34	5816248	2188479	3181721	1572477	168619	30.44	34.33
2005	41264.03	19821.74	2938.56	8474.2	7682490	2712234	3534416	1767797	188535	33.52	36.57
2006	48032.76	23258.41	1702.36	8622.65	10092167	3193793	4743719	2079578	208093	36.42	38.17
2007	57266.22	27350.4	1918.67	9047.48	12830770	3621334	5902499	2266121	223042	34.96	38.83
2008	66514.54	31176.71	1965.09	9188.63	15430774	3757097	8216147	2457853	239064	36.76	39.43
2009	72494.1	32391.9	1991.13	9331.04	13304444	3620088	7684943	2383684	352408	37.68	39.10
2010	86313.77	39078.22	2146.08	9697.84	18051000	4595307	9047999	3170048	367404	38.63	39.53
2011	100624.8	45464.55	2220.39	10180.57	21640173	5468754	8407745	3565862	406744	39.98	39.57

附表 6-18　长三角地区 2000～2011 年综合数据（二）

年份	耗能总量/万 t	煤炭/万 t	天然气/万 t	油料/万 t	电力/万/($\times 10^4$kW·h)	制造业总耗能/万 t	制造业耗煤炭/t	制造业耗油/t	制造业耗天然气/($\times 10^4 m^3$)	制造业耗电力/万/($\times 10^4$kW·h)	能源消费弹性系数
2000	20672.28	17135.84	49249.36	4434.96	2273.65	11758.14	16944.43	3540.07	50557.87	732248.2	0.78
2001	22535.44	18647.91	44887.59	4648.52	2526.72	13962.83	18501.91	3663.87	57334.57	843141.4	0.84
2002	24137.58	20926.45	67111.73	5053.27	2906.69	14924.27	20833.44	4003.12	67107.05	1001387	0.61
2003	27379.58	23919.83	79100.19	5846.74	3491.44	17080.79	23886.6	4675.02	79094.98	1222670	0.87
2004	31882.02	29000.84	92070.21	6583.41	4061.06	18236.02	28535.71	5321.28	92065.44	1399104	0.90
2005	37424.11	33159.12	104747.5	7295.91	4757.74	24453.06	32956.45	5929.62	104740.6	1619083	0.97
2006	40837.46	35524.3	120358.8	7994.3	5469.13	23754.33	35586.69	6288.31	117706.1	1881772	0.62
2007	45142.62	39371.65	135142.5	8664.13	6213.77	26449.62	39549.08	6824.08	132228.3	2157875	0.62
2008	47546.47	41693.67	143589.8	8780.84	6579.41	27403.37	41618.94	6859.28	140556.4	2285385	0.43
2009	49643.55	43389.88	150580.5	9242.37	6938.81	27839.63	43258.3	7341.84	148902.9	2438332	0.37
2010	53042.47	45295.54	254015.8	10122.18	7773.28	29003.22	45876.67	8175.71	252508.6	2776575	0.58
2011	54935.04	47567.32	355075.4	10553.83	8539.45	30059.88	48212.08	8518.68	353743.3	3072021	0.37

附表 6-19　直接消耗系数计算结果

1	2	3	4	5	6	7	8	9	10	11	12	13	14	15	16	17
2	0.1904	0.0071	0.0499	0.0048	0.0037	0.0058	0.0148	0.0034	0.0032	0.0030	0.0031	0.0029	0.0034	0.0032	0.0031	0.0126
3	0.0005	0.3833	0.3276	0.0104	0.0184	0.0001	0.0072	0.0022	0.0001	0.0015	0.0012	0.0017	0.0018	0.0002	0.0013	0.0889
4	0.0013	0.0167	0.1555	0.0194	0.0075	0.0005	0.0023	0.0026	0.0022	0.0028	0.0020	0.0098	0.0020	0.0016	0.0028	0.0146
5	0.0011	0.0008	0.0017	0.2898	0.0212	0.0004	0.0015	0.0064	0.0007	0.0150	0.0030	0.0091	0.0023	0.0014	0.0025	0.0295
6	0.0211	0.0093	0.0139	0.0150	0.2855	0.0007	0.0132	0.0229	0.0009	0.0091	0.0041	0.0033	0.0104	0.0082	0.0111	0.0206
7	0.0031	0.0035	0.0059	0.0054	0.0052	0.0576	0.0635	0.0304	0.0460	0.0097	0.0100	0.0043	0.0046	0.0025	0.0031	0.0072
8	0.0294	0.1203	0.0577	0.0884	0.1386	0.0187	0.4164	0.0761	0.0130	0.0394	0.0341	0.0535	0.0847	0.0626	0.1013	0.0948
9	0.0068	0.0023	0.0013	0.0091	0.0028	0.0041	0.0069	0.1659	0.0136	0.0103	0.0055	0.0065	0.0161	0.0160	0.0330	0.0200
10	0.0011	0.0007	0.0014	0.0243	0.0127	0.0008	0.0094	0.0243	0.3367	0.3560	0.2124	0.1147	0.2813	0.0286	0.0340	0.1035
11	0.0047	0.0018	0.0043	0.0250	0.0152	0.0041	0.0083	0.0280	0.0104	0.1253	0.0423	0.0164	0.0458	0.0256	0.0390	0.0501
12	0.0034	0.0123	0.0066	0.0149	0.0135	0.0164	0.0152	0.0288	0.0317	0.0473	0.2150	0.0929	0.0462	0.0112	0.0273	0.0041
13	0.0013	0.0021	0.0016	0.0048	0.0082	0.0029	0.0033	0.0056	0.0061	0.0090	0.0152	0.3301	0.0027	0.0034	0.0057	0.0134
14	0.0016	0.0024	0.0020	0.0035	0.0072	0.0015	0.0028	0.0042	0.0035	0.0084	0.0534	0.0360	0.1431	0.0310	0.0588	0.0069
15	0.0005	0.0010	0.0015	0.0005	0.0103	0.0002	0.0007	0.0007	0.0003	0.0013	0.0235	0.0114	0.0613	0.5239	0.2564	0.0028
16	0.0007	0.0008	0.0005	0.0008	0.0023	0.0019	0.0041	0.0022	0.0026	0.0016	0.0053	0.0101	0.0052	0.0050	0.1028	0.0023
17	0.0015	0.0028	0.0036	0.0036	0.0045	0.0005	0.0025	0.0041	0.0026	0.0034	0.0069	0.0028	0.0048	0.0029	0.0103	0.0567
18	0.7564	0.8049	0.7769	0.7623	0.7618	0.8220	0.7969	0.7253	0.8048	0.7918	0.7691	0.8052	0.8296	0.8347	0.7884	0.7505

注：纵向依次为 1. 食品制造及烟草加工业；2. 纺织业；3. 服装皮革羽绒及其制品业；4. 木材加工及家具制造业；5. 造纸印刷及文教用品制造业；6. 石油加工、炼焦及核燃料加工业；7. 化学工业；8. 非金属矿物制品业；9. 金属冶炼及压延加工业；10. 金属制品业；11. 通用、专用设备制造业；12. 交通运输设备制造业；13. 电气、机械及器材制造业；14. 通信设备、计算机及其他电子设备制造业；15. 仪器仪表及文化办公用机械制造业；16. 其他制造业；17. 中间投入总计；18. 总投入。横向依次顺序相同。

附表 6-20　间接消耗系数计算结果

1	2	3	4	5	6	7	8	9	10	11	12	13	14	15	16	17
2	-6.014135	-0.8706348	0.595031	-0.925245	-0.886806	0.444524	-0.930008	-0.982744	-1.015408	-0.6243613	-0.9014285	-0.929911	-0.766712	-0.915006	-1.03305	-0.18373
3	-1.6012387	-4.1854624	5.174705	-1.632469	-1.300215	-2.971967	-0.91736	-1.284323	-1.082368	-1.4973836	-1.2545988	-1.326905	-1.390235	-1.182536	-1.47346	1.804477
4	-0.468467	-0.4366642	-8.218652	-0.282241	-0.60516	0.8438654	-1.04823	-0.794129	-0.934718	-0.5472912	-0.8441722	-0.640958	-0.67647	-0.842878	-0.83686	0.446189
5	-0.8517236	-0.9143116	-1.040611	-4.416293	-0.678438	-0.3913116	-1.028267	-0.92764	-1.000197	-0.4144813	-0.9923511	-0.844145	-0.97289	-0.964666	-1.08871	0.564316
6	-0.4622409	-0.864344	-0.979767	-0.791627	-4.488981	-0.4298718	-0.926006	-0.532718	-1.000817	-0.6241635	-0.9718278	-0.942755	-0.784515	-0.935143	-1.01701	-0.20836
7	1.12820318	-0.6073404	-0.07186	-0.088613	-0.502086	-11.515702	1.554123	2.6310494	1.6095471	-5.4211674	-0.0629543	-0.721005	-3.834781	-0.295053	0.313458	0.353954
8	-1.2950124	-0.4699361	-1.862584	-0.621067	-0.214341	-2.1082131	-3.538366	-0.435222	-1.099872	-0.8394314	-1.2821299	-0.926688	-0.184633	-0.987239	-0.36278	0.116335
9	-0.5736664	-0.8571573	-1.169173	-0.714491	-0.878735	0.2218243	-1.015323	-7.079709	-0.796212	-0.8671661	-1.1173032	-0.897448	-0.622925	-0.787379	0.375134	0.83092
10	-1.402281	-1.1897063	-0.976151	-1.636018	-1.494886	-2.6314076	-0.943753	-2.072299	-4.199259	7.5434986	-0.3717155	-0.865214	2.516325	-1.49296	-4.1245	-2.71892
11	-1.2768428	-1.261701	-0.795509	-0.632086	-0.991973	-2.0523854	-0.92001	-0.081864	-0.975962	-10.297854	-0.1747599	-1.295409	0.744272	-0.880899	-0.70137	5.519387
12	-0.8230992	-0.739663	-1.248239	-0.780632	-0.772302	0.9087922	-1.079602	-0.492108	-0.732978	0.2223535	-6.3873348	0.332774	-0.025791	-0.975361	-0.46971	-2.90317
13	-0.7824873	-0.880381	-1.064	-0.859349	-0.812545	-0.1493996	-1.031015	-0.907544	-0.965893	-0.7219584	-0.7477046	-4.014611	-0.952343	-0.926747	-0.89532	-0.24131
14	-0.7774582	-0.9170913	-1.002057	-0.89964	-0.82494	-0.6970823	-1.009877	-1.03965	-1.046998	-0.8507211	0.92214031	-0.685408	-8.602514	-0.546465	1.979904	0.044309
15	-1.3173521	-1.1587769	-0.917312	-1.16861	-1.134054	-2.205049	-0.985657	-1.126057	-1.035432	-1.2893007	-1.1456707	-1.235548	-0.453007	-3.0774	3.515258	-1.33311
6	-0.061681	-0.5192612	-1.222557	-0.505524	-0.447895	2.5164715	-1.064925	-0.66639	-0.914266	-0.1848617	-0.5647277	-0.450903	-0.158646	-0.664091	-10.9014	0.014491

注：1～17 含义同附表 6-19。

第七章 长江上游及中下游地区碳循环平衡力实证

碳循环平衡力是指基于人口、资源、环境、经济、社会统筹发展的角度，以碳排放—吸收循环平衡为基本理念，运用循环经济和可持续发展思想，将经济社会、资源利用、能源消耗、碳源、碳汇 5 个方面的相关要素综合起来形成的低碳经济发展能力，主要通过经济社会、资源利用、能耗、碳源、碳汇等 5 个子系统构成的碳循环平衡力模型来分析测定。下面以长江上游地区碳循环平衡力为样本做实证分析。

第一节 长江上游及中下游地区能源消耗及碳排放分析

长江上游是推动我国经济布局由东向西逐步转移的重要支撑。本章根据相关省市统计年鉴及《中国能源统计年鉴》的相关数据，整理测算了 2005～2013 年长江上游、中下游地区相关省市的能源消耗及碳排放情况，并对经济社会、资源利用、碳汇等方面的现状进行分析比较，以期获得区域间的差异情况以及时空演变特征，摸清各省市低碳发展的碳循环平衡力构成情况，有利于找出推进长江上游以及长江经济带低碳经济发展能力提升的对策。

一、能源消耗现状

(一) 能源消耗总量

分析比较长江上游、中下游地区相关省市 2005～2013 年的能耗总量变化(表 7-1)，从中可以看出，长江上游、中下游地区相关省市能耗总量基本呈现持续上升趋势。其中，江苏省的能源消耗总量一直居于首位，2013 年，江苏省能源消耗总量接近 30000 万 t 标准煤，约为江西省能耗总量的 3.8 倍，是区域内的耗能大省。四川省在 2013 年能源消耗总量超过 20000 万 t 标准煤，仅次于江苏，约为江西省能耗总量的 2.8 倍。相比较来说，重庆和江西的能耗总量是较低的，尤其是江西省，在 2013 年能耗总量还不到 8000 万 t 标准煤。再从其能源消耗增长率的变化角度分析(图 7-1)，2009～2013 年长江上游、中下游地区相关省市的能耗增长率均呈上下波动变化，但与 2009 年相比，总体出现下降趋势，尤其是重庆市，能耗增长率从 2009 年的 9.1%下降到 2013 年的-2.8%；不同地区能耗增长率下降幅度不同，这说明区域内的能耗因地域分布的不同而存在差异。从 2009～2013 年来看，长江上游、中下游地区相关省市的能耗增长率均逐渐下降，意味着低碳经济发展有改良趋势。

表 7-1　2005～2013 年长江上游、中下游地区相关省市历年能耗量　　(单位：万 t 标准煤)

地区	2005	2006	2007	2008	2009	2010	2011	2012	2013
重庆	4465	4882	5512	5895	6432	7117	7951	8285	8049
四川	11816	12986	14214	15145	16322	17892	19696	20575	21512
贵州	5641	6172	6780	7084	7566	8175	9068	9878	10676
云南	6024	6621	7133	7511	8032	8764	9540	10434	11317
湖北	7573	7983	8810	9863	10312	11309	12329	12084	13310
湖南	9687	10064	11629	12355	13331	14852	16161	16744	17561
江西	4286	4660	5053	5383	5813	6249	6928	7233	7678
安徽	6506	7069	7739	8325	8896	9707	10570	11358	11696
上海	7974	8605	9375	9895	10050	10671	10928	11015	11346
浙江	12032	13219	14524	15107	15567	16865	17827	18076	18640
江苏	17167	19325	20986	22232	23709	25774	27589	28850	29205

注：数据来自 2006～2013 年《中国能源统计年鉴》。

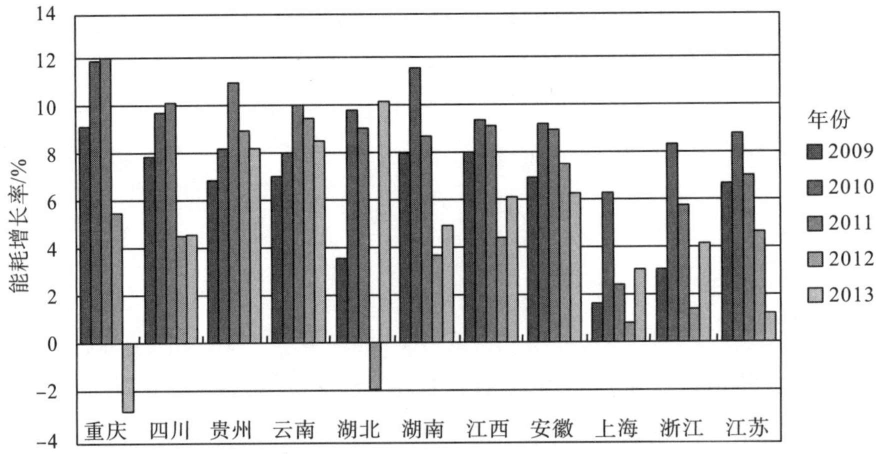

图 7-1　长江上游、中下游地区相关省市能耗增长率(2009～2013 年)

（二）能源利用率

由于日益严重的环境问题和一次性能源的不可再生性，提高能源利用率成为能源发展的重要方向，因此，能源强度和能源消费弹性系数的变化也开始备受关注。能源强度，又称单位 GDP 能耗，是比较不同区域能源综合利用率和能源使用技术水平的常用指标之一，它体现了能源利用的经济效益。从整体来看，2009～2013 年长江上游、中下游地区相关省市能源强度走势一致(图 7-2)，几乎都呈直线下降趋势。尤其是贵州省，其能源强度从 2009 年的 2.88t 标准煤/万元下降到 2013 年的 1.58t 标准煤/万元，下降幅度最大，降幅显著，说明该省 2009～2013 年的能源利用效率较高，但与其他省市相比，其 2013 年能源强度却高达 1.58t 标准煤/万元，为区域内能源强度最高的省份，而长江上游地区其他省市的能源强度也比较高，说明长江上游地区产出等值 GDP 需要消耗更多的能源，即其能源利用效率低，能源利用方面的科学技术水平较差，此外也与各个地区的能源使用结构性差异有关。

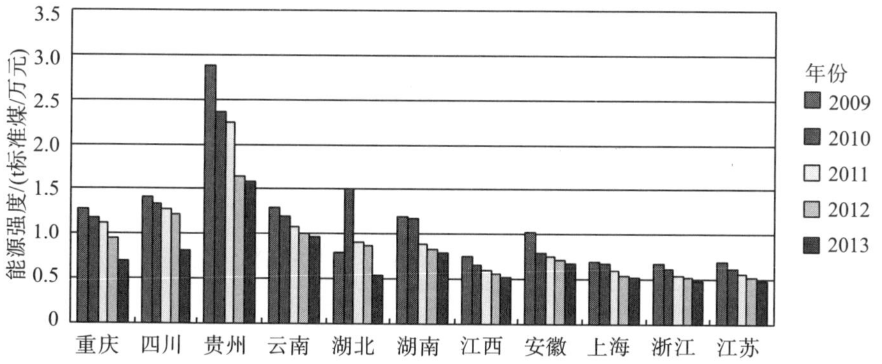

图 7-2　长江上游、中下游地区相关省市单位 GDP 能耗(2009～2013 年)

能源消费弹性系数是反映能源消费增长速度与国民经济增长速度比值的指标，从能源消费弹性系数角度来分析(图 7-3)，长江上游、中下游地区相关省市的能源强度呈波动变化，但基本上趋于下降。能源强度和能源消费弹性系数的降低，说明在科技进步的作用下，通过逐渐提高能源利用率，促进低碳经济进步。虽然各省市的能源强度和消费弹性系数总体而言都在降低，但 2013 年，相比其他省市，贵州省的能源强度和能源消费弹性系数都比较高，主要是贵州省的高耗能企业比较集中，这些企业较低的技术条件和管理水平导致贵州省能源消费弹性系数居高不下。面对全国节能减排宏观调控政策的压力，贵州省近些年也加快了对产业结构的调整，优质清洁能源占比有所提高，能源结构得到一定改善。

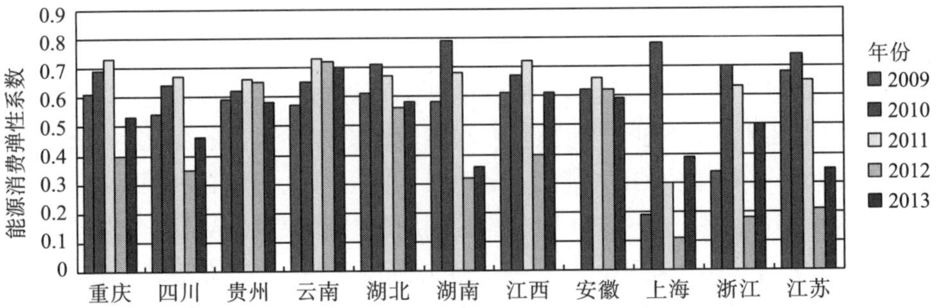

图 7-3 长江上游、中下游地区相关省市能源消费弹性系数(2009～2013 年)

二、碳排放现状

(一)数据的获取及计算结果

根据《中国能源统计年鉴》中长江上游、中下游地区相关省市 2005～2013 年煤炭、煤油、焦炭、汽油、柴油、原油、燃料油、天然气的消耗总量(附表 7-1～附表 7-8)数据，计算得到 2005～2013 年长江上游、中下游地区相关省市的碳排放量如表 7-2 所示。

表 7-2 长江上游、中下游地区相关省市 2005～2013 年碳排放量 (单位：万 t)

地区	年份								
	2005	2006	2007	2008	2009	2010	2011	2012	2013
重庆	9412	10199	11109	13759	14797	16329	18601	16329	15817
四川	22414	25066	28011	30929	34787	35827	36154	37657	38650
贵州	18947	19789	21390	21894	23979	24163	26716	29230	30321
云南	18439	20283	21193	21795	23650	24954	25755	26748	26357
湖北	24817	27476	30395	30419	32657	37491	42672	42691	43125
湖南	23518	25095	27568	27308	28720	40097	30468	33978	45802
江西	12169	13283	14519	14753	15450	17963	19843	19941	21031
安徽	20455	22012	24527	28001	30811	32653	35472	36597	39470
上海	23822	23728	24372	25529	25405	27793	28591	28167	33381
浙江	30920	34922	39030	39812	41383	44395	47019	45618	36728
江苏	49060	53712	57887	59727	62438	69715	80402	82078	83018

（二）区域碳排放强度的比较

依据表 7-2 和表 7-3 的数据，得到 2005～2013 年长江上游、中下游地区相关省市的碳排放强度(表 7-4)和碳排放强度变化趋势图(图 7-4)。

表 7-3　长江上游、中下游地区相关省市 2005～2013 年 GDP　（单位：亿元）

地区	年份								
	2005	2006	2007	2008	2009	2010	2011	2012	2013
重庆	3467.72	3907.23	4676.13	5793.66	6530.01	7925.58	10011.4	11409.6	12783.3
四川	7385.1	8690.24	10562.4	12601.2	14151.3	17185.5	21026.7	23872.8	26392.1
贵州	2005.42	2338.98	2884.11	3561.56	3912.68	4602.16	5701.84	6852.2	8086.9
云南	3462.73	3988.14	4772.52	5692.12	6169.75	7224.18	8893.12	10309.5	11832.3
湖北	6590.19	7617.47	9333.4	11328.9	12961.1	15967.6	19632.3	22250.5	24791.8
湖南	6596.1	7688.67	9439.6	11555	13059.7	16038	19669.6	22154.2	24621.7
江西	4056.76	4820.53	5800.25	6971.05	7655.18	9451.26	11702.8	12948.9	14410.2
安徽	5350.17	6112.5	7360.92	8851.66	10062.8	12359.3	15300.7	17212.1	19229.3
上海	9247.66	10572.2	12494	14069.9	15046.5	17166	19195.7	20181.7	21818.2
浙江	13417.7	15718.5	18753.7	21462.7	22990.4	27722.3	32318.9	34665.3	37756.6
江苏	18598.7	21742.1	26018.5	30982	34457.3	41425.5	49110.3	54058.2	59753.4

注：数据来自国家统计局《中国统计年鉴》(2006～2014)。

表 7-4　长江上游、中下游地区相关省市 2005～2013 年碳排放强度　（单位：t/万元）

地区	年份								
	2005	2006	2007	2008	2009	2010	2011	2012	2013
重庆	2.71	2.61	2.38	2.37	2.27	2.06	1.86	1.43	1.24
四川	3.04	2.88	2.65	2.45	2.46	2.08	1.72	1.58	1.46
贵州	9.45	8.46	7.42	6.15	6.13	5.25	4.69	4.27	3.75
云南	5.32	5.09	4.44	3.83	3.83	3.45	2.90	2.60	2.23
湖北	3.77	3.61	3.26	2.69	2.52	2.35	2.17	1.92	1.74
湖南	3.57	3.26	2.92	2.36	2.20	2.50	1.55	1.53	1.86
江西	3.00	2.76	2.50	2.12	2.02	1.90	1.70	1.54	1.45
安徽	3.82	3.60	3.33	3.16	3.06	2.64	2.32	2.13	2.05
上海	2.58	2.24	1.95	1.81	1.69	1.62	1.49	1.40	1.53
浙江	2.30	2.22	2.08	1.85	1.80	1.60	1.45	1.32	0.97
江苏	2.64	2.47	2.22	1.93	1.81	1.68	1.64	1.52	1.38

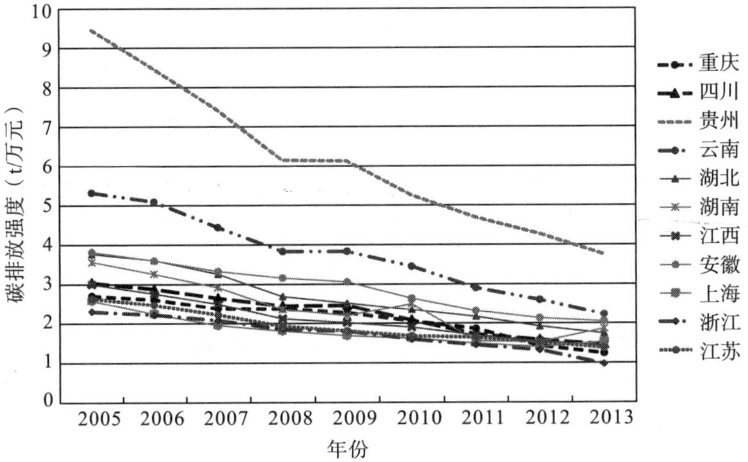

图 7-4　长江上游、中下游地区相关省市碳排放强度变化趋势图

碳排放强度是指每单位 GDP 所带来的二氧化碳排放量，是用来衡量一国经济同碳排放量之间关系的指标，此值越小，表示创造单位社会财富所需的碳排放代价越小，它与碳生产力呈反比，与能源强度呈正比关系。由表 7-2 和表 7-3 可知：整体来看，长江上游、中下游地区相关省市的碳排放量和 GDP 每年都在上升，但是由表 7-4 和图 7-4 发现，各省市的碳排放强度却呈现持续下降趋势，这表明 GDP 增长速度快于环境污染物的增长速度，即“相对脱钩”。这说明长江上游、中下游地区相关省市发展低碳经济能力有所提高。同时，我们也可以看出，贵州省的碳排放强度下降幅度最大，从 2005 年的 9.45t/万元下降到 2013 年的 3.75t/万元，但此期间贵州省的碳排放强度始终高于其他省市，到 2013 年仍达到了 3.75t/万元，几乎是浙江碳排放强度的 3.9 倍。贵州省 2005～2013 年的 GDP 一直是最低的，二氧化碳排放量却是最高的，显然碳排放强度较高，由此也反映出贵州省的经济发展是高耗能、高排放、低产出的粗放式经济发展。贵州省要抓住当前低碳经济发展的趋势，加速推进产业节能减排与结构转变。图 7-2 和图 7-4 也较好地证明了碳排放强度与能源强度的变化趋势基本保持一致。

第二节　长江上游地区碳循环平衡力比较分析

一、数据采集整理

为了综合、全面地评价长江上游、中下游地区相关省市碳循环平衡力水平，需要对相关数据进行较为全面的收集。本书应用的基础数据以 2006～2014 年长江上游、中下游地区相关省市的统计年鉴为准，其中经济、人口、森林等数据来源于国家统计局；能源数据来源于《中国能源统计年鉴》；能源碳排放系数来源于《2006 年 IPCC 国家温室气体排放清单指南》，尚未被统计到省市统计年鉴里的部分数据，由往年变化趋势并结合相关文献采用科学方法计算获得。

在严格参照第三章所介绍的各种指标计算方法的基础上，为了表达简洁方便，首先用代数值表示各种指标，符号含义如表 7-5 所示。

表 7-5　碳循环平衡力测算指标体系

符号	指标含义	符号	指标含义
X_1	人均 GDP	X_{11}	生活污水排放量
X_2	第三产业占比	X_{12}	碳排放强度
X_3	每万人拥有公共交通车辆数量	X_{13}	城市生活垃圾无害化处理率
X_4	人均城市道路面积	X_{14}	工业固体废物综合利用率
X_5	单位 GDP 能耗	X_{15}	工业废水排放达标率
X_6	单位工业增加值能耗	X_{16}	城市污水处理率
X_7	人均能源消耗量	X_{17}	森林覆盖率
X_8	能源消费弹性系数	X_{18}	人均绿地面积
X_9	人均碳排放量	X_{19}	湿地覆盖率
X_{10}	化肥使用量	X_{20}	建成区绿化覆盖率

二、主成分分析及结果

（一）数据标准化

(1) 逆向指标处理。在表 7.5 构建的碳循环平衡力测算指标体系中，既有正指标，也有逆指标，正指标是数值越大，碳循环平衡力水平越高；而逆指标恰恰相反，其数值越小，说明一个地区的碳循环平衡力水平越高。为使其方向一致，正指标不做处理，对逆指标可采用相对化处理方法，即倒数变换法将逆指标转换为正指标：

$$x_j^* = \frac{1}{x_j} \tag{7.1}$$

本章中碳循环平衡力水平评价指标体系中的逆指标包括：每万人拥有公共交通车辆数量、人均城市道路面积、单位 GDP 能耗、单位工业增加值能耗、人均能源消耗量、能源消费弹性系数、人均碳排放量、化肥使用量、生活污水排放量、碳排放强度，其余指标均为正指标，上述逆指标可利用式 (7.1) 进行处理转化为正指标。

(2) 标准化（无量纲化）处理。正向化后的指标既有绝对量指标，也有相对量指标，性质是不同的，并且各指标的单位、统计指标等也不相同。由于没有统一的衡量尺度，所以不能直接比较，因此要对正向化后的指标进行标准化处理，根据式(7.1)对指标进行无量纲化处理，该步骤可通过统计软件 SPSS19.0 完成。

（二）分析结果

在用 SPSS19.0 进行主成分分析过程中，首先会对原始变量进行标准化(标准化后的数据见附表 7-9 和附表 7-10)。对标准化后的数据采用 SPSS19.0 软件进行主成分分析，步骤如下。

(1)求出相关矩阵的特征值与方差贡献率，如表 7-6 所示。由表 7-6 可以看出，初始特征值一栏的第一主成分特征值为 6.696，其方差贡献率达到 33.481%；第二主成分的特征值为 4.614，其累计方差贡献率达到 56.549%，共有 6 个特征值大于 1。在对主成分数目提取时要遵循三大原则：初始特征值大于 1；特征值的累计方差贡献率不能小于 85%；碎石图(图 7-5)出现明显拐点前的点数。如果所提取的主成分数遵循这三大原则，说明其已经包含了原始数据的绝大部分信息。因此，根据此原则，本书选取前六个主成分来代替原来的 20 个指标对长江上游、中下游地区相关省市的碳循环平衡力水平进行综合评价。

表 7-6　解释的特征值与方差贡献率

成分	初始特征值		
	特征值	方差贡献率/%	累计方差贡献/%
1	6.696	33.481	33.481
2	4.614	23.068	56.549
3	2.638	13.191	69.740
4	2.322	11.611	81.351
5	1.418	7.091	88.442
6	1.040	5.202	93.643
7	0.666	3.330	96.973
8	0.376	1.882	98.855
9	0.136	0.679	99.534
10	0.093	0.466	100.000
11	2.594E−16	1.297E−15	100.000
12	1.854E−16	9.268E−16	100.000
13	1.795E−16	8.977E−16	100.000
14	7.869E−17	3.934E−16	100.000
15	3.929E−17	1.965E−16	100.000
16	−3.149E−17	−1.574E−16	100.000
17	−1.201E−16	−6.007E−16	100.000
18	−1.566E−16	−7.831E−16	100.000
19	−2.966E−16	−1.483E−15	100.000
20	−4.653E−16	−2.326E−15	100.000

注：提取方法为主成分分析法。

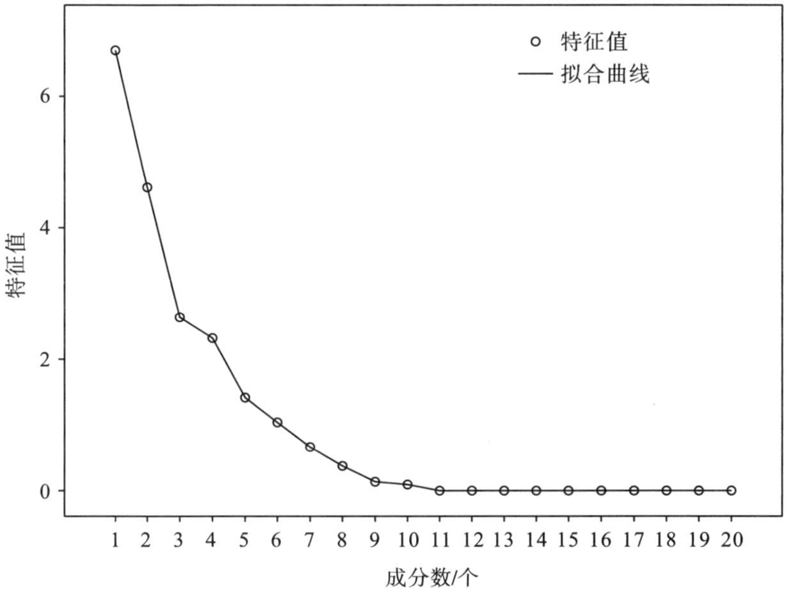

图 7-5 碎石图

2. 算出主成分对应的特征向量

主成分系数矩阵也就是主成分所对应的特征向量，如表 7-7 所示，各主成分所对应的各个变量上的载荷可以通过主成分系数矩阵来说明，进而得出各主成分表达式，表达式中变量是标准化后的变量，而不是原始的变量。

表 7-7 主成分系数矩阵

指标	主成分					
	1	2	3	4	5	6
X_1	0.923	0.303	0.058	0.035	−0.044	−0.221
X_2	0.537	0.811	−0.154	−0.007	0.061	−0.083
X_3	0.547	−0.089	0.086	0.387	−0.689	−0.007
X_4	0.177	−0.797	0.357	0.403	0.080	−0.068
X_5	−0.738	0.470	0.027	0.336	0.106	0.326
X_6	−0.711	0.390	0.395	0.348	−0.101	−0.121
X_7	0.659	0.709	0.048	0.208	−0.125	−0.018
X_8	−0.737	−0.140	−0.236	−0.081	0.176	−0.353
X_9	0.558	0.678	0.354	0.032	0.230	−0.126
X_{10}	−0.140	−0.635	0.643	0.042	−0.070	0.041

续表

指标	主成分					
	1	2	3	4	5	6
X_{11}	0.446	−0.380	0.526	0.576	−0.135	0.023
X_{12}	−0.701	0.466	0.288	0.213	0.357	0.183
X_{13}	0.431	−0.394	−0.324	0.379	0.112	0.543
X_{14}	0.870	0.138	0.055	0.130	0.308	−0.008
X_{15}	0.200	−0.185	−0.149	−0.787	−0.399	0.331
X_{16}	0.786	0.084	−0.266	0.040	0.305	0.314
X_{17}	−0.632	0.173	−0.472	0.364	−0.264	0.050
X_{18}	0.018	−0.561	−0.574	0.425	0.298	−0.021
X_{19}	0.121	−0.360	0.668	−0.501	0.330	0.144
X_{20}	0.406	−0.640	−0.405	−0.001	0.181	−0.394

注：提取方法为主成分分析法。

将表 7-8 成分矩阵中的 6 个主成分表示为 20 个指标的线性表达式，可得到各主成分的得分函数：

$$F_1 = 0.923X_1 + 0.537X_2 + 0.547X_3 + 0.177X_4 - 0.738X_5 - 0.711X_6 + 0.659X_7 - 0.737X_8 + 0.558X_9 - 0.140X_{10} + 0.446X_{11} - 0.701X_{12} + 0.431X_{13} + 0.870X_{14} + 0.200X_{15} + 0.786X_{16} - 0.632X_{17} + 0.018X_{18} + 0.121X_{19} + 0.406X_{20};$$

$$F_2 = 0.303X_1 + 0.811X_2 - 0.089X_3 - 0.797X_4 + 0.470X_5 + 0.390X_6 + 0.709X_7 - 0.140X_8 + 0.678X_9 - 0.635X_{10} - 0.380X_{11} + 0.466X_{12} - 0.394X_{13} + 0.138X_{14} - 0.185X_{15} + 0.084X_{16} + 0.173X_{17} - 0.561X_{18} - 0.360X_{19} - 0.640X_{20};$$

$$F_3 = 0.058X_1 - 0.154X_2 + 0.086X_3 + 0.357X_4 + 0.027X_5 + 0.395X_6 + 0.048X_7 - 0.236X_8 + 0.354X_9 + 0.643X_{10} + 0.526X_{11} + 0.288X_{12} - 0.324X_{13} + 0.055X_{14} - 0.149X_{15} - 0.266X_{16} - 0.472X_{17} - 0.574X_{18} + 0.668X_{19} - 0.405X_{20};$$

$$F_4 = 0.035X_1 - 0.007X_2 + 0.387X_3 + 0.403X_4 + 0.336X_5 + 0.348X_6 + 0.208X_7 - 0.081X_8 + 0.032X_9 + 0.042X_{10} + 0.576X_{11} + 0.213X_{12} + 0.379X_{13} + 0.130X_{14} - 0.787X_{15} + 0.040X_{16} + 0.364X_{17} + 0.425X_{18} - 0.501X_{19} - 0.001X_{20};$$

$$F_5 = -0.044X_1 + 0.061X_2 - 0.689X_3 + 0.080X_4 + 0.106X_5 - 0.101X_6 - 0.125X_7 + 0.176X_8 + 0.230X_9 - 0.070X_{10} - 0.135X_{11} + 0.357X_{12} + 0.112X_{13} + 0.308X_{14} - 0.399X_{15} + 0.305X_{16} - 0.264X_{17} + 0.298X_{18} + 0.330X_{19} + 0.181X_{20};$$

$$F_6 = -0.221X_1 - 0.083X_2 - 0.007X_3 - 0.068X_4 + 0.326X_5 - 0.121X_6 - 0.018X_7 - 0.353X_8 - 0.126X_9 + 0.041X_{10} + 0.023X_{11} + 0.183X_{12} + 0.543X_{13} - 0.008X_{14} + 0.331X_{15} + 0.314X_{16} + 0.050X_{17} - 0.021X_{18} + 0.144X_{19} - 0.394X_{20}。$$

3. 计算各主成分的综合得分

以上 6 个主成分分别从不同方面反映了碳循环平衡力总体水平，但仅仅使用某一主成分并不能对碳循环平衡力水平做出综合评价。因此，需要综合各个主成分的得分，求出碳循环平衡力水平的综合得分。方法如下：以各主成分对应的方差贡献率为权数，再乘以对应的主成分得分，最后进行相加[1]。按各主成分对应的方差贡献率为权数构造综合评价函数：

$$F = \frac{\lambda_1}{\sum_{i=1}^{6}\lambda_i}F_1 + \frac{\lambda_2}{\sum_{i=1}^{6}\lambda_i}F_2 + \frac{\lambda_3}{\sum_{i=1}^{6}\lambda_i}F_3 + \frac{\lambda_4}{\sum_{i=1}^{6}\lambda_i}F_4 + \frac{\lambda_5}{\sum_{i=1}^{6}\lambda_i}F_5 + \frac{\lambda_6}{\sum_{i=1}^{6}\lambda_i}F_6 \tag{7.2}$$
$$= 0.358F_1 + 0.246F_2 + 0.141F_3 + 0.124F_4 + 0.076F_5 + 0.056F_6$$

根据 F_1～F_6 的表达式和各主成分对应的方差贡献率权数，可计算出各个主成分得分、综合得分以及排序，如表 7-8 所示。用主成分分析法计算出来的得分有正值和负值，正值表示相关省市的碳循环平衡力水平位于平均水平之上，负值表示其碳循环平衡力水平处在平均水平之下，如果得分为 0，则表示其碳循环平衡力水平恰好位于平均水平。

表 7-8　各相关省市的主成分得分、综合得分

省级区域	主成分 1	主成分 2	主成分 3	主成分 4	主成分 5	主成分 6	综合得分	综合排名
重庆	0.382	−0.304	−2.264	0.084	0.576	0.834	−0.156	7
四川	−0.545	−0.330	−0.015	0.372	−2.299	0.395	−0.385	9
贵州	−1.528	1.589	0.341	1.353	1.077	0.469	0.168	4
云南	−1.308	0.376	−0.410	−0.059	−0.815	−0.763	−0.546	10
湖北	−0.283	−0.380	1.393	−1.005	0.054	−1.013	−0.176	8
湖南	0.122	−0.195	0.707	−1.093	−0.162	1.914	0.055	5
江西	−0.566	−1.038	−0.882	−0.663	0.783	−1.515	−0.690	11
安徽	−0.141	−1.081	0.685	−0.313	1.150	0.864	−0.123	6
上海	1.425	2.093	−0.090	−1.187	0.038	−0.505	0.840	1
浙江	1.039	−0.197	−0.346	0.657	−0.707	−0.086	0.298	3
江苏	1.402	−0.532	0.881	1.854	0.305	−0.594	0.715	2

第三节　长江上游地区碳循环平衡力综合评价

一、对各子系统的评价

由于能源消耗及碳排放两个子系统的整体状况已经在前文做了较为深入的分析，此处不再重复介绍。下面主要评价经济社会子系统、资源利用子系统和碳汇（碳

吸收）子系统。

（一）经济社会子系统

主成分 1 提取了绝大部分指标的主要信息，能够综合反映低碳经济发展中经济社会这一子系统。由表 7-8 可看出，在这一主成分上，得分大于 0 的有 5 个，其中上海的得分最高，说明上海的经济社会发展实力最强，其次是江苏省和浙江省。上海是我国最大的金融中心和贸易中心，也是我国第二批低碳试点城市，其经济发展水平和科技水平都很高，经济发展对能源的依赖程度相对较小，重视城市绿化建设。从碳排放的角度来看，这 3 个地区的碳排放量都是比较低的，而且碳排放率比较低的第三产业占比较高，这些对低碳经济发展都具有巨大的促进作用。经济社会发展实力比较弱的是贵州省和云南省，其中贵州与上海的得分相差 2.953 个单位，贵州省和云南省的经济发展水平还处在主要依靠资源投入来拉动经济增长的高投入、高能耗阶段，经济发展对能源有较大的依赖性，并且技术创新和科技含量都比较落后，这也就造成每产出一单位 GDP 就需要消耗更多的能源，即高投入、低产出。因此在这一指标的综合得分上较低，如果不改变产业结构、提高技术水平，这两个地区的环境污染将更为严重。

（二）资源利用子系统评价

主成分 6 中 X_{13}、X_{15} 和 X_{16} 相关系数较大，与主成分 6 有密切关系，可认为主成分 6 能够反映资源利用这一子系统。从表 7-8 可看出，在这一主成分中得分大于 0 的有 5 个，其中湖南的得分最高，从废水的达标率来看，除江苏和贵州，其他省市的整体情况比较好，废水达标率都高于 90%，尤其是湖南省，废水达标率高达 99.6%，说明湖南省在废水治理的技术上是比较先进的。名次依然落后的贵州省其达标率仅为 82%，低于 90%的平均水平，与湖南在这一主成分得分上相差 1.445 个单位，浙江、上海、安徽、湖北、四川的废水达标率较高，而云南和江西在这一主成分上得分也较低，说明这两个省份在废水治理的技术上是比较落后的。从城市生活垃圾无害化处理率来看，云南和湖北两省的处理率最低，还不到 90%，而其他省市的城市生活垃圾无害化处理率均超过 90%，尤其是重庆和浙江，其城市生活垃圾无害化处理率接近 100%。从资源利用上来看，不同省份差距还是比较大，因此从环保技术水平现状来看，技术水平较差的省市，急需发展节能环保技术，提高废水的利用率和达标率，以提升其整体碳循环平衡力水平。

（三）碳汇子系统评价

在主成分 4 中，变量 X_{17}、X_{19} 系数较大，反映的是森林覆盖率和湿地覆盖率。

在主成分 5 中，变量 X_{18} 系数较大，反映人均绿地面积这一指标，因此可将这两个指标综合在一起对碳汇子系统进行分析。虽然都是碳汇指标，但两者也存在较大差异。人均绿地面积更多的是反映城区的碳汇情况，而森林覆盖率和湿地覆盖率考察的是整体区域的碳汇情况。从表 7-8 可以分别看到主成分 4 和主成分 5 的得分情况以及差异。

在主成分 4 上得分最高的是江苏，浙江、贵州等地的得分也较高，这些地区森林资源和湿地资源较丰富。上海在这一主成分上的得分是最低的，因为上海市的森林覆盖率和湿地面积还处在较低水平，但上海市委市政府已采取措施，争取到 2015 年城市森林覆盖率达到 15%。江苏的湿地覆盖率低于上海，但江苏的森林覆盖率高于上海。在主成分 5 的得分上，得分最高的是安徽省，其次为贵州省，与安徽省相差不大。在长江上游地区，重庆和贵州城市绿地覆盖率较高，城市的绿化情况整体较好，而四川和云南两省的得分均为负值，尤其是四川省，得分最低，说明城市绿地覆盖率比较低，应增加城市的绿化面积，以增加城市碳汇，着力发展低碳城市。

二、碳循环平衡力综合评价

根据主成分的得分情况以及对 5 个子系统的分析，可以发现，不同省市的碳循环平衡力水平不同，这主要是由于各个省市的产业结构、人口密度、地理条件等众多要素的不同而造成，而影响碳循环平衡力的这些要素可以归结到经济社会、能耗、资源利用、碳源及碳汇这 5 个子系统中。不同省市的碳循环平衡力水平有所差异，说明这 5 个子系统未能共同发挥作用、协调发展。而碳平衡是一种动态循环平衡，通过这 5 个子系统间的相互影响、相互促进、相互作用来实现。

从表 7-8 碳循环平衡力水平综合得分的结果可看出：排名靠前的是江苏和上海，其综合得分都接近 1，尤其是江苏，从各主成分得分上看，有 4 个主成分得分都大于 0，说明江苏各方面的发展水平都比较高，更好地促进了低碳经济的发展。浙江、贵州和湖南的综合得分为 0～0.5，说明碳循环平衡力水平相对较高，四川、重庆、湖北、安徽综合得分为−0.5～0，说明这些省市的碳循环平衡力水平相对较低。相比之下，排名最后的江西，其碳循环平衡力是最低的，综合得分还不到−0.5。碳循环平衡力水平综合得分最高分（0.840）和最低分（−0.690）之间相差 1.530 个单位，说明各省市的碳循环平衡力水平存在较大差距。值得注意的是，部分省市尽管在碳循环平衡力水平综合得分上比较高，但仍未能实现碳平衡。

本 章 小 结

通过经济社会、资源利用、能耗、碳源、碳汇等 5 个子系统构成的碳循环平衡力模型分析碳循环平衡力水平，发现碳循环平衡力水平综合得分最高的上海(0.840)和最低的江西(-0.690)之间相差 1.530 个单位，说明长江上游与中下游各省市的碳循环平衡力水平存在较大差距。

长江上游地区的四川、重庆与长江中游地区的湖北、安徽处在同一个层次上，综合得分为-0.5～0，碳循环平衡力水平相对较低。长江上游地区的贵州与长江中游地区的湖南和下游的浙江处于同一个层次，综合得分为 0～0.5，碳循环平衡力水平相对较高。碳循环平衡力水平最高的是处于长江下游的江苏和上海，其综合得分都接近 1。尤其是江苏，从各主成分得分上看，有 4 个主成分得分都大于 0，与得分最低的江西(不到-0.5)形成鲜明对比。

虽然部分省市在碳循环平衡力水平综合得分上比较高，但仍未能实现碳循环平衡。这说明发展低碳经济、不断提升各地低碳经济发展能力，实现真正的碳循环平衡，还有很长的路要走。

参 考 文 献

[1] 张文彤，董伟.SPSS 统计分析高级教程[M].北京：高等教育出版社，2004.

附　　录

附表 7-1　各地区 2005～2013 年煤炭消耗量　(单位：万 t)

	2005	2006	2007	2008	2009	2010	2011	2012	2013
重庆	3335.20	3734.60	4078.69	5272.73	5781.72	6396.90	7189.00	6750.00	5794.47
四川	7791.93	8532.71	9450.11	10727.41	12147.35	11520.40	11454.00	11872.00	11678.55
贵州	8651.44	9938.99	10630.35	9732.18	10912.47	10908.10	12085.00	13328.00	13650.74
云南	6681.53	7482.00	7620.45	7915.69	8885.61	9349.40	9664.00	9850.00	9783.09
湖北	8652.64	9651.64	10534.62	10196.08	11099.75	13470.06	15805.00	15799.00	12166.72
湖南	8739.29	9438.51	10277.39	10169.01	10751.41	11323.33	13006.00	12084.00	11223.84
江西	4242.90	4592.26	5169.99	5267.45	5356.11	6246.24	6988.00	6802.00	7254.69
安徽	8339.64	8830.52	9783.74	11377.10	12666.40	13375.70	14538.00	14704.00	15665.08
上海	5324.52	5143.09	5259.53	5463.91	5305.17	5875.52	6142.00	5703.00	5681.19
浙江	9680.80	11334.43	13024.12	13040.94	13276.16	13949.86	14776.00	14374.00	14161.26
江苏	16778.57	18427.68	19951.80	20736.71	21003.02	23100.48	27364.00	27762.00	27946.07

附表 7-2　各地区 2005～2013 年焦炭消耗量　（单位：万 t）

	2005	2006	2007	2008	2009	2010	2011	2012	2013
重庆	388.00	329.15	323.38	342.44	334.10	299.47	377.79	503.77	208.82
四川	894.54	1003.67	1144.05	1119.10	1121.99	1353.64	1438.85	1562.85	1760.13
贵州	333.86	477.05	486.06	450.97	367.79	380.44	402.88	382.26	423.46
云南	1223.36	1252.01	1377.39	1331.43	1276.33	1231.21	1218.44	1338.87	1347.57
湖北	685.47	752.13	820.00	952.27	910.76	1120.83	1172.72	1113.85	1114.39
湖南	756.58	823.12	915.89	998.90	1011.92	1089.19	851.65	1072.13	1075.82
江西	452.86	527.26	597.65	581.40	710.41	772.61	872.32	878.66	854.93
安徽	538.39	652.22	809.70	851.22	856.28	910.17	948.12	996.44	1049.41
上海	630.51	655.46	729.70	714.44	677.68	717.08	714.15	673.17	640.30
浙江	163.59	317.76	326.40	485.98	504.51	443.09	470.00	451.42	446.18
江苏	1593.12	1844.49	1884.70	1888.95	2221.20	2663.47	3151.47	3170.10	3190.61

附表 7-3　各地区 2005～2013 年原油消耗量　（单位：万 t）

	2005	2006	2007	2008	2009	2010	2011	2012	2013
重庆	2.86	3.17	0.13	0.02	0.01	—	—	—	—
四川	140.81	174.94	239.95	285.49	315.68	351.76	361.75	351.47	306.49
贵州	—	—	—	—	—	—	—	—	—
云南	0.07	0.07	0.11	0.06	0.07	0.06	0.02	0.02	0.03
湖北	822.13	851.10	910.00	884.26	946.60	1033.86	1026.23	947.74	1176.72
湖南	660.86	574.49	671.67	614.11	565.77	587.60	766.03	926.00	946.54
江西	368.02	417.99	396.47	411.00	451.68	469.92	432.77	508.22	520.28
安徽	414.49	445.40	451.08	426.34	454.13	477.57	484.13	421.38	551.67
上海	1967.00	1832.84	1719.57	1951.55	1937.18	2126.50	2134.69	2210.55	2611.76
浙江	2113.04	2114.73	2248.73	2287.35	2505.80	2835.41	2939.77	2732.59	2853.65
江苏	2264.76	2302.70	2454.00	2313.13	2661.44	2998.55	2981.07	2947.99	3394.78

附表 7-4　各地区 2005～2013 年汽油消耗量　（单位：万 t）

	2005	2006	2007	2008	2009	2010	2011	2012	2013
重庆	77.53	86.22	86.46	96.59	90.54	102.63	144.97	144.63	161.70
四川	224.44	269.32	330.44	375.92	462.92	541.82	642.08	700.00	818.47
贵州	67.52	78.94	85.65	123.42	129.99	143.36	145.23	158.30	195.40

续表

	2005	2006	2007	2008	2009	2010	2011	2012	2013
云南	122.95	128.12	158.11	178.86	193.27	232.49	250.34	287.51	280.01
湖北	367.43	421.49	551.91	624.23	559.50	457.80	497.81	566.71	616.05
湖南	271.88	263.24	271.67	231.80	246.11	262.36	295.05	388.93	434.56
江西	64.49	65.99	70.61	75.68	77.21	155.23	182.76	198.42	236.92
安徽	86.41	97.80	114.91	127.37	140.40	157.40	176.16	250.64	319.33
上海	242.34	268.73	299.66	340.50	388.52	415.37	472.87	517.35	532.55
浙江	368.53	404.80	447.09	475.36	508.62	586.70	647.76	706.16	706.14
江苏	420.13	449.51	481.56	561.80	585.66	749.84	827.38	935.00	891.46

附表 7-5　各地区 2005～2013 年煤油消耗量　　（单位：万 t）

	2005	2006	2007	2008	2009	2010	2011	2012	2013
重庆	12.30	23.01	27.01	30.44	34.06	41.78	52.78	54.28	58.99
四川	93.56	105.83	128.62	126.61	155.07	173.31	206.24	205.44	239.76
贵州	8.41	9.63	9.73	2.95	2.95	8.94	10.84	13.27	21.80
云南	28.71	35.06	36.18	38.19	37.24	47.44	51.12	56.06	63.73
湖北	26.08	34.61	35.98	49.70	47.43	40.41	46.75	53.26	63.77
湖南	12.48	20.83	24.50	25.41	30.44	30.25	32.03	35.22	38.84
江西	7.14	7.95	7.80	8.01	7.65	8.50	9.05	9.51	1.70
安徽	10.52	10.60	11.34	11.02	13.23	8.41	9.09	10.77	9.46
上海	223.32	261.97	295.45	321.47	353.11	399.07	400.50	402.74	473.48
浙江	40.98	46.47	49.48	54.91	62.90	70.42	74.75	80.07	92.15
江苏	21.55	18.41	20.79	21.45	21.18	35.69	44.73	53.14	63.79

附表 7-6　各地区 2005～2013 年柴油消耗量　　（单位：万 t）

	2005	2006	2007	2008	2009	2010	2011	2012	2013
重庆	180.18	186.55	234.11	257.65	273.55	338.51	397.70	409.91	455.95
四川	287.43	354.61	394.23	473.94	538.46	525.10	576.52	643.40	754.04
贵州	139.04	169.73	183.50	226.46	234.69	264.66	304.97	336.03	378.70
云南	283.90	331.66	382.15	411.95	437.70	562.04	609.84	650.89	559.81
湖北	451.49	496.62	609.42	613.49	790.67	648.96	698.07	732.07	805.41

续表

	2005	2006	2007	2008	2009	2010	2011	2012	2013
湖南	282.05	342.08	395.04	375.51	432.38	502.98	561.72	501.62	566.32
江西	302.07	313.59	295.27	288.47	293.17	368.75	392.54	416.65	526.48
安徽	210.07	239.90	259.16	309.63	329.14	365.75	416.69	578.31	626.32
上海	329.60	370.98	417.17	427.05	483.19	509.04	532.96	568.99	555.84
浙江	803.11	842.43	874.40	898.63	897.23	958.33	958.44	938.90	946.63
江苏	515.12	587.17	607.99	646.21	655.87	727.96	759.40	803.54	752.28

附表 7-7　各地区 2005～2013 年燃料消耗量　（单位：万 t）

	2005	2006	2007	2008	2009	2010	2011	2012	2013
重庆	3.61	2.66	7.84	8.14	7.59	8.61	9.37	9.89	11.98
四川	8.08	9.50	7.17	12.60	13.34	62.82	70.45	75.21	87.90
贵州	10.39	12.01	34.35	23.16	13.47	14.43	16.04	4.68	0.51
云南	3.91	4.72	5.04	5.20	5.16	5.62	2.59	2.61	3.24
湖北	110.87	125.99	123.54	106.97	108.88	92.01	97.34	104.29	118.84
湖南	43.09	42.04	40.20	41.41	68.39	75.22	68.98	61.23	68.31
江西	31.08	26.50	20.95	26.98	22.04	23.67	26.80	29.85	31.47
安徽	23.88	21.62	13.24	15.60	14.26	11.73	11.31	11.08	9.80
上海	765.95	805.79	848.61	788.73	742.79	744.28	675.04	640.15	603.14
浙江	303.66	240.95	227.29	219.86	289.53	330.48	370.29	328.67	328.49
江苏	257.72	201.06	236.59	218.00	217.10	157.71	151.19	158.35	182.70

附表 7-8　各地区 2005～2013 年天然气消耗量　（单位：$\times 10^8 m^3$）

	2005	2006	2007	2008	2009	2010	2011	2012	2013
重庆	35.50	40.05	43.53	48.75	49.47	56.42	61.80	70.98	72.19
四川	89.52	106.08	112.15	108.94	126.99	175.26	156.08	153.00	148.30
贵州	5.44	4.95	5.14	4.74	4.18	4.14	4.76	5.26	8.42
云南	6.12	5.45	5.49	5.28	4.52	3.64	4.20	4.30	4.27
湖北	6.11	6.64	8.63	15.60	16.52	19.56	24.92	29.28	31.97
湖南	1.00	4.25	5.84	8.23	10.23	11.25	15.34	18.79	20..46

续表

	2005	2006	2007	2008	2009	2010	2011	2012	2013
江西	0.11	0.68	1.04	2.50	2.58	3.85	6.34	10.04	13.43
安徽	0.85	1.95	4.03	7.17	9.77	12.48	20.14	24.90	27.81
上海	18.72	25.25	27.78	30.00	33.52	45.01	55.43	64.38	72.89
浙江	2.25	11.89	18.09	17.70	19.30	31.81	43.88	48.08	56.72
江苏	13.62	31.30	44.58	63.13	63.43	71.57	93.74	113.14	124.47

附表 7-9　各地区 2013 年资源能源数据(X_1～X_{10})

	X_1	X_2	X_3	X_4	X_5	X_6	X_7	X_8	X_9	X_{10}
重庆	43223	46.7	11.57	11.23	0.69	0.26	2710	0.53	5.34	96.64
四川	32617	35.9	14.59	13.24	0.82	1.51	2654	0.46	4.77	251.14
贵州	23151	46.6	9.60	9.58	1.58	2.50	3049	0.58	8.66	97.42
云南	25322	42.5	11.61	12.29	0.97	1.67	2415	0.70	5.62	219.02
湖北	42826	40.2	11.56	15.85	0.54	1.43	2295	0.58	7.44	351.93
湖南	36943	40.8	10.80	13.8	0.79	0.73	2625	0.36	6.85	248.19
江西	31930	35.1	9.15	15.26	0.53	0.84	1698	0.61	4.65	141.58
安徽	32001	34.2	10.99	19.61	0.676	1.03	1940	0.59	6.55	338.40
上海	90993	63.2	12.11	4.11	0.53	0.79	4698	0.39	13.82	10.78
浙江	68805	47.5	14.64	17.83	0.49	1.01	3390	0.50	6.68	92.43
江苏	75354	45.5	14.15	23.22	0.49	0.87	3679	0.35	10.46	326.83

附表 7-10　各地区 2013 年资源能源数据(X_{11}～X_{20})

	X_{11}	X_{12}	X_{13}	X_{14}	X_{15}	X_{16}	X_{17}	X_{18}	X_{19}	X_{20}
重庆	108937	1.24	99.4	84	95.2	93.2	38.43	18.04	0.01	41.7
四川	213443	1.46	95.0	51.1	95.5	82.2	35.21	11.21	0.02	38.4
贵州	159781	3.75	92.2	62.9	82.6	84.0	37.10	11.41	0.03	34.5
云南	111088	2.23	87.6	52.0	92.5	84.5	50.01	10.56	0.01	37.8
湖北	198591	1.74	85.4	75.4	94.5	84.6	10.5	10.83	0.48	38.1
湖南	206680	1.86	96.0	64.2	99.6	88.4	8.83	8.99	0.37	37.6
江西	138617	1.45	93.3	55.7	91.2	83.1	14.10	14.12	0.14	45.1
安徽	195091	2.05	98.8	81.5	93.7	88.4	11.92	12.47	0.47	39.9
上海	108400	1.53	90.6	97.3	95.6	91.0	7.08	7.10	0.15	38.4
浙江	268360	0.97	99.4	93.2	93.6	89.3	12.47	12.44	0.08	40.3
江苏	373500	1.38	97.4	95.7	84.6	90.7	13.63	14.01	0.16	42.4

第八章　主要发现与对策建议

本章梳理总结前述研究的有关发现，提出长江上游地区低碳经济发展能力提升的战略对策与政策建议；同时，展望未来的研究趋势和研究领域，力争为后续的深入研究提供线索和路标。

第一节　主 要 发 现

本书研究的主要发现总结如下。

一、长江上游、中下游地区相关省市之间碳足迹呈差异收敛趋势

总体而言，长江上游、中下游地区人均碳足迹差异正呈现收敛的态势，且总差异主要来源于组间差异，2003～2008 年，组间差异对总差异的影响逐步增强，而 2008～2012 年，该影响正逐步减弱，说明各组内部碳足迹特征正逐步异化；通过考察 Kaya 三因素对人均碳足迹的影响可知，影响人均碳足迹最主要的因素是人均 GDP，其次是能源强度，碳足迹系数的影响较弱，表明各地区需要进一步加快经济发展方式的转变。

从碳足迹总量和人均碳足迹来看，除上海，所有省市区域碳足迹和人均碳足迹基本呈现上升趋势，且在数值上，下游地区普遍高于中上游地区，而在增速上，中上游地区高于下游地区，根据分析可以推断，人均碳足迹可能存在边际递减的规律，即人均碳足迹越高，其增速越慢。

从碳足迹效率上看，2003～2012 年，各省市在碳足迹强度上呈现趋同趋势，大部分中下游地区如上海、江苏、浙江、湖北、安徽等地的碳足迹效率得到了提高，而部分中上游地区除贵州经历了大幅降低，如四川、重庆、云南、江西等地区都存在一定的恶化趋势。

从碳足迹压力看，从下游到上游呈现递减趋势，其中，上海碳足迹压力最为明显。因此，上海等长江下游地区应该进一步加快结构转型，控制人口，减缓生态压力，而长江上游地区在经济上大力追赶下游地区的同时，更应该注意经济增

长与低碳发展的结合，避免重蹈长江下游地区覆辙。

二、长江上游地区碳脱钩发展力呈逐渐增强态势

长江上游地区碳脱钩发展力正在逐渐增强，但处于波动状态。在碳排放脱钩弹性方面，2002～2010年，长江上游地区的变化趋势明显，呈现了由扩张负脱钩、增长连结到弱脱钩发展态势。2002～2003年，环境压力与经济增长的脱钩关系由增长连结进入扩张负脱钩阶段，表明二氧化碳的排放对环境影响速度大大超过了经济增长的速度，其经济增长是建立在对资源大量消耗的基础上，较低的能源利用效率使得环境状况非常差。而2004年的脱钩状态为增长联结，说明此年度经济增长和环境污染的步伐接近一致，这是一般愿景，即经济与环境影响以及资源消耗量同时都有所增长，资源利用率未获提高。

2005～2008年，脱钩关系进入弱脱钩阶段，是脱钩状态最好的阶段，长江上游地区在节能减排及产业耗能结构调整方面进步重大，碳排放强度不断降低，经济增长对环境造成的压力总体趋缓。但是至2009年，碳排放脱钩关系又变为增长联结，出现反复，可能是由于2008年受全球经济危机影响，中央以及地方政府通过对固定资产的巨额投资来刺激经济增长，长江上游地区对基础建设的巨额投资可能导致当年碳排放量急剧增长，并不具备普遍性。

总体上看，长江上游地区在降低碳排放强度上呈现不断进步趋势，说明10年间长江上游地区不断改善粗放式的经济增长方式。尤其是“十一五”规划期间，单位GDP能耗降低20%的国家政策目标对长江上游地区低碳经济发展产生显著影响，其在抑制高耗能行业上成效显著。自2005年开始，长江上游地区多数年份碳排放量与经济增长的脱钩关系均处于弱脱钩阶段，原有粗放式的经济增长方式正逐步向低碳化和集约型的低碳经济发展模式转变。

三、长江上游制造业低碳发展DSR驱动力呈总体向上趋势

长江上游制造业低碳发展DSR驱动力总体趋向上升，但主导产业部门低碳发展DSR驱动力的提升空间仍然很大。

在2000～2011年，长江上游地区制造业低碳发展DSR驱动力总体上呈现良好的发展态势，处于上升阶段。1998年世界金融危机爆发，我国减少了一些污染排放量大的中小制造业，提出要进行战略性的产业结构调整，因此2002年前，长江上游地区制造业的平均碳排放系数和人均碳排放量略有降低，同时制造业的发展也受到了一定的抑制作用，所以，长江上游地区制造业低碳发展DSR驱动力的

技术指数值会略高于其经济指数值。但在 2004 年之后，长江上游地区制造业低碳经济环境水平明显较长三角地区有所下降，环境治理稍有松懈，这与该地区比较脆弱的地质条件引起的各种自然灾害和人为过度利用都有一定的关系，但两者在总体上的趋势还是良好的。可见长江上游地区制造业仍须紧抓节能减排，加强绿化，加强发展低碳技术，同时不放松经济建设。

借助投入产出模型，本书通过对长江上游地区制造业行业内的感应度系数和行业低碳系数的计算，综合衡量了长江上游地区制造业低碳发展 DSR 驱动力关联效应情况，进一步明确了长江上游地区制造业低碳发展 DSR 驱动力提升的主导产业部门，包括：金属冶炼及压延加工业，化学原料及化学制品制造业，交通运输设备制造业，纺织业，通信设备及其他电子设备制造业，非金属矿物制品业，电气机械及器材制造业，通用、专用设备制造业等。必须以加快主导产业的结构调整转型、提升产业技术素质为重点，广泛应用先进适用技术、高新技术和低碳技术改造传统产业，大力发展低碳、优质、高效的战略性新兴产业，建设国家重要的新型低碳工业经济带。

四、长江上游、中下游地区相关省市的碳循环平衡力水平差异大

依据碳循环平衡力评价体系，本书搜集整理了 2005～2013 年长江上游、中下游地区部分省市的相关数据，通过 SPSS 统计软件计算评估其碳循环平衡力状况，发现碳循环平衡力水平综合得分排名靠前的是江苏和上海，其综合得分都接近 1，尤其是江苏，从各主成分得分上看，有 4 个主成分得分都大于 0，说明江苏在碳循环平衡力各方面的发展水平都比较高，更好地促进了低碳经济的发展。浙江、贵州和湖南的综合得分为 0～0.5，说明碳循环平衡力水平相对较高，四川、重庆、湖北、安徽综合得分为-0.5～0，说明这些省市的碳循环平衡力水平相对较低。相比之下，排名最后的江西，其碳循环平衡力水平是最落后的，综合得分还不到-0.5。总体来看，碳循环平衡力水平综合得分最高的上海（0.840）和得分最低的江西（-0.690）之间相差 1.530 个单位，说明各省市的碳循环平衡力水平存在较大差异。尽管部分省市在碳循环平衡力水平综合得分上与其他地区相比较高，但仍未能实现碳平衡。

样本区域内不同省市的碳循环平衡力水平差异大，一是由于各个省市的产业结构、人口密度、地理因素等众多要素不同；二是构成碳循环平衡力的经济社会、能耗、资源利用、碳源及碳汇等 5 个子系统发挥协同作用的程度也各不相同。

第二节　战 略 举 措

经济模式的变革是实现经济可持续增长的关键所在。确保经济增长的规模、速度和结构优化在资源环境承载力范围之内是提升区域低碳经济发展能力的出发点和归属点。

一、调整产业结构

产业结构的调整是提升低碳经济发展能力的重要途径。同等总量或者规模处于同样技术水平的经济，如果产业结构不同，其碳排放量可能相去甚远，如信息产业等技术密集型和知识密集型产业便同属于低碳行业，其能耗和物耗是十分有限的，比起重化工业等需要消耗化石原料的行业，它们对环境的影响微乎其微。产业结构是与一定的经济水平和社会发展阶段相适应的，对处于工业化进程中的发展地区，工业在国民经济中的比例会在相当长的时期内占据主导地位，而制造业无疑成为需要大量消耗能源的产业之一。

目前，长江上游地区作为我国老工业基地和西部的经济中心，已经形成了种类齐全、轻重工业并举、配套能力较强的较为完善的工业体系，形成了国家重要的天然气化工基地、装备制造业基地、国防工业基地和西部最富饶的农牧业聚集区。因此，提升长江上游地区低碳经济发展能力，不但要关注完整的制造业体系，如金属冶炼及压延加工业、纺织业、非金属矿物制品业等，充分发挥汽车、摩托车、成套设备、工程机械、数控机床、光电和通信设备等传统制造业优势，还要推动交通运输业、旅游业、房地产业、金融业、商贸业、信息服务业等第三产业的迅速发展。发达国家的现代服务业在 GDP 中所占比例高达 60%～70%，如 2003 年英国能源白皮书《我们未来的能源——创建低碳经济》揭示，英国近 30 年中经济规模几乎翻了一番，但能耗总量只增加了 10%左右，除了得益于能源利用效率的提高，还得益于产业结构的积极调整促进了现代服务业的发展[1]。

通过产业结构调整推动长江上游地区低碳经济发展能力提升还要依靠区域内外中心城市之间的合作联动，以加速资源、技术、资本、人才等生产要素在区域内的流动，形成良性互动的经济格局和资源配置优化、市场共享、相互补充的低碳产业体系，把潜在资源优势转化为竞争优势和经济优势。充分利用长三角地区和长江上游地区首尾联动的战略地位，抓住国内外产业转型升级的重大机遇，主动引导、吸引长三角地区低碳产业向长江上游地区转移，带动长江上游地区低碳产业升级，实现长江上游地区和长三角地区共同支撑的长江经济带的腾飞，有效提升低碳经济的发展能力。

二、优化能源结构

一般来讲，在煤、石油、天然气 3 种主要化石能源中，煤的含碳量最高，石油次之，天然气的含碳量最低，天然气的单位热值碳密集度只有煤炭的 60%左右，其他形式的能源如太阳能、核能、水能、地热能、风能等属于无碳能源，是我们常说的清洁能源。中国能源资源总量较为匮乏，结构不合理，化石能源储量中又是以煤为主，油气资源相对欠缺，在当前的技术水平下，太阳能、风能和生物质能等清洁能源的商业化受到成本的约束，难以与常规的化石能源竞争，因此现实因素决定了我国以煤为主的化石能源生产和消费格局仍将持续一段时间。

从保证能源安全和保护环境的角度看，需要发展低碳和无碳等新能源，促进能源供应的多样化。从 2009 年 4 月开始，国家能源局发展规划司便牵头组织制定新能源产业振兴规划，加强政府公共财政对发展新能源的支持力度。预计到 2020 年，我国核电运行装机容量将达 8×10^7kW，风电总装机容量将达 1.5×10^8kW，太阳能发电将达 1.8×10^6kW。要实现 2020 年规划总目标，我国可再生能源总投资将超过 3 万亿元[2]。

新能源作为我国能源战略的重要组成部分，对于促进低碳经济发展、满足能源需求、减少环境污染、改善能源结构具有重要作用。以水电为主体的新能源开发是推动长江上游地区低碳经济发展能力提升的基础与重点。因为长江上游地区是世界级的水能“富集区”，蕴藏着巨大的水能资源。长江上游水电总蕴藏量达 2.68×10^8kW，可开发量为 1.97×10^8kW，占全国水电可开发量的 53.4%，主要分布在长江上游西南地区，截至 2018 年，长江流域水电站约有 19426 座，占全国的 41.5%；装机容量超过 1.9×10^8kW，约占全国的 59.4%。长江上游乌东德（1020×10^4kW）、白鹤滩（1200×10^4kW）、溪洛渡（1386×10^4kW）、向家坝（775×10^4kW）、长江三峡（2250×10^4kW）等特大型水电站装机容量分别占长江中上游水电总装机容量的 5.4%、6.3%、7.3%、4.1%、11.8%[3]。可见，长江上游巨大的水能资源是我国新能源开发的重要支撑，更是提升本区域低碳经济发展能力的核心基础。

科学研究水平的滞后和技术创新能力的缺乏是长江上游地区新能源发展进程的极大障碍。除此之外，许多制约新能源开发利用的瓶颈尚未得到突破，如缺乏完善的促进新能源发展的法律法规和政策支持体系；新能源产业化和商业化程度低；新能源科学研究滞后；资金短缺，融资能力薄弱；技术创新能力薄弱等。针对这些问题，必须采取必要的政策支持，保证新能源在技术研究与开发经费方面的投入，降低新能源生产成本，以此推进能源结构调整和新能源开发利用，强力支撑低碳经济发展能力的可持续提升。

三、提升碳汇能力

提升低碳经济发展能力不仅要从碳源上进行有效的遏制，以减少碳源的排放，还应该在碳汇上下功夫。所谓碳源，是指产生二氧化碳之源，既来自自然界，也来自人类生产和生活。减少排放源要从源头上入手，如直接降低工业生产耗能，或者进行技术改造以减少碳排放量，这样的方式通常都需要付出巨大的成本，甚至可能在实施过程中会对经济发展产生一定的阻力。而碳汇则是自然界中碳的寄存体，森林植被是陆地上巨大的碳汇。通过植树造林和再造林等增加二氧化碳吸收量，比起人工碳捕捉成本相对低得多，增加碳汇成本大约是减少碳源的 1/30。已有研究表明：陆地森林植被的生长通过光合作用，可以吸收空气中的二氧化碳，将二氧化碳作为一种生长养分，并将其固定在生物有机体中。据不完全统计，每年森林植被吸收净碳量约为 10×10^8～15×10^8t，平均每增加 1%的森林覆盖率，便可以从大气中吸收固定 0.6 亿～7.1 亿 t 碳[4]。

长江上游地处世界第三极——青藏高原东缘，是全球气候变化的敏感响应区，水热资源丰富，具有重要的水源涵养、防护功能，是维系长江流域生态平衡的主要天然屏障。截至 2018 年，长江上游地区森林面积达到 4771.1×10^4hm^2，森林覆盖率达到 52.78%。其中，四川森林面积为 1839.77×10^4hm^2，森林覆盖率为 38.83%；重庆森林面积为 374×10^4hm^2，森林覆盖率为 55%；云南森林面积为 2476×10^4hm^2，森林覆盖率为 60.3%；贵州森林面积为 81.33×10^4hm^2，森林覆盖率为 57%。可见，长江上游地区森林碳汇有巨大的潜力优势[5-8]。

除了保护天然林提升碳汇能力，植树造林现在已经成为提升低碳经济发展能力的重要组成部分，通过调整土地利用和植树造林等手段将二氧化碳储存于生物碳库中，成为扩大碳汇、生物固碳、减少二氧化碳排放、减缓温室效应十分有效和经济的途径。国际社会也越来越重视森林对二氧化碳的汇聚作用，《京都议定书》早已将造林、再造林等林业活动纳入确立的清洁发展机制，旨在鼓励各国通过绿化、造林来抵消一部分工业制造对二氧化碳的排放，并将造林、再造林作为清洁发展机制项目。发达国家也可以在发展中国家实施林业碳汇项目以抵消其部分温室气体排放量，这对长江上游地区碳汇能力提升而言，既是一个新的资金供给补充，也是技术引进的一种途径。因此，长江上游地区可以基于林业碳汇的自然秉性，增强林业碳汇的生产、管理自主创新能力，有效地提高碳汇林的固碳能力，提升碳汇生态服务效益。可以通过引进国外先进的林业碳汇生产理念和技术成果，加快培养林业碳汇专家、学者，提高林业碳汇科技水平，加大林业碳汇的科技投入，推动林业碳汇生产、建设工作有序开展。

四、弘扬低碳文化

在中国，低碳经济还是一种新的发展模式，社会公众的低碳理念还有所缺失。要提升长江上游地区低碳经济发展能力，必须弘扬低碳文化。从思想意识方面入手，通过对消费需求和消费方式的影响，来改变消费者现有观念，构建与低碳经济发展相适应的价值观，杜绝在工业社会形成的浪费习惯，开辟新的消费热点，培养人们的低碳意识，提倡节能、环保、绿色、高效的低碳生活方式、倡导全民低碳消费。

从思想上戒除以大量消耗能源、大量排放温室气体为代价的不良消费嗜好被认为是转向低碳经济、低碳生活方式的重要途径。例如，对各类机动车、代步电梯、空调健身房、电动跑步机等高能耗产品的高度依赖；以及人们以产品畜禽肉类、油脂等高热量食物为主的膳食结构，其环境代价都是增排温室气体。

此外，必须加大政府的政务引导，树立带头作用，加大政府对低碳生活和消费的宣传力度，树立正确的消费观，将低碳理念引入生产和生活当中，让人们从思想的根源认识到低碳发展的重要性，进而自觉主动地遵守和践行政府制定的低碳政策和低碳制度。在不影响生活质量的同时，合理规划城市布局，选择典型地区、城市和重点行业作为低碳经济发展的试点，积极建设低碳城市和基础设施。大力倡导低碳出行、文明出行，有效地降低出行所带来的高碳排放量，从而为我国塑造一个可持续的低碳未来。

五、创新低碳技术

技术水平参差不齐和创新能力不足，是制约我国经济从高碳向低碳转型的巨大挑战，更是提升低碳经济发展能力的巨大阻碍。低碳经济发展的核心在于技术的突破，尤其是新兴环保能源技术、节能减排技术、固碳技术等一系列低碳技术。长江上游地区拥有近 100 所高等院校，科研机构和专业技术人员众多，仅重庆、成都、贵阳、昆明就有各类科研机构 1000 多个、专业技术人员 200 多万人，具有一定的科技人才支撑。按照经济合理、技术可行的基本原则，亟待研究出低碳发展的技术路线图，以此来促进高能效、低碳排放的技术研发和进一步的推广应用，逐步建立包含清洁能源技术、节能减排技术、新能源和可再生能源开发技术等一系列成熟的、多元化的低碳技术体系；同时加快对二氧化碳捕获与封存，高性能电力存储，超高效势力泵，燃煤高效发电以及氢的生成、运输和存储等技术的研发，形成相应的技术储备，为提升低碳经济发展能力提供强有力的技术支撑。

企业是低碳发展的主体。提升低碳经济发展能力，企业应强化低碳运营，坚持减量化、再使用、再循环的“3R”原则，减少能源消耗和废水、废气的排放，通过技术进步来实现对废弃物的回收和再循环利用，实现生产领域的低碳化和低消费。同时，应加大低碳产品的生产，使人们在购买产品时有更多的选择机会。因此，应鼓励企业通过技术升级，提高现有产品的低碳转化率，进一步降低成本、提高竞争力；形成企业、政府之间的联动机制，为新能源等技术研究与开发利用提供支持；以企业和科研机构为主体，市场为导向，形成产、学、研、创相结合的技术创新体系，建立新能源技术自主创新的基本体制构架等，都是创新低碳技术、提升低碳经济发展能力的有效途径。

六、加强国际合作

先进能源技术最终要为解决环境问题和全球能源问题发挥作用，其技术的传播和扩散非常重要。未来世界能源需求和碳排放增长大部分来自发展中国家，而发展中国家技术水平相对落后，经济实力不强，技术研发能力相对不足。如果仅仅依靠商业性的技术贸易或者技术的自然扩散带来的溢出效应是远远不够的，由此，为了全球可持续发展的共同目标，发达国家有义务向发展中国家提供资金援助和技术转让，《联合国气候变化框架公约》和《京都议定书》等都对发达国家向发展中国家转让技术提出了要求。

低碳经济实质上就是高能源效率和清洁能源结构的联动问题，国际上围绕低碳经济概念展开的对能源和产业新技术的开发应用，无疑会有助于如我国这类发展中国家对高排放、高消耗、低效益的社会经济发展模式的转变，尤其是对传统化石能源利用技术的革新，有关激励低碳经济技术研发的政策和制度创新，对提升低碳经济发展能力更有价值。根据《巴黎协定》，为达到规定的减排目标，发达国家正在通过技术推动和市场拉动两条重要途径促进能源技术进步和国际能源技术合作。具体来讲，所谓技术推动，是指政府和企业增加研究与开发投入，加快技术开发的速度，通过为市场提供具有竞争力的技术产品来推动技术创新；而另一条途径是市场拉动，指的是在引导和刺激企业开发投入的同时，通过技术学习效应，加速新兴技术的成熟与扩散。全球气候变暖的巨大压力使得温室气体排放空间不再是免费的公共资源，减排国际合作也能带来经济利益。由于发达国家国内的减排增量成本比发展中国家高 5～20 倍，因此发达国家愿意以资金援助与技术转移的方式在自愿减排的发展中国家实施减排项目，即 CDM（clean development mechanism，清洁发展机制）项目，如此一来，发达国家便获得低成本的减排量以实现减排义务，与此同时也帮助发展中国家实现可持续发展，无疑为一种双赢策略。长江上游地区是实施 CDM 项目的重要基地。为此，应采取积极的 CDM 政策，挖掘国际合作潜力，获得更多更好的减少温室气体排放的技术与资金支持。

总之，低碳技术是提升长江上游地区低碳经济发展能力的核心和动力。应整合市场中现有的低碳技术，加以推广和应用；同时，加紧技术研发，组织科技攻关，力争掌握一定规模的自主技术；此外，加强国际间交流与合作，把握时机，促进发达国家对长江上游地区的技术转让，多管齐下提升该区域的低碳经济发展实力。

第三节　政 策 建 议

当前贸易保护主义抬头使得全球经济增长的不确定性增加，国内经济增速放缓，“三去一补一降”的供给侧结构性改革仍然是当前我国经济发展的主基调，也是国家对低碳发展方式的实践与探索。作为国家经济发展重要战略支点的长江上游地区，未来必将迎来更大机遇与挑战。随着城市化与工业化进程的深入推进，长江上游地区低碳经济发展能力提升问题显得日益严峻和突出。因此需要促进低碳经济发展的战略和政策持续跟进，积极提高低碳经济市场预期。

一、总体政策

优化土地利用，增强区域碳吸收能力。如果能够得到全社会强有力的支持，提高农村收入水平，就可以减少甚至终止毁林现象，提高森林的储碳能力。据测算，恢复全球范围内 20%的退化农地就能够再多养活 2 亿人口，同时增强气候承载力和碳吸收能力[9]。

（1）发展清洁能源，促进能源结构低碳化转型。伴随着日益增长的进口依赖度和不断恶化的空气环境，使用煤炭的风险和成本与日俱增，要大力发展水能、风能、太阳能、核能等清洁能源，降低火电在全国发电量中的占比，提高火电发电效率。尤其是在风力发电和太阳能发电领域，可再生能源在未来 15 年将占新增发电能力的一半[9]。

（2）鼓励社会创新，加大财政支持力度，提高能源利用效率。重点关注如电力、热力生产与供应等领域内碳排放主导行业，加大产业政策倾斜，提高对企业在能源利用方面和碳吸收方面的研发补贴力度。尤其是我国以煤为主的能源消费结构在短时间内难以改变，因此，促进煤炭消费相关的技术创新，提高煤炭利用效率是实现二氧化碳减排的重要途径。

(3)改革能源价格形成机制，构建能够反映市场供求关系、资源稀缺程度和环境损害成本的价格体系。能源行业的绝对垄断带来了能源价格的畸形，无法反映正常的能源成本，更不利于对能源利用的控制。因此，有必要进一步加强对能源行业的市场改革，鼓励非公有制经济的入股，逐步实现竞争性能源领域的市场定价，而对自然垄断环节要根据明晰的规则进行监管，将能源开发、转化和使用过程中的外部成本和资源消耗状况完全反映在能源产品的价格上，价格交叉补贴要逐步实现由“暗补”向“明补”的转变，并最终取消交叉补贴。

(4)构建绿色税收体系，促进资源的合理配置。政府在资源的开发环节通过税费调整，将环境损害成本和资源价格反映到能源价格中。将排污费改为污染税，实现“污染者付费”；资源税由从量计征改为从价计征。而在能源的消费环节，通过征收能源税增加能源使用成本来引导能源消费行为和使用方式的转变，同时进一步研究开征碳税，为低碳技术创新和大规模应用提供稳定的价格信号。

(5)宣扬低碳生活文化，普及低碳消费理念。因为从消费角度来看(即终端效应)，产品的碳足迹要远远大于生产角度的碳足迹，所以要让低碳生活成为大众的生活习惯，需要提高群众的低碳意识，让大家意识到生活中消费的每一个产品都可能“凝结”着二氧化碳的排放，培养低碳消费的理念，提倡节约和物品循环利用。

二、分区域政策

(1)缩小区际发展的不平衡，增强长江上游地区的低碳发展能力。上游地区仍然以发展为重点，但在对下游地区产业承接的过程中注意甄别产业低碳水平层次，提高眼光，借助本地区位优势以发展高新技术产业和新型节能环保产业为核心，力求完成对传统经济增长方式的跨越。而在碳汇方面，则以对原有森林植被的保护以及新林木的栽植、培育为主。

(2)加大技术创新力度，加快长江下游地区的产业升级转型。下游地区要逐步淘汰高污染高排放的产业，着力发展高、新、尖端产业，逐步形成以现代服务业、高新科技产业为主的发展模式，通过调整产业和产品结构来降低能耗。而在碳汇的增加方面，主要通过加大科技创新力度，进一步改进人工碳捕捉技术，并配以政策扶持加以推广。

(3)识别各自碳足迹主导行业，并实施差异化产业政策，给予相应的政策倾斜与关注。除了传统的能源部门——电力、热力的生产和供应业、煤炭开采和洗选业，石油加工、炼焦及核燃料加工业，如重庆的石油和天然气开采业、安徽的非金属矿物制品业以及江苏的金属冶炼及压延加工业都应该是重点关注的对象。同时也要进一步加强区域间的行业技术交流，缩小地区间行业低碳发展水平的差异。

(4)各地区还应破除地域行政限制，加强区际间的交流与合作。通过建立区域间协调发展的合作机构，从人口、技术、资本、产业、资源等各个方面加强联系和交流，促进资源的优化配置，缩小区际间的发展差距，进一步改善长江上游地区整体的低碳发展状况。

第四节　研究展望

未来的研究要以深入贯彻创新、协调、绿色、开放、共享五大发展理念为宗旨，重点从供给侧结构性改革的角度切入，深化区域低碳经济发展能力建设的相关研究。

一、关于碳足迹的研究展望

(1)区域碳足迹的测定方法有待进一步改进。在区域碳排放估算中，如对工业生产过程中碳排放核算仅计算了钢铁和水泥，而玻璃、合成氨等生产过程产生的碳排放未能计入，所使用的碳排放因子也比较粗略；尤其是在碳吸收估算中，所使用的森林面积直接取自统计年鉴，5 年不变，并且未能对不同种类的林木进行区分，与实际碳吸收情况相差较大。未来可以采用更加精确的碳排放计算方式对不同环节的碳排放和碳吸收进行测算。

(2)碳足迹投入产出模型有待进一步完善。受限于数据和时间，在行业碳足迹的比较中，仅选取了 3 个典型省市，并只使用了 2007 年的相关数据，数据陈旧，且所获得的结果可参考性有限。利用碳足迹投入产出模型，未来可以利用多年的数据纵向考察所有省市的行业碳足迹变化情况(前提是可以获取各省市分行业能源消费量以及不同年份的投入产出表)。此外，对行业碳足迹的测算也仅考虑了能源消费因素，未来在数据可获得的情况下，可以考虑加入工业过程的碳足迹信息，以进一步完善碳足迹投入产出表。

(3)Kaya 模型的改进。Kaya 模型的分析对象主要是能源碳排放，这里的近似替代有点牵强，需要对模型进行改进；同时，对碳足迹差异驱动因素的分析过于简单，受限于所使用的模型，仅对能源消耗碳足迹进行了差异测算，且只能选取

3 个相对宏观意义的碳足迹驱动因子：人均 GDP、能源强度以及碳足迹系数，其结果对实际的指导意义有限。未来可以选取更多可操作性强的自变量，利用高级计量模型对碳足迹的驱动因子进行更深入的分析。

二、关于流域低碳经济发展能力建设的研究展望

对流域低碳经济增长的研究主要专注于由江河自然生态和资源环境衍生的亲自然的节约型流域经济，探究亲自然的节约型流域经济增长路径及模式，形成人与自然和谐发展的流域低碳经济新格局的系统思想和理论观点。

(1)基于亲自然的碳循环平衡力的研究。遵循碳排放—吸收循环平衡机理、依江河流域自然生态而生、以节约资源保护环境而立，以形成人与自然和谐发展的流域低碳经济新格局为核心目标。

(2)基于流域经济的碳脱钩发展力的研究。利用脱钩理论、环境 EKC 曲线等手段寻找绿色发展、循环发展、低碳发展协同的思维本质，以创新驱动发展、市场驱动减排为统领，构建起流域高碳经济低碳化及低碳经济增长的战略模式。

(3)基于集群协同的低碳发展 DSR 驱动力的研究。以低碳能源经济、低碳产业经济、低碳园区经济、碳汇经济、碳交易、低碳科技等为重点，利用供给侧结构性改革手段分析测算现有经济低碳转型及低碳经济增长所创造的低碳投资、就业和环境保护协同效应，为区域经济增长、人民生活质量提升和生态环境改善做出新的贡献。

本 章 小 结

本章梳理了本书研究的发现，提出要从思想上认同低碳经济，通过学习和创新实现区域低碳经济发展能力的提升，要从区域、产业、能源、碳汇、低碳文化等多个方面推进长江上游地区低碳经济发展能力提升工作。要牢固树立创新、协调、绿色、开放、共享五大发展理念，提升低碳经济发展能力，实现长江上游地区由“高碳”时代到“低碳”时代的跨越发展，实现人与自然和谐发展。

参 考 文 献

[1] UK Government. Energy white paper：Our energy future - creating a low carbon economy[OL].

[2019-01-15].https://assets.publishing.service.gov.uk/government/uploads/system/uploads/attachment_data/file/272061/5761.pdf.

[2] 国家信息中心.国家信息中心报告认为未来 10 年新能源投资或逾 3 万亿[J].工具技术，2009，43(7)：101.

[3] 孙宏亮，王东，吴悦颖，等. 长江上游水能资源开发对生态环境的影响分析[J]. 环境保护，2017(15)：37-40.

[4] 徐飞亮，社会生态系统理论视域下的低碳经济探微[J].世纪桥，2011(5)：72-73.

[5] 胡远航.云南森林覆盖率突破 60%[OL].[2019-05-19]. https://www.chinanews.com/sh/2019/03-29/8794507.shtml.

[6] 贵阳晚报.贵州省森林覆盖率提升至 57%[OL].[2019-03-24]. https://wb.gywb.cn/epaper/gywb/html/2019-02/16/content_35672.htm.

[7] 凤凰网重庆综合.建设山清水秀美丽之地重庆森林覆盖率将提至 55%[OL].[2019-06-13] http://cq.ifeng.com/a/20180222/6385035_0.shtml.

[8] 王成栋.四川森林覆盖率达 38.83%全省国土绿 化覆盖率达 69%[OL]. [2019-10-17]. https://epaper.scdaily.cn/shtml/scrb/20190312/212605.shtml.

[9] The Global Commission on the Economy and Climate. Better growth better climate：The new climate economy report[OL]. [2019-10-14]. http://www.doc88.com/p-9902302852828.html.

后　记

本书的思想源起可以追溯到我指导的 2009 级区域经济学硕士研究生李科和王娜的两篇学位论文。两位同学均来自我国东部沿海地区，学习认真刻苦，喜欢穷根究底，对传统工业化带来的资源高消耗、高能耗和环境污染问题观察敏锐，思考深入。经过多次讨论，两位同学的学位论文聚焦于碳足迹与区域低碳经济增长问题的研究，具体包括基于碳足迹测定的重庆市低碳经济发展能力、重庆市碳交易机制建设等。后来，我依据该系列学位论文的指导经历和研究积累，主持申报并获批了 2012 年教育部人文社会科学规划项目“基于碳足迹测定的长江上游地区低碳经济发展能力研究”，并陆续指导了罗曼、方磊、胡尧、张晓菲、张婷婷、蔡礼辉、胡星、袁欢等多届硕士研究生聚焦于该领域研究的学位论文，进一步推进了低碳经济发展与区域经济增长领域的深入探索。2015 年，我主持申报并获批了教育部人文社会科学重点研究基地重大项目“长江上游地区低碳经济研究”，2017 年，我主持申报并获批了国家社会科学基金重点项目“供给侧结构性改革驱动下长江经济带低碳经济增长路径研究”。现在，本书即将出版，这既是国家社会科学基金重点项目“供给侧结构性改革驱动下长江经济带低碳经济增长路径研究”(批准号：17AJY006)阶段性研究成果的部分体现，也是教育部人文社会科学重点研究基地重大项目“长江上游地区低碳经济研究”(批准号：15JJD790043)前期研究的成果累积，更是大家集体智慧的结晶。

本书的研究布局形成是一个动态演进的过程，即：从碳足迹到低碳经济发展能力、从重庆到长江上游再到长江经济带、从区域低碳经济到流域低碳发展等多个层面，所用资源和数据的时间跨度也不断延展，体现了成果的阶段性特征。同时，分析中所用的基础数据也以附录形式放在每章的参考文献之后，供读者参考。

本书在前期的课题研究过程中得到了黄志亮教授、蒲成毅教授、谢新教授、朱莉芬教授、朱艳平老师、高娟老师等学者的鼎力支持以及硕士研究生的智慧贡献。对他们在观点提炼、思路梳理、数据与资料收集整理、初稿草拟、调研协调、社会联络等方面的大力支持和协助，在此深表谢意。本书的出版得到了国家发展和改革委员会能源研究所、重庆两江新区研究局、重庆大学、重庆交通大学、西南民族大学等单位以及北京布鲁斯格环保科技有限公司、南通嘉欧石化冶金设备制造有限公司、启东市冶金机械有限公司、重庆美圆多企业管理(集团)有限公司等企业的调研支持和重庆工商大学长江上游经济研究中心“长江经济带绿色低碳可持续发展研究团队”的出版资助。同时，感谢我的硕士生丁佩思的细心校对，感谢出版审稿人的宝贵意见，感谢科学出版社的出版。本书作为区域经济低碳发展领域的学术探索成果，必然存在许多不足，敬请读者批评指正。本书文责自负。

饶光明

于重庆工商大学田家炳书院

2021 年 1 月